기술·가정 교사가 만든
기술·가정 교사를 위한

찐 실전

Chat
GPT

생성형 AI (에듀테크) 기술·가정 수업 활용하기!

봉우리·이호준·윤지원·김보정 공저

(주)광문각출판미디어
www.kwangmoonkag.co.kr

# 머리말

· · · · · · · · · · ·

이 책은 학교 현장에서 기술·가정 교과 교사들에게 필요한 AI 에듀테크를 활용한 수업 사례를 담고 있습니다. 학교 현장의 교사들은 공개 수업이나 컨설팅 장학이 아니라면 바쁜 업무로 인해 수업에서 전문성을 신장하기 어려울 상황일 때가 많고, 쉽게 수업 사례를 공유하기가 어려운 때가 많습니다. 특히 AI 디지털 교과서가 학교 현장에 들어오고 디지털 대전환이 일어나는 이 시기에 수업에서 사용할 수 있는 AI 에듀테크 기술은 다양합니다.

지금은 하루가 다르게 새로운 프로그램이 개발되고 있는 말 그대로 정보 범람의 시대입니다. 수업 시간에 유용하게 사용할 수 있는 AI 에듀테크에는 무엇이 있는지 그리고 어떻게 활용하여 수입을 원활하게 진행하는지 궁금한 교사들이 많을 것으로 예상하여 이 책에서 자세하게 다루게 되었습니다.

이 책은 각 에듀테크를 처음 시작한다고 가정하고 해당 에듀테크의 소개와 가입 방법, 요금제, 수업 전체 흐름, 에듀테크 사용 방법 등을 다루고 있습니다. 사실 제목에서는 '기술·가정 교사들을 위한 책'이라고 표현하였지만, 다른 과목에서도 충분히 활용할 수 있는 에듀테크 내용을 담았습니다.

실제로 저자가 찾아가는 학교 디지털 역량 강화 연수와 지식샘터의 AI 연수를 통해 찾아뵙는 분들은 다양한 과목을 가르치고 있으며 어느 과목에서든 충분히 사용할 수 있습니다. 그래서 다른 과목에 교사들도 수업 시간에 사용할 수 있도록 각 학교 현장의 교실에서 유용하게 사용하면 좋겠다는 마음으로 책을 쓰게 되었습니다. 이 책이 선생님들께 많은 도움이 되었으면 하는 바랍입니다.

저자 일동

# 목차

# 1장

# 에듀테크 활용을 위한 대담

## 1. 에듀테크 수다는 핑계고!

본 대담은 클로바노트를 활용하여 기록하였다.

봉우리: 선생님들 안녕하세요! 오늘 선생님들을 모신 건, 에듀테크 활용 수업에 대한 수다를 나눠 보려고 해요. 평소 수업에서 에듀테크를 많이 쓰시나요?

윤지원: 디지털 기반으로 수업을 진행한 지 꽤 오래된 것 같아요. 아무래도 코로나 쇼크 덕분에 빠른 속도로 에듀테크가 학교에 도입된 것 같습니다. 저의 경우 종이 학습지보다는 디지털 기반 수업의 비율이 90% 이상이라고 생각합니다.

김보정: 저도 수업 시간에 구글 클래스룸이나 캔바 등 에듀테크를 많이 활용하려고 하는 편이에요. 그리고 주변을 보면 교과 상관없이 학습 활동 공유용으로 패들렛을 기본적으로 많이 쓰시는 것 같아요.

이호준: 저는 교과 특성상 프로젝트 수업을 많이 진행하고 있어요. 주로 학생들에게 공지 사항 안내나 수업 진행 내용을 공유하고 학생들이 서로 의견을 소통하는 데 에듀테크를 많이 쓰고 있어요.

봉우리: 저희 학교는 학교 전체가 구글 클래스룸을 잘 사용하고 있는 편이에요. 선생님마다 개별 클래스룸을 생성해서 과제를 배부하거나, 전반적인 수업 안내, 과제에 대한 피드백 등을 하고 계세요.

 윤지원: 이 책을 보시는 분들은 '수업에서 에듀테크를 어떻게 사용해 볼까?' 고민하는 선생님들이실 것 같아요. 책의 프리뷰 차원에서, 에듀테크 수업의 꿀팁을 한번 풀어 볼까요?

 이호준: 제가 주로 사용하는 에듀테크 도구로는 패들렛과 캔바인데요. 특히 캔바는 시각적으로 돋보이는 발표 자료를 만들 수 있고 소리 및 영상도 쉽게 편집 및 삽입이 가능해서 학생들의 발표 내용이 더 좋아지는 것 같아요. 또한, 학생들이 쉽게 사용 가능하다는 점에서 자주 사용하게 되는 것 같습니다.

 봉우리: 프로젝트 수업을 할 때는 저도 패들렛을 즐겨 써요. 패들렛 안에 수업 목표나 수업에 필요한 동기 유발 영상을 넣거나 과제 안내를 하기 편하죠. 또 맞춤형 필드를 주로 생성하는데, 학생들이 조별 토론을 했을 때 개별 맞춤 질문을 해서 모둠별로 제출하게 하면 한눈에 모둠 토론하는 것들을 좀 더 잘 파악할 수 있어요.

 김보정: 그리고 무엇보다도 패들렛은 클립보드에 있는 사진 같은 걸 바로 올릴 수 있기 때문에 학생들이 이미지를 다운로드해서 올리고 하는 그 과정이 조금 더 간략하다는 점이 가장 큰 장점이죠! 그래서 처음 에듀테크를 접하시는 분들이 가장 쉽게 접근할 수 있는 에듀테크이기도 하구요.

 이호준: 학생들에게 QR코드나 주소 링크 배부를 이용한 수업도 쉽게 시작하실 수 있어요. 처음이라면 '학생들을 LMS에 가입시켜야 수업 진행이 원활하지 않을까?', '사이트 접속 방법이 어렵지 않을까?'라는 걱정을 하실 수 있거든요. 요즘에는 구글에서 쉽게 QR코드 생성이 가능해서 찍기만 하면 학생들이 접속을 쉽고 빠르게 할 수 있어요. 링크 주소를 줄여 주는 사이트들도 워낙 많이 있기 때문에 간편하게 링크 주소를 만들어 전달하면 카메라 사용이 어려운 상황에서도 에듀테크 수업을 시작해 볼 수 있습니다.

 봉우리: 제가 근무하는 학교는 전교생들에게 구글 클래스룸 계정을 배부한 덕분에 수행평가도 구글 클래스룸을 활용하고 있어요. 예전에는 수행평가를 수기로 받았다면, 구글 클래스룸 활용 이후에는 온라인으로 제출하게 하니까 제출 시간, 수정 시간 등이

다 기록되어 있어서 평가 시 '기한'에 있어서는 좀 더 공정한 채점이 가능하다는 장점이 있어요.

## 2. 디지털 기반 수업의 선제 조건은?

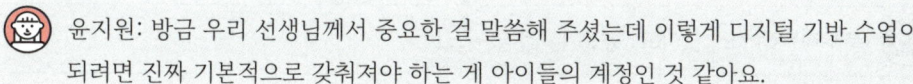

윤지원: 방금 우리 선생님께서 중요한 걸 말씀해 주셨는데 이렇게 디지털 기반 수업이 되려면 진짜 기본적으로 갖춰져야 하는 게 아이들의 계정인 것 같아요.

봉우리: 맞아요. 학교에서 학생 계정을 일관적으로 만들어서 사용할 수 있게 하면 온라인 클래스룸에 접근하기도 쉽고, 해당 아이디로 다른 에듀테크에 가입하기도 쉬운 것 같아요. 학생 개인 메일 계정을 아이디로 쓰면 수업에서 일괄적인 관리가 어려울 수 있죠.

김보정: 그래서 패들렛이 좀 더 선생님들이 접근하시기 쉽다고 생각해요. 사실 다른 구글 클래스룸이나 팀즈 같은 경우는 무조건 개인의 계정으로 로그인하는 과정이 필요하지만, 패들렛은 로그인 과정 없이 사용이 가능하니 교사 입장에서 그것만으로도 훨씬 수업에 에듀테크를 사용하기 수월해질 것 같아요.

윤지원: 학생의 교육용 계정과 더불어 기본적으로 갖춰져야 하는 것이 디바이스죠. 서울의 경우에는 중학생들한테 1인 1기기를 배부하였는데, 그렇지 않은 경우 학교에서 자체적으로 다양한 디바이스를 좀 갖추어야지만 이런 수업이 가능하지 않을까 싶어요.

봉우리: 저희 학교는 크롬북을 사용하고 있는데, 사실 크롬북이 들어오기 전에는 학생 개인 핸드폰을 수업에 사용했습니다. 교사가 QR코드를 배부하면 학생들이 들어오는 형식이었는데, 핸드폰의 경우에는 학생들이 수업에 집중하기보다 쉽게 개인 SNS나 다른 앱에 접속할 수 있어서 비교적 많은 어려움을 느꼈던 것 같아요. 화면도 작고요. 화면이 작으니, 학생이 창의적으로 뭔가를 만들어 내는 수업에서는 단점이 두드러졌고, 터치감도 부족하다 보니 학생이 원하는 대로 결과물이 나오지 않았습니다.

김보정: 맞아요. 이미지로 확인해야 하는 프로젝트를 진행할 때, 예를 들면 코스페이스(구 CoSpaces, 현 Delightex로 명칭 변경) 같은 화각을 넓게 봐서 협업을 같이 해야 하는 경우 큰 화면으로 완성된 작업을 봐야 활동이 원활한데요. 스마트폰을 활용하는 학생들은 좀 답답해하더라고요.

 윤지원: 학급 내 스마트폰이 없는 학생도 있을 수 있고요. 5~6년 전인가? 그때 에듀테크 수업이 너무너무 하고 싶어서 교육청에서 빌려 주는 아이패드를 가지러 멀리 1시간가량 차를 끌고 간 적이 있었거든요.

 봉우리: 맞아요, 맞아요! 공문 본 적 있어요!

 윤지원: 라떼는 그렇게 멀리까지 가서 빌려서 수업하고 그랬답니다? 지금 근무하는 학교는 교육청의 디바이스 도입 전에도 다양한 디지털 기기들이 학교에 구비되어 있었어요. 선생님마다 수업 목적에 따라 필요하다면 노트북, 갤럭시 탭, 아이패드나 서피스를 선택해서 쓸 수 있습니다. 확실히 에듀테크 수업이 훨씬 자유로워지는 환경이에요.

 김보정: 제가 근무하는 학교는 갤럭시 탭을 도입했어요. 학생의 구글 계정과 갤럭시 탭이 만나면 드라이브로 활용하는 수업이 원활해지니까 일단 좋고요. 개인적으로는 갤럭시 탭 외에 크롬북이랑 노트북을 수업에 맞춰 사용하는 에듀테크에 가장 효율적인 디바이스로 선택해 사용하는 편이에요.

 이호준: 저희도 크롬북을 사용하고 있어요. 학교에서 일괄로 만들어 준 구글 계정을 활용하여 크롬북을 사용하기 때문에 AI·에듀테크를 사용하기 위해서 로그인이 편리해 많은 도움이 되었어요. 보정 선생님은 크롬북과 갤럭시 탭 활용에 어떤 차이를 느끼셨어요?

 김보정: 크롬북은 터치 화면에 키보드도 사용할 수 있으니까, 화면 터치가 익숙한 학생들에게 확실히 크롬북이 노트북과 태블릿의 장점을 같이 가져갈 수 있는 것 같아요. 갤럭시 탭을 쓰면서 좋았던 점은 아이들이 제 수업을 포함해서 PDF 파일을 다운로드하여 삼성 노트에서 필기하는 장면을 익숙하게 볼 수 있어요. 일정 관리도 하고, 학습지도 쓰고, 노트로 아이디어 스케치도 쉽게 하는 과정을 보면서 디바이스 도입이 좋았다고 느꼈습니다.

# 3. 그냥 테크 아닌 '에듀테크'

**봉우리:** 지금까지 에듀테크 수업을 위한 전제 조건으로 디지털 환경 조성에 관해서 이야기를 나눠봤습니다. 선생님들은 "이런 에듀테크를 이 수업 장면에 써야겠다"라고 결정할 때 중요하게 생각하는 점이 있으실까요?

**윤지원:** 항상 패들렛을 자주 썼는데 개인적으로 "너무 같은 것만 쓰나…" 싶어서 한번 바꿔 보려고 했거든요. 그런데 새로 구매한 에듀테크가 수업에서 너무 버퍼링이 심한 거예요. 처음에는 우리 학교 네트워크 문제인가라는 생각도 했는데, 계속 써 보니까 그 사이트 자체가 불안정한 거더라고요. 학교에서 '안정적으로 접속할 수 있는 에듀테크를 선별하는 게 중요하구나'라는 것을 느꼈습니다.

**김보정:** 저는 기술 교과다 보니까 기본적으로 다양한 테크놀로지에 관심이 많은 편이에요. 코로나 이후로 많은 에듀테크가 쏟아지면서 제가 느꼈을 때는 '이 기능은 다른 에듀테크에도 마찬가지로 있는데…' 그러니까 중복되는 기능들을 많이 갖춘 다양한 에듀테크가 등장하는 느낌이었어요.

**윤지원:** 맞아요. 칸반 보드만 해도 매우 많은 서비스가 있죠.

**김보정:** 평소 프로젝트 수업을 많이 하기 때문에 학생들이 프로젝트 결과물을 공유하는 걸 중요하게 생각하고, 그 과정에서도 기록이 중요하다고 봤기 때문에 그런 면에 있어서 에듀테크를 선정을 하려고 일차적으로 노력을 했고, 두 번째로는 중복되는 기능이 많다 보니 학생들이 접속만 하다 끝나는 경우를 많이 봤어요. 2024년에는 하나의 에듀테크, 캔바를 선정해서 그 하나를 가지고 끌고 가려고 노력했던 편입니다.

**윤지원:** 맞아요. 저도 수업에서 너무 많은 에듀테크를 쓰려고는 하지 않아요. 아이들한테는 그 모든 것이 다 처음 경험하는 건데 가입하고, 로그인하고, 어떻게 사용하는 건지 교육하는 데 정작 중요한 교과 내용보다 너무 많은 차시가 할애될 수가 있습니다. 학생들한테 새로운 에듀테크를 도입하려고 할 때는 충분히 연습할 수 있는 시간을 함께 계획해야 하거든요.

이호준: 저는 아무래도 비용을 생각하지 않을 수가 없는 것 같아요. 비용이 부담된다면 사용하는 데 수업에 많은 어려움을 겪기 때문에 되도록 무료로 사용이 가능하면서 유료 못지않게 충분히 좋은 기능들을 많이 쓸 수 있는 에듀테크를 선택해서 사용하려고 했던 것 같아요.

 김보정: 중요한 부분이죠. 맞아요. 아주아주 중요하죠. 예산을 생각하지 않을 수 없어요.

 윤지원: 3장에서 설명하는 책임소비봇 기획 프로젝트 수업에서 학생용 계정 18개를 넉 달 구독했거든요. 그러니까 거의 가격이…

 김보정: 몇백만 원 단위 아니에요?

 윤지원: 그럼에도 불구하고 그렇게 했던 건, 저는 조금 더 안정적이고 아이들한테 안전할 수 있다면 구독하는 게 맞지 않을까. 물론 예산 확보를 위해 제가 좀 더 해야 할 일이 늘어나기는 하죠.

 봉우리: 저는 아무래도 우리가 학교에서 에듀테크를 사용하는 거다 보니까 가장 중요하게 생각하는 목적은 '교육적'이어야 한다는 것이에요.

 윤지원: 맞아요. 그 사실 그냥 테크가 아니라 우리는 '에듀테크'잖아요.

 봉우리: 생성형 AI 중에서 마이크로소프트에서 개발한 코파일럿을 주로 사용을 했었는데 코파일럿의 경우에는 기존에 우리가 알고 있는 다른 생성형 AI와 비슷하지만, 비교육적인 그러니까 선정적, 폭력적인 것에 대해서 질문했을 때 대화를 멈춰요. 원래 생성형 AI의 특성상 어떤 것이든 대답하려고 만들려 하잖아요. 교실에서 교사는 저 혼자이고 다수의 학생을 마주하기 때문에 반드시 디지털 리터러시를 다루고 나서 수업하는 편임에도 불구하고 때로는 학생들이 비교육적인 행동을 할 수 있는데 그럴 때 코파일럿은 바로 대화를 멈출 수 있다는 점 때문에 선택했어요.

 윤지원: 하루에도 엄청나게 많은 테크가 실리콘밸리에서 쏟아지고 있는데, 교사가 자신의 디지털 소양을 높이기 위해서 여러 가지를 체험해 보는 건 좋지만, 우리는 아무래도 교육자다 보니 교육적인 시선에서 선별하는 과정이 중요한 것 같아요.

이호준: 그러다 보니 선생님끼리 이런 대화도 많이 나누면서 서로 좋은 에듀테크가 어떤 것이 있는지 의견도 주고받으면서 추천하고 배우는 것도 매우 중요한 것 같아요. 수업하는 방법이나 내용들에 따라 각자 선생님들의 수업을 구성하시는 스타일이 다 다르기 때문에 어떤 AI나 에듀테크 도구를 선택하고 사용하고 있는지, 같은 도구라도 어떤 기능을 주로 사용하고 있는지 다른 부분을 이렇게 이야기하면서 서로의 의견을 듣고 배우는 게 많아 너무 좋아요.

 윤지원: 그래서 지금 저희가 모였고, 이렇게 책을 쓴 거죠! 저희의 경험을 나누는 게 기술·가정 선생님들뿐만 아니라 에듀테크를 활용해 보려고 시작하는 많은 선생님께 도움이 됐으면 좋겠어요.

 김보정: 저희 진짜 열심히 썼어요.

1장

2장

3장

4장

## 4. 결국 변치 않는 가치는!

 윤지원: 이렇게 우리가 에듀테크를 어떻게 쓰는지도 중요한데, 워낙 발전이 빠른 분야다 보니 최신 동향에 대해 항상 레이더망을 켜고 있는 것도 필요한 것 같아요. 우리 선생님 최근에 영국의 BETT 쇼와 영국의 학교들, 미국의 학교를 다녀오시고, 보정 선생님은 교육 박람회 다녀오셨잖아요. 두 선생님께서 보고 오신 이야기도 나눠 주세요.

 봉우리: 저는 이번에 미국의 학교와 영국의 BETT 쇼 참석과 초등학교부터 대학교까지 스펙트럼을 넓게 다녀왔습니다. 영국도 우리나라처럼 AI나 에듀테크를 많이 받아들이고 있었는데, 특히 여기서 이제 중요시한 두 가지가 있어요. 첫 번째는 평가할 때 AI에 의존하는 학생들이 이제 과반수가 넘어가고 있다는 점이에요.

 이호준: 평가에서 AI를 활용한다고요?

 봉우리: 많은 학생이 사용하니까 간혹 AI를 사용해서 그렇지 않은 학생보다 높은 점수를 받는다거나, 아니면 AI를 사용하지 않았음에도 불구하고 마치 말투가 AI 같다고 오

1장 에듀테크 활용을 위한 마음

해를 받아 좀 점수가 낮게 나온 경우가 있다고 하더라고요. 평가에서 AI를 썼느냐 안 썼느냐에 대한 부분이 화두였고요.

두 번째는 디지털 리터러시에 관한 부분인데 아무래도 미국보다 유럽의 경우에 조금 더 보수적이라서 프라이버시와 윤리적인 부분을 강조하더라고요.

 김보정: 중요한 부분이죠. 디지털 윤리!

 봉우리: 옥스퍼드대학도 'AI 연구소'가 아니라 'AI 윤리 연구소'라고 이름 붙일 정도로 유럽은 디지털 리터러시를 강조하고 있었습니다. 영국 아이들은 유치원 때부터 디지털 도구를 사용하고 있지만 매주 한 번씩 반드시 디지털 리터러시 수업을 듣는다는 점이 매우 놀라웠어요. 우리는 기술의 발전을 주로 이야기할 때, 유럽에서는 디지털 리터러시와 윤리적인 방향 그리고 이 학생들이 발전된 기술을 사용했을 때 어떻게 소양을 갖춰야 하는지를 매주 가르친다는 점이 굉장히 인상적이었어요. 이런 점은 우리도 생각해 봐야 하지 않나 싶었습니다.

 윤지원: 그래서 2022 개정 교육과정에서도 '디지털 소양'이 중요하게 떠올랐죠. 저희 책의 네 번째 챕터에서 '디지털 소양' 포함 '생성형 AI의 저작권' 등에 대한 내용도 알기 쉽게 적어 뒀으니 읽어 보시면 정리하시기 좋을 거예요. 보정 선생님은 교육 박람회에서 어떤 점을 발견하셨어요?

 김보정: 영국의 BETT쇼와 더불어 코엑스에서 대한민국 교육 박람회가 크게 열렸더라고요. 아시아에서도 매우 큰 규모라고 하는데요, 제가 느낀 점은 간단히 정리하면 '에듀테크 선택지가 굉장히 많~다'입니다.

 이호준: 정말 다양하죠?

 김보정: 네, 정말 많았어요. 그래서 이제는 교사의 선별 능력이 무엇보다 중요하다고 생각해요. 교사로서 교육적 철학을 가지고 이 에듀테크를 내가 수업에 왜 사용하려고 하는지, 그 목적을 명료화해서 학생에게 도입하지 않으면 주객이 전도될 수 있겠다는 생각이 들었습니다.

 윤지원: 맞아요. 디지털 기반이 화두니까 수업에 도입해야 하지만 우리의 목적은 교과의 성취 기준 도달과 교육의 목표를 달성하는 거잖아요. 단순히 에듀테크를 썼다가 아니라

성취 기준 도달에 가장 효과적인 에듀테크를 목적에 맞게 쓴다는 점이 중요한 것 같아요.

 봉우리: 저도 지원 선생님 말씀에 너무 공감되는 게, AI나 에듀테크를 많이 사용했다고 해서 좋은 교육이 아니라 목적에 맞게 잘 써야 하는 게 가장 중요하다는 생각이 들어요. 그리고 그 과정에서 학생이 자기가 주도성을 가지느냐, 윤리성을 가진 시민으로 성장을 할 수 있도록 하는 도구이냐를 반드시 따져봐야 한다는 생각이 듭니다.

 김보정: 선생님들께서 에듀테크를 사용하는 것만이 답이 아니니 '자신의 수업과 그리고 교육적 방향에 맞춰 에듀테크를 선정을 하신다면 굉장히 다양한 선택지를 가지고 선택하실 수 있는 장이 이제 열렸다'라고 박람회 소감을 전해봅니다.

 윤지원: 선생님의 교실에 이러한 에듀테크를 써야 하는 이유가 무엇인지에 대한 교사 개개인의 철학과 자신만의 답이 있어야 하지 않을까…. 그런데 저희 책이 그 고민과 저희가 찾은 답을 담은 거잖아요.

 김보정: 그럼요. 그 철학에 대해서 한 번씩 생각해 보고, 이 책을 읽으시면서 같이 고민해 보시는 시간을 가지시면 어떨까 싶습니다.

 윤지원: 물론 저희 4명의 고민의 방향이 정답은 아니고요, 교사들이 더 나은 디지털 기반 수업을 위해 '이런 고민을 해서 수업 장면에 녹여냈구나'를 참고하셔서 많은 아이디어를 얻어 가셨으면 좋겠습니다. 저희 책은 꼭 처음부터 순서대로 보실 필요는 없고요. 목차를 보시고 관심이 가는 곳부터 살펴보시고 '이런 수업을 같이 해보면 좋겠다'라는 생각이 드시면 좋겠다는 것이 이 책을 쓴 저희의 바람입니다.

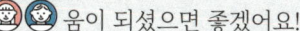 저자 일동: 에듀테크를 통해 기술·가정 교과 수업을 풍성하게 해보려는 선생님들께 도움이 되셨으면 좋겠어요!!

# 2장

## AI·에듀테크 소개

집필진이 평소 기술·가정 수업에서 자주 활용하는 AI·에듀테크를 소개한다.

AI·에듀테크를 교실에 어떻게 적용해 볼지 고민하는 선생님들께 쉽게 접할 수 있고 처음 시도하기 용이한 에듀테크 8가지를 추천한다.

| | |
|---|---|
| 1. 캔바(Canva) | 5. 코파일럿(Copilot) |
| 2. 미리캔버스(MiriCanvas) | 6. 뤼튼(Wrtn) |
| 3. 감마(Gamma) | 7. 챗GPT(ChatGPT) |
| 4. 패들렛(Padlet) | 8. 클리포(Clipo) |

### * AI·에듀테크를 구독할 때에는…

유료로 AI·에듀테크를 사용할 때는 학교 자체 예산이나 교육청의 목적사업비 등을 활용해 보자. 연간 10만 원이 넘는 구독료는 부담일뿐더러, 수업에 하나의 에듀테크만 사용하지 않기 때문에 구독료를 지출할 수 있는 각종 목적사업을 활용하는 것이 좋다. 근무하고 있는 소속 교육청에서 디지털 수업 관련 지원 프로그램 등 목적사업비를 지원하는 프로그램이 있다면 이에 참여하여 예산을 확보하는 방법을 추천한다. 또 다른 방법은 디지털 관련 교원학습 공동체(혹은 전문학습 공동체) 활동을 통해 해당 예산으로 에듀테크 구매를 할 수 있다.

특히 해외 결제가 필요한 AI·에듀테크의 경우 학교 예산으로 구매 시 소속 교육청의 가이드라인이나 근무교의 행정실에 확인 절차가 필요할 수 있다. 해외 결제가 어려운 경우 다소 수수료는 있지만, 에듀테크를 대행하는 여러 업체가 S2B에 등록되어 있으니 견적을 요청하여 대행 구매를 할 수 있다.

# 2-1. 캔바(Canva)

캔바(Canva)는 2012년 호주에서 멜라니 퍼킨스, 클리프 오브레히트, 캐머런 애덤스가 설립한 디자인 플랫폼이다. 누구나 쉽게 디자인 작업할 수 있도록 간단한 사용자 인터페이스를 제공하며, 디자이너뿐만 아니라 학생, 교사, 기업 등 다양한 사용자층이 활용하고 있다.

초기에는 발표 자료 제작 중심으로 사용되었지만, 점차 교육용 자료, 상업적 디자인 등 다양한 용도로 확장되면서 전 세계적으로 널리 사용되고 있다.

최근 캔바는 AI 기술을 도입하며 생성형 AI 기능을 제공하고 있다. 이를 통해 사용자는 디자인 작업의 창의성을 높이고, 업무 효율성을 향상할 수 있다. 2024년 10월, Leonardo.AI를 인수하고 Dream Lab이라는 생성형 AI 기능을 출시하면서 AI 기반 디자인 플랫폼으로의 발전을 이어가고 있다. 또한, AI 앱을 설치하면 한 번의 로그인으로 다양한 생성형 AI 기능을 활용할 수 있어 실용성이 높은 플랫폼이다. 이제, 캔바를 어떻게 사용하는지 자세히 알아보자.

## 1. 가입 방법

먼저, https://www.canva.com에 접속한다. 캔바는 구글(Google) 계정, Facebook 계정, 이메일을 통해 간편하게 가입할 수 있다. [Google로 계속하기] 등의 버튼을 클릭하면 해당 계정으로 바로 로그인할 수 있으며, 이메일 혹은 업무용 이메일을 통해 가입하여 사용할 수 있다.

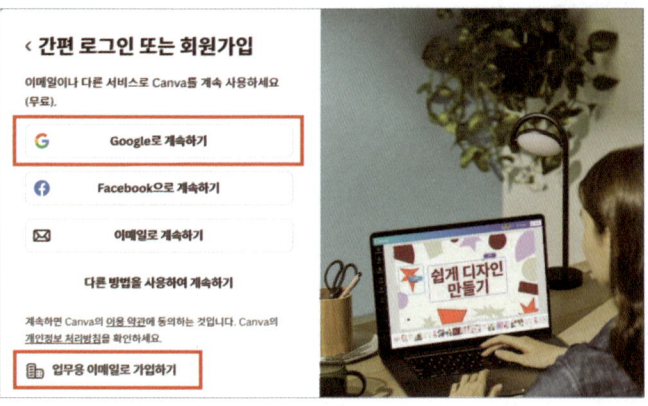

## 1) 교육용 캔바 사용하기

캔바는 교사 인증을 하면 다양한 기능을 무료로 제공하며, 초대한 학생들도 교육용 계정을 사용할 수 있다. 또한, LMS(학습 관리 시스템)과 연동해 과제를 공유하고 제출할 수 있으며, 구글 클래스룸과도 연계해 활용할 수 있다. 그뿐만 아니라 다양한 교육용 템플릿을 제공해 학습지나 수업 활동을 더욱 효과적으로 구성할 수 있다. 교육용 캔바를 사용하는 방법을 알아보자.

교육용 캔바를 사용하기 위해서 교사 인증이 먼저다. 캔바는 교육용 계정의 승인 가능 문서 조건을 설명하고 있다. 한국에 거주하는 교사의 경우, 교원자격증 사본을 제출하거나 재직증명서 제출로 교사 인증을 받을 수 있다. (단, 가입하는 계정의 이름과 문서의 성명이 같아야 함.)

### 승인된 문서

다음과 같은 현재 자격을 입증하는 공식 교원 신분증:

- 교원 자격을 입증하는 자격증/증명서 사진 또는 스캔본
- Canva에서 요청한 학교에서의 재직 상태를 입증하는 사신 또는 스캔본 ※ 한국에는 해당하지 않음
- 재직 상태를 입증하는 학교 신분증 사진 또는 스캔본
- 정부가 인정하고 초중고 교육기관으로 공식 인가를 받은 조직임을 입증하는 문서

**참고**: 일본, 오스트레일리아, 캐나다, 뉴질랜드, 영국, 미국, 한국, 유럽에 거주하는 교사는 교사 면허증 사본만 제출하면 됩니다.

### ✽ 재직증명서 발급 방법은?

업무 포털에 접속 후, 나이스에 접속한다. [기본메뉴] - [인사기록] - [증명서신청]을 통해 재직증명서 발급을 신청하면 쉽게 재직증명서를 발급받을 수 있다.

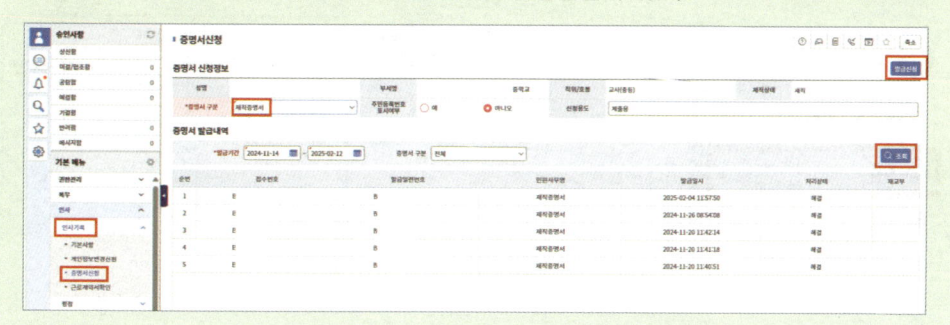

교육용 캔바를 사용하기 위해 교사는 먼저 교사임을 인증해야 한다. 캔바에 접속 후, 상단의 [교육용] - [교사 및 학교] - [인증받기]를 선택해 접속한다. 이름과 성명 학교명을 입력하고 [계속] 버튼을 누르면 문서를 업로드할 수 있다. 서명이 포함된 학교 서신을 선택하고 승인 가능한 증명서(교원자격증, 재직증명서 등)를 업로드하고 제출하면 검토 후 교육용 캔바 사용이 가능해진다. 업로드 가능한 문서의 형태는 PNG, JPG, PDF이다. 교육용 캔바의 경우, 1번의 인증으로 3년까지 사용할 수 있다.

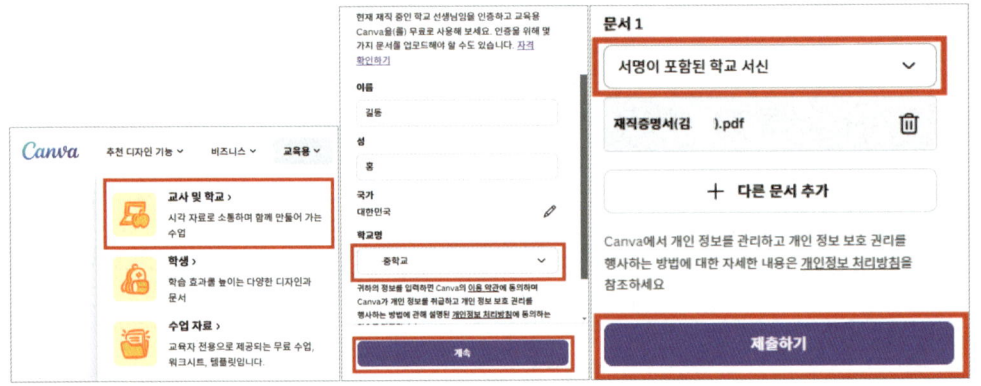

## 2) 교육용 캔바 학생 초대하기

교육용 캔바로 계정을 인증받은 교사는 회원 초대 기능을 통해 교육용 계정을 사용할 학생을 초대하여 함께 캔바를 사용할 수 있다. 학생을 초대하는 방법은 다음과 같다. [설정] - [팀원] - [사용자 초대] - [링크 복사]를 선택하면 해당 링크를 통해 캔바를 접속하는 사람은 교육용 계정을 공유하게 된다.

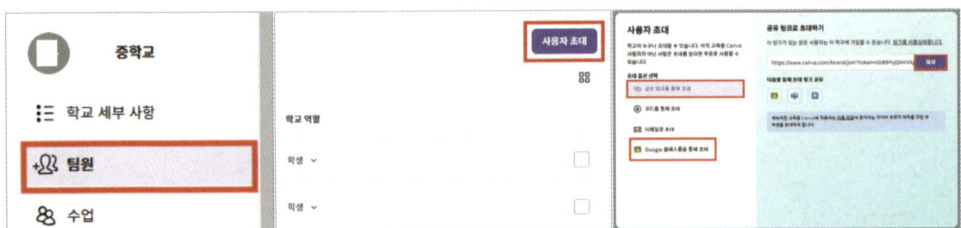

학생은 초대 링크를 클릭 후, [동의 및 계속하기] - [계정으로 계속하기] - [시작하기]
를 통해 계정을 시작한다. 반드시 [시작하기]를 클릭해야 교육용 계정 초대가 완료된다.

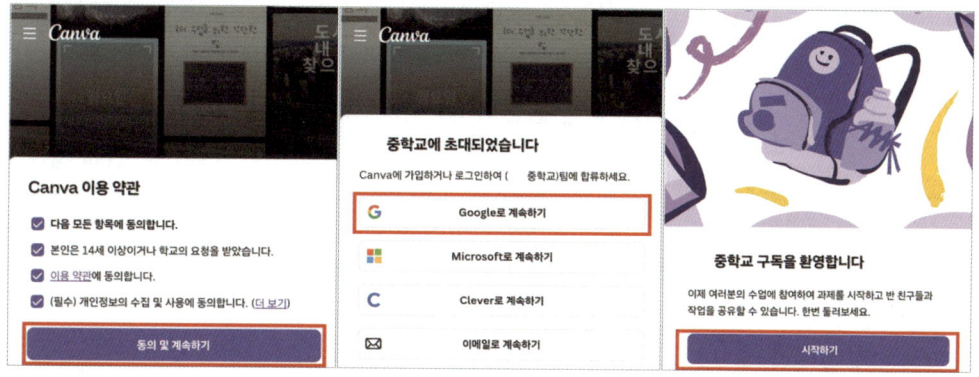

**mini Tip** 실제 활용 TIP!

　학생이 교육용 계정에 가입하고 캔바를 사용할 때, 교육용 계정
으로 사용하고 있는지 확인하면 좋다. 간혹, 교육용 계정이 아닌 개
인 무료 계정을 사용해 활용힐 수 있는 기능에 제한이 있는 경우가
있어 캔바를 시작하는 첫 시간에 이 부분을 언급하고 지나가면 좋
다! (학생도 교사도 교차 확인됨.)

## 2. 요금제

　캔바는 사용자의 필요에 따라 다양한 요금제를 제공한다. 기본적인 기능을 사용
할 수 있는 무료 버전, 다양한 일러스트·그림·동영상을 활용할 수 있는 캔바 프로
(Canva Pro), 그리고 단체나 기업을 위한 요금제 등이 있다. 사용자는 원하는 기능과
용도에 맞춰 적절한 요금제를 선택할 수 있다.

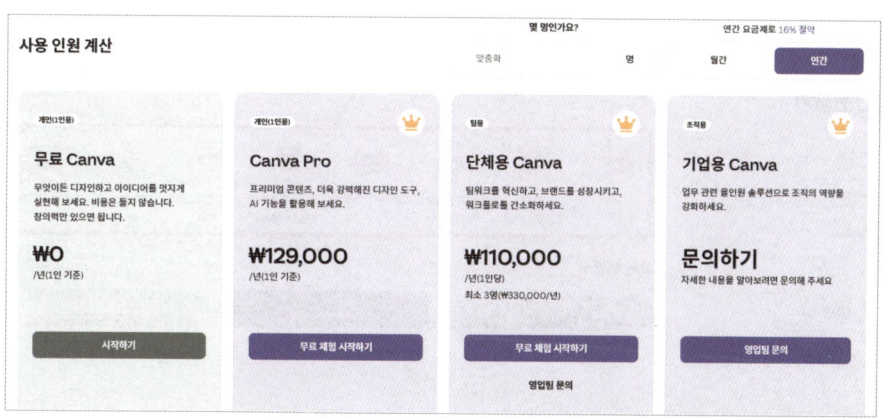

1장
2장
3장
4장

2장 AI 에듀테크 소개

### 3. AI·에듀테크 활용 용도

캔바는 디자인 플랫폼으로, 효과적으로 정보를 전달해야 하는 모든 곳에 사용된다. 사용자의 편의성을 위해 디자인한 템플릿을 선택해 사용할 수 있게 해 디자인에 자신 없는 누구나 사용 가능하며 생성형 AI를 탑재, 더욱 다양한 활용이 가능해졌다. 필자는 다음과 같은 전개를 통해 캔바의 사용 방법을 설명하고자 한다. (단, 교육용 캔바를 사용한 자료를 활용하였음.)

### 1) 캔바의 기초

### (1) 캔바 플랫폼에서 디자인하기

캔바는 문서, 화이트보드, 프레젠테이션, 광고 배너 등 다양한 디자인이 가능하도록 카테고리가 나뉘어 있다. 기능이 추가된 '온라인 파워포인트(PPT)'라고 접근하면 사용이 쉽다.

본 챕터에서는 교육용 프레젠테이션 만들기를 예시로 설명하려 한다. 먼저, 위해서 왼쪽 상단의 [디자인 만들기]를 선택한다. 선택을 마치면 다양한 형태의 선택지가 나온다. 교사는 필요한 선택지를 선택해도 되며, 교육용을 선택할 경우 추천 템플릿이 수업 자료에 적합하다는 것만 차이가 있다고 하겠다.

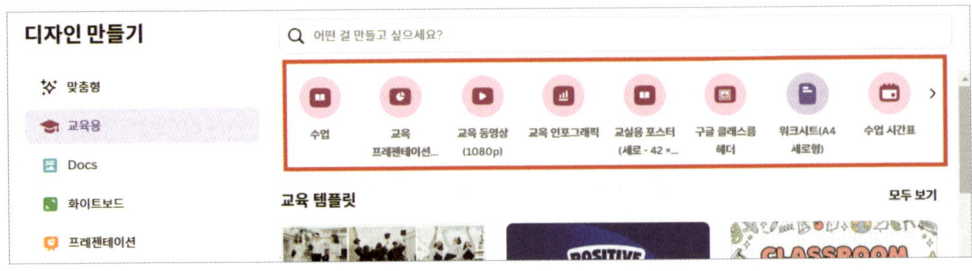

왼쪽 메뉴 중 [디자인]을 선택하면 기본으로 추천하는 교육 프레젠테이션 디자인이 나온다. 교사는 그중 마음에 드는 디자인을 선택하여 적용, 교과와 수업 내용에 적합한 내용으로 구성하여 수업용 프레젠테이션을 제작할 수 있다.

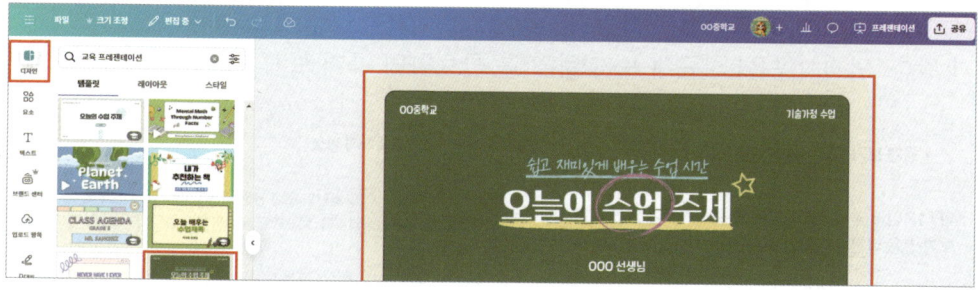

### (2) 캔바 디자인 공유하기

캔바로 디자인한 자료는 [공유] 기능을 통해 다양하게 사용 가능한데, 그중 대표적인 2가지 방법을 설명하고자 한다.

#### ① 다운로드하기

캔바를 통해 만든 활동지, 수업 자료, 인쇄물 등을 문서나 그림파일 형태로 저장하는 방법이다.

먼저, [공유]를 선택하면 하단에 협업 링크가 나온다. [다운로드]를 선택, 저장하고자 하는 파일 형식을 선택하여 컴퓨터에 파일로 저장할 수 있다.

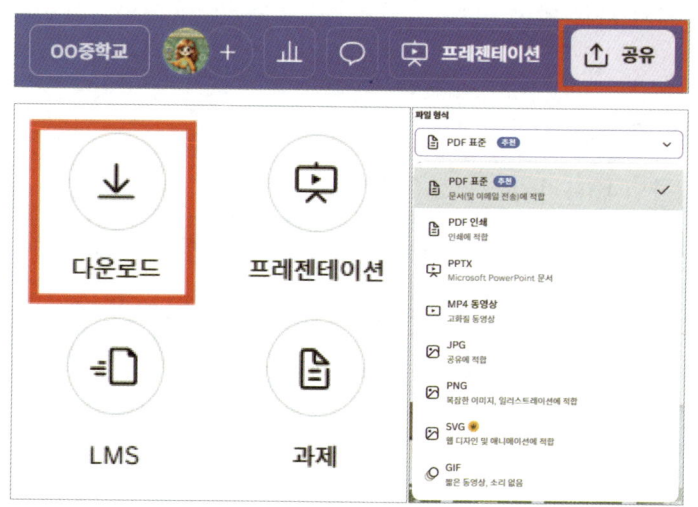

② 공개 보기 링크 만들기

캔바의 공개 보기 링크의 가장 큰 장점은 링크만 있다면 실시간으로 변하는 편집을 링크가 있는 사용자와 공유할 수 있다는 점이다. 수업 자료를 수정하거나 학생 활동 내용을 수업 자료에 넣어 공유할 때 사용할 수 있다. 링크를 만드는 방법은 다음과 같다. 먼저, [공유] - [공개 보기 링크]를 클릭하면 공개 보기 링크를 만들 수 있다.

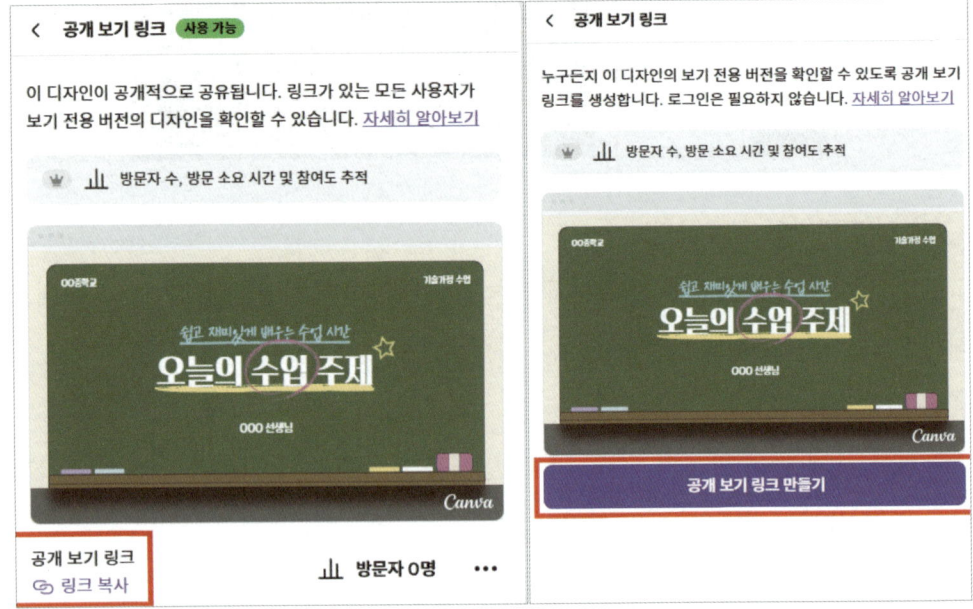

## 4. AI·에듀테크 사용 방법

### 1) 캔바 기능 활용하기

### (1) 캔바 디자인 만들기

캔바에서 사용할 수 있는 첫 번째 기능은 템플릿이다. 템플릿에서는 프레젠테이션, 화이트보드 등 디자인 템플릿을 선택할 수 있게 한다. 특히, 교육용을 선택할 경우 과목별, 학년별, 자료 유형별로 적합한 템플릿을 제공해 주어 수업 자료를 수월하게 만들 수 있다.

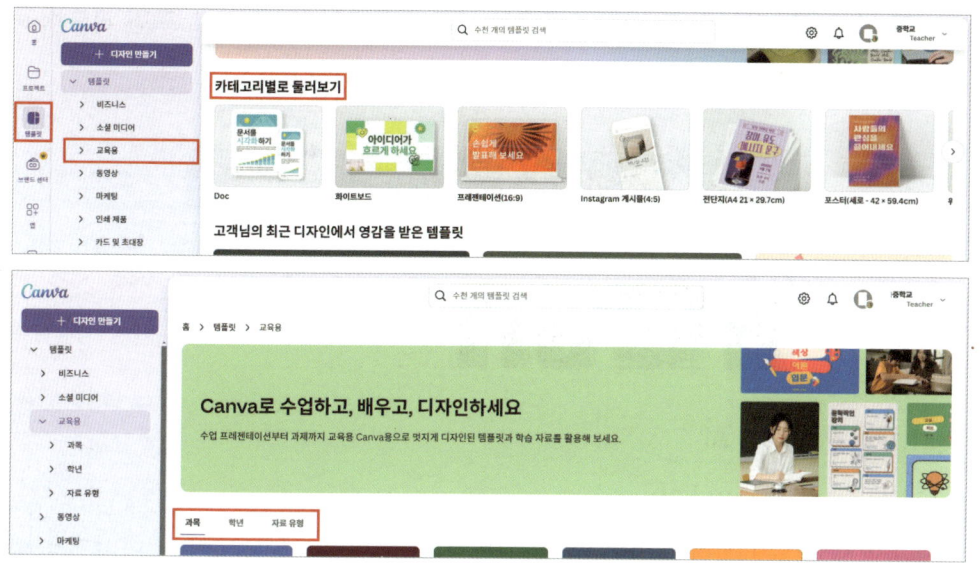

## (2) 캔바 앱 사용하기

캔바에서 사용할 수 있는 두 번째 기능은 앱 기능이다. 캔바는 다양한 앱 기능을 통해 캔바와 연동 사용이 가능하다. 유튜브 앱을 통해 동영상을 삽입하거나 AI 기반의 앱을 통해 이미지의 배경을 지우고, 동영상을 제작하는 등의 사용을 할 수 있다.

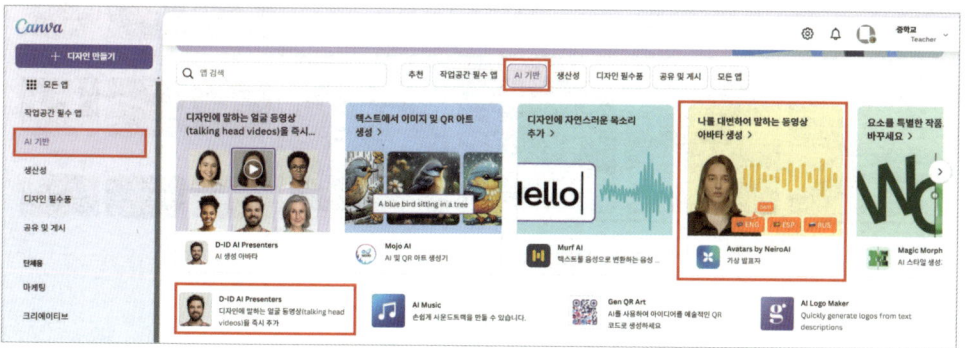

## (3) 캔바 수업 자료 사용하기

캔바에서 사용 가능한 세 번째 기능은 수업 자료로의 활용이다. LMS 기능을 제공하는 캔바는 교육용 계정을 공유하는 학생에게 활동지나 수업 자료를 배포하고 교사가 피드백과 수합을 한 번에 할 수 있다. [수업 자료]를 선택하면 수업 자료의 검토를 기다리는 학생의 목록이 뜬다. [검토 준비 완료] - [검토]를 누르면 피드백을 작성하고 검토 완료를 하여 학생에게 바로 피드백이 공개된다.

## 2) 캔바와 생성형 AI

### (1) 드림 랩(Dream Lab)

캔바에서 사용 가능한 생성형 AI 첫 번째는 드림 랩(Dream Lab)이다. 이미지를 생성할 수 있는 기능으로 프롬프트를 작성하고 이미지의 스타일과 비율을 선택 후 만들면 원하는 이미지를 만들 수 있다. (1회 생성=1크레딧 차감)

드림 랩에서 선택할 수 있는 스타일과 이미지의 비율

## (2) 매직 미디어(Magic Media)

매직 미디어(Magic Media)는 프롬프트 입력을 통해 이미지, 그래픽, 동영상 등을 AI를 통해 생성하는 기능이다. 앞서 설명한 드림 랩 기능을 템플릿 요소에서 선택하는 기능이라 할 수 있다. 이미지 생성하는 방법을 설명하고자 한다. 먼저, [Magic Media]를 선택한다. 만들고 싶은 이미지를 설명한다. 캔바에서는 '5개 이상의 단어를 입력하여 설명해 주세요.'라고 안내하고 있다. 생성하고자 하는 이미지에 대한 프롬프트를 자세히 작성한 후, 이미지의 프롬프트를 입력하고 [스타일]을 클릭하면 포토, 필름, 컨셉 아트 등의 선택지를 제안한다.

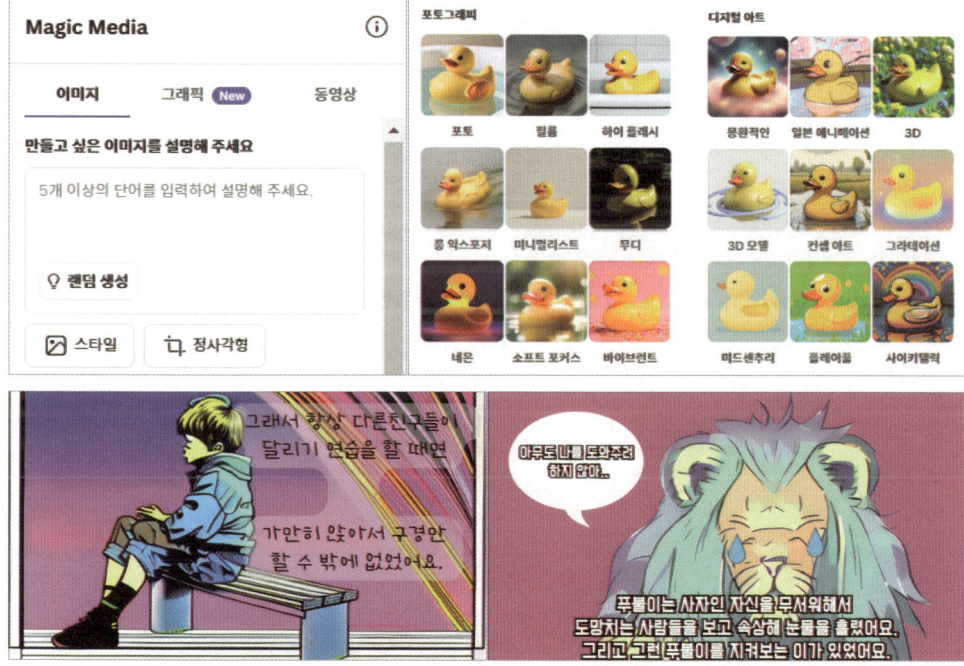

매직 미디어 기능을 사용해 제작한 생성형 AI 학생 예시

## (3) 매직 라이트(Magic Write)

매직 라이트(Magic Write)는 프롬프트를 입력하면 글을 작성하거나 요약하고, 퀴즈를 생성할 수 있는 기능이다. 간단한 설명만 입력해도 두 문단 이상의 글을 자동으로 생성해 주기 때문에 간단한 예시 글을 작성하기에 적합하다. 매직 라이트를 사용하는 방법은 2가지이다. 첫째, [텍스트 상자 추가]를 통해 입력한 단락 메시지 위

에 뜨는 아이콘을 클릭하는 방법이다. [Magic Write] 아이콘은 연필 모양으로 해당 아이콘 클릭 시, 퀴즈 생성, 짧게 줄이기, 텍스트 재작성, 더 재미있게 등의 기능으로 작성한 메시지를 바꿔 준다.

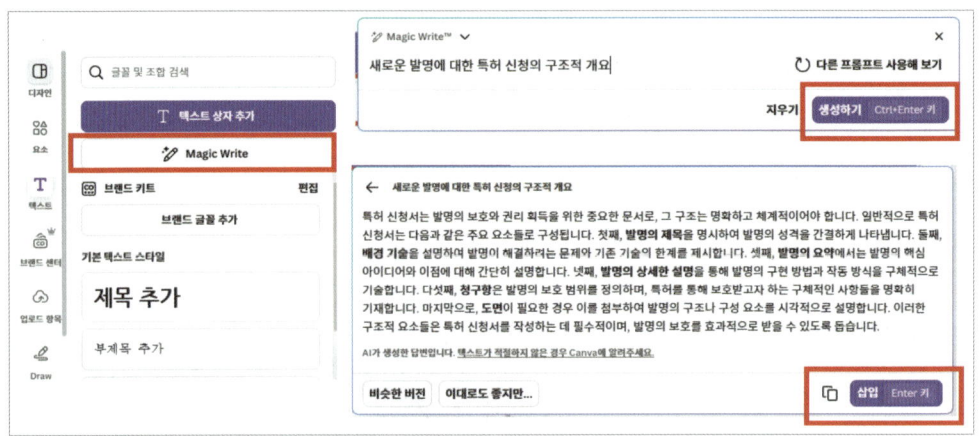

[Magic Write] - [생성하기] 기능으로 바꾼 글의 예시

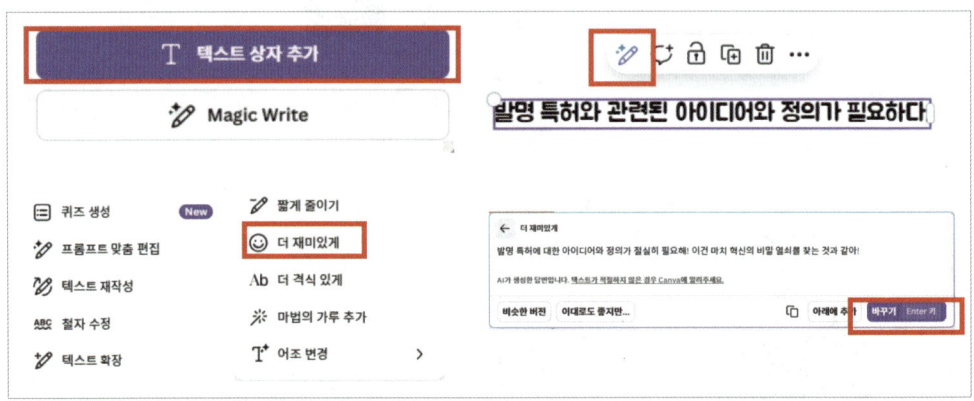

[Magic Write] - [더 재미있게] - [바꾸기] 기능으로 바꾼 글의 예시

### (4) 동영상 생성(D-ID, AI Presenters)

캔바에서 제공하는 앱 중 D-ID는 생성형 AI로 동영상을 만드는 앱이다. D-ID는 구글 계정으로 연동하여 사용 가능하며, 원하는 인물을 선택하고 텍스트나 오디오 형태의 소스를 입력하면 영상으로 생성해 준다. AI를 통해 생성한 영상은 수업 자료의 설명으로 추가하여 사용할 수 있다.

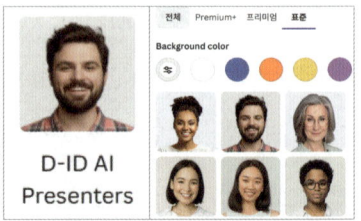

D-ID 앱을 선택하면 [표준]을 통해 인물을 선택한다. 인물을 선택하면 [소스]에서 원하는 텍스트를 입력한다. 텍스트를 이어 적으면 작성 내용이 길어질수록 부자연스러울 수 있다. 따라서 자연스러운 영상 제작을 위해 [0.5초의 쉬는 구간 삽입]을 활용하면 영상 속 인물이 말하는 호흡이 자연스러워진다. 또한, 다양한 언어를 선택할 수 있다. 언어는 약 140개 정도 선택 가능하며, 같은 영어라도 영국식 영어인지 미국식 영어인지도 선택할 수 있다. 또한, 선택 언어에 따라 제공하는 목소리가 다른데, 연령과 성별을 선택하여 제작할 수 있다.

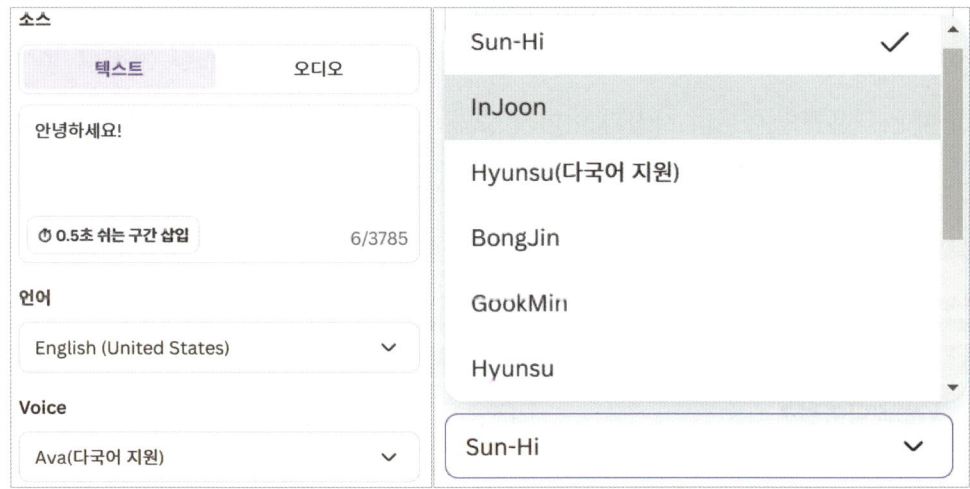

교사는 캔바의 프레젠테이션 기능에 해당 영상을 삽입, [공개 보기 링크 기능]으로 학생에게 링크를 제공해 개별 학생의 속도에 맞춘 수업이 가능해진다.

수업 자료에 삽입한 생성형 AI 제작 동영상 예시

## 2-2. 미리캔버스(MiriCanvas)

**Miri Canvas**

미리캔버스는 저작권 걱정 없이 무료로 프레젠테이션(PPT), *썸네일(Thumbnail, 마중그림), 과제나 발표를 위한 시각 자료, 홍보를 위한 포스터와 *배너 및 현수막 등을 만드는 그래픽 웹사이트이다. 컴퓨터뿐만 아니라 모바일에서도 쉽게 제작할 수 있다. 템플릿과 이미지는 저작권의 걱정 없이 상업적이나 비상업적으로 모두 사용이 가능하다.

미리캔버스의 장점은 디자인에 감각이 없거나 디자인하는 것이 어렵더라도 마음에 드는 샘플 템플릿을 골라 내용을 수정하면 쉽게 사용할 수 있다는 점이다. 수정할 때는 내용뿐만 아니라 사진과 이미지 등의 디자인 요소를 삽입할 수 있다는 장점이 있으며, 다양한 폰트를 제공하니 원하는 것을 골라서 작성할 수 있다. 그리고 편집 과정에서는 다른 사람을 초대하여 권한을 부여하면 협업할 수 있어 학교 수업의 모둠 활동에서 유용하게 사용할 수 있다.

### * 썸네일이란?

썸네일(Thumbnail, 마중그림)이란, 엄지손톱 사이즈로 작게 축소한 콘텐츠에 들어가기 전에 살짝 맛보기로 이해할 수 있도록 만든 사진이나 그림을 뜻한다. 썸네일을 사용하면, 간단하게 콘텐츠를 소개할 수 있으며 영상을 클릭하기 전에 어떤 내용인지 파악할 수 있다.

### * 배너란?

배너(Banner)란, 이미지 파일 및 하이퍼링크로 이루어진 광고를 뜻한다. 클릭하면 그 광고의 홍보 홈페이지로 이동한다.

### 1. 가입 방법

미리캔버스를 이용하기 위해서는 카카오, 네이버, 이메일 주소 등으로 가입할 수 있으며 구글, 페이스북, 네이버 웨일, 애플의 계정으로도 가입할 수 있다. 가입 후 자동으로 로그인하기를 설정하면 편하게 미리캔버스에 자동으로 들어올 수 있다.

## 2. 요금제

미리캔버스는 초창기 베타(Beta) 서비스로 운영되어 무료로 사용할 수 있도록 제공하였으나 이제는 프로(Pro) 요금제가 도입되면서 일부 기능이 유료 서비스로 제한되어 무료 버전과 유료 버전을 모두 운영하고 있다. 결제 수단을 등록하면 프로 요금제를 한 달간 무료로 사용할 수 있는데 왕관 표시의 요소를 자유롭게 무료로 사용할 수 있다. 무료로 사용하는 경우, 왕관 표시가 있는 템플릿은 불러올 때 업그레이드 팝업이 뜨며 추가되지 않는다. 무료 템플릿에서 왕관 표시 요소는 워터마크가 적용된 상태로 들어오는데, 이 요소들은 개별 구매도 가능하다. 요금제는 연간과 월간으로 구분되어 있으니, 유료로 구독하고자 한다면 자신의 상황에 맞춰 선택하기를 바란다. 2025년 8월의 협약으로 11개 시도교육청을 대상으로 AI 디자인 솔루션 '미리캔버스'는 유료 라이선스를 무상 지원하게 되었다(협약 체결된 소속 교육청 이메일로 교원 인증하면 무료). 서울, 인천, 광주, 대전, 울산, 세종, 강원, 전북, 전남, 경북, 제주 등 11개 시도교육청 소속 교사들에게 '미리캔버스 Pro'의 모든 기능을 무료로 제공할 예정이다. 따라서 기존 충남, 충북, 경남을 포함해 총 14개 시도교육청에 제공하게 됐다.

요금제의 연간 및 월간 금액과 조건은 다음과 같다. (2025년 8월 기준)

## 3. AI·에듀테크 활용 용도

파워포인트를 다루기 힘든 학생들에게 미리캔버스는 간단한 사용법만 익혀도 괜찮은 결과물을 만들어 낼 수 있는 좋은 디지털 도구이다. 최근 학생들도 디지털 기기를 사용하여 수업에 참여하다 보니 학생 그리고 교사들 사이에서 파워포인트(PPT) 대신 쓰는 경우가 많아졌다. 호주의 디자인 플랫폼 캔바(Canva)를 벤치마킹한 사이트지만, 우리나라의 기업에서 만들었기 때문에 한글로 된 콘텐츠가 훨씬 많아 한국인이 느끼기에 사용하기가 더 수월하며 다양한 한글 버전 템플릿과 요소를 고를 수 있다. 그리고 AI 기능이 추가되어 나만의 스타일로 콘텐츠를 커스터마이징할 수 있다는 장점이 있다.

미리캔버스를 활용하여 교사는 주로 수업용 프레젠테이션을 만들고 학교 업무용으로도 사용할 수 있다. 학교 교문에 거는 현수막도 수월하게 만들 수 있으며, 학기 초에 동아리나 교내 프로그램 참여자를 모집하는 포스터를 제작하기에도 좋다. 만약 담임 교사를 하고 있다면 미리캔버스 내에서 비즈하우스(BizHows)를 통해 학급 행사용 현수막, 스티커, 의류, 굿즈 등을 제작할 수도 있다. 교사뿐만 아니라 학생이라면 미리캔버스를 사용해 프로젝트 수업에서 결과물을 만들거나 발표 자료를 만드는 데에 주로 사용한다. 특히 협업 기능으로 사용자를 초대할 수 있어 모둠수업에서 학생들이 사용하기 좋다. 그리고 학생 선거 포스터를 만들거나 학교 행사에서 반 티셔츠의 디자인을 만들 때도 미리캔버스를 사용할 수 있다.

미리캔버스 비즈하우스 화면

## * 태블릿이나 모바일로 미리캔버스를 사용한다면?

미리캔버스의 장점은 컴퓨터뿐만 아니라 태블릿이나 모바일로도 충분히 결과물을 만들어 낼 수 있다는 것이다. 따라서 수업 시간에 어떤 정보 기기를 사용하든 원활하게 사용이 가능하다. 원하는 템플릿을 고르고 나서 수정하고자 하는 영역을 터치하면 편집 옵션바가 생기면서 원하는 대로 수정과 편집이 가능하다. 만약 텍스트를 수정하고자 한다면 더블클릭을 하면 된다.

## 4. AI·에듀테크 사용 방법

수업에 가장 기본적으로 사용하는 프레젠테이션과 로고를 중점적으로 미리캔버스를 사용하는 방법을 안내하고자 한다. 미리캔버스는 다른 디지털 도구들에 비해 한글로 만들어진 다양한 프레젠테이션 템플릿과 요소들을 보유하고 있으며, 꾸준히 새롭게 추가되는 경우가 많다.

## 1) 프레젠테이션 만들기

미리캔버스를 사용하기 위해서는 https://www.miricanvas.com으로 들어간다. 로그인을 한 후, [디자인 만들기] 혹은 [바로 시작하기]를 누르면 다음 화면이 나타난다.

1장

2장

3장

4장

2장 AI·에듀테크 소개

프레젠테이션을 시작하기 위해 [프레젠테이션]을 클릭한다. 만약 프레젠테이션이 아니라 다른 타입(카드뉴스, 썸네일 등)으로 제작한다면 원하는 타입을 클릭하면 된다.

### (1) 프레젠테이션 템플릿 고르기

수업 시간에 활용할 프레젠테이션을 제작한다면 [프레젠테이션] 기능을 클릭하여 아래와 같은 기본 화면으로 들어오면 된다.

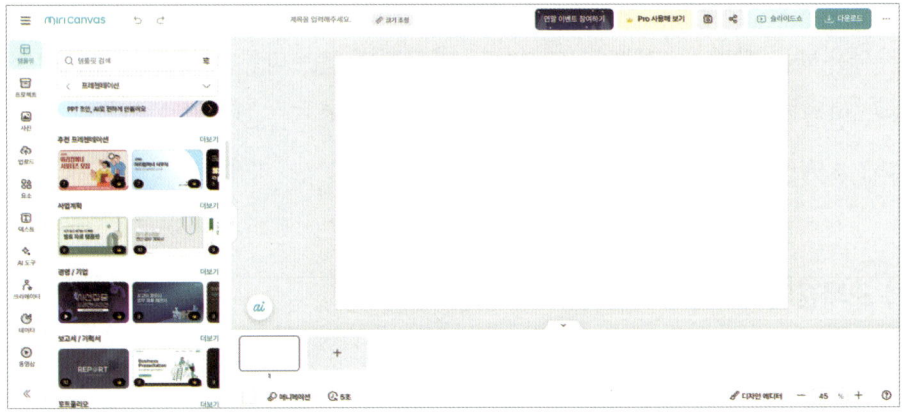

수업에 필요한 프레젠테이션을 만들기 위해 돋보기 모양의 [검색]란에 '수업'이라고 검색하면 다음과 같은 수업용 템플릿들이 보인다. 살펴보다가 마음에 드는 디자인 템플릿을 골랐다면, 클릭하여 덮어쓰기 후 사용하면 된다. 템플릿의 아래에 써있는 숫자는 템플릿의 레이아웃 개수를 의미한다. 하나의 템플릿 안에는 표지, 목차, 서론, 본론, 결론 등 여러 형태의 레이아웃이 있다.

프레젠테이션의 템플릿은 무료 버전의 경우 왕관 표시가 없으며, 유료 버전은 왕관 표시가 있다. 무료 버전으로 사용하면서 왕관 표시가 있는 유료 버전의 프레젠테이션을 클릭하면 다음과 같은 안내가 뜬다. 프리미엄 템플릿을 사용하고 싶으면 한 달간 무료 혜택을 받을 수 있다고 홍보하기도 한다. 만약 유료 버전을 사용해 보고 싶으면 [한 달간 무료로 사용하기]를 눌러 사용한 후 그만 이용하고 싶으면 한 달 안에 해지하면 된다.

## (2) 편집하기

프레젠테이션을 만드는 데 사용할 템플릿을 선정하였다면 클릭 후 [이 템플릿으로 덮어쓰기]를 누르면, 다음과 같이 편집 화면으로 템플릿이 들어오게 된다. 덮어쓰기 한 템플릿에는 다양한 레이아웃이 들어 있는데 그 안의 내용과 요소를 원하는 대로 편집하거나 추가할 수 있다. 편집 과정 중에 실행 취소 버튼이 있으니 실수로 지워져도 걱정할 필요가 없다. 글을 수정하고 싶다면 문구를 클릭하면 다음과 같은 화면이 나오게 된다.

[속성]에서는 글씨체, 크기, 굵기, 이탤릭체(기울기), 밑줄, 글자 색 등 다양하게 글씨를 수정할 수 있으며 글의 정렬, 순서, 투명도, 외곽선을 설정할 수도 있다.

프레젠테이션에서 그림이나 이미지를 추가하고자 할 때는 왼쪽의 [사진]을 클릭하여 원하는 단어를 검색하여 클릭하면 템플릿 안으로 들어오게 된다. 왕관 표시가 있는 경우 유료 버전이기 때문에 유의하도록 한다.

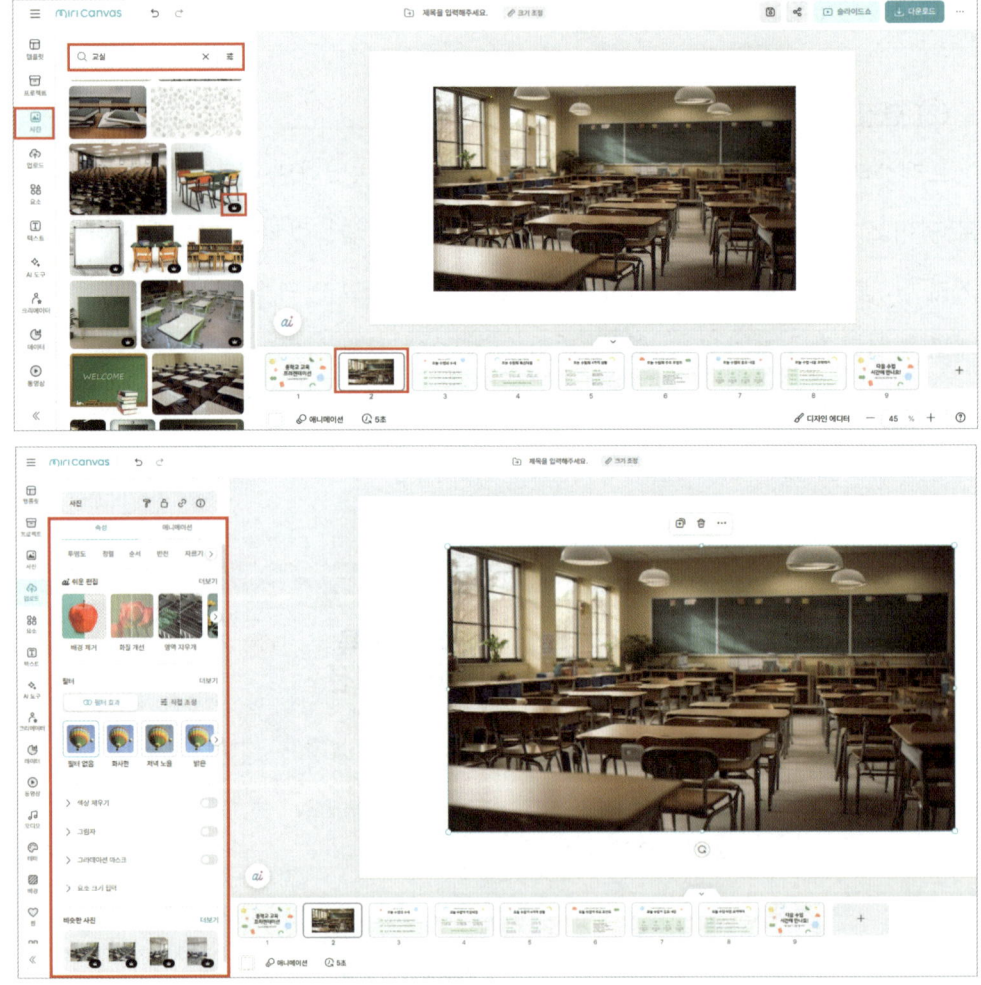

그리고 만약 사진이나 이미지를 추가하였을 때는 단순하게 원본을 추가하는 것만 가능한 것이 아니라, 사진이나 이미지를 클릭하면 다음과 같은 화면이 보이는데 [속성]에서 다양한 필터 효과를 줄 수도 있다.

그리고 미리캔버스 내에서 하는 검색으로 추가하는 것이 아니라 이미 교사가 갖고 있는 그림이나 이미지를 추가하고 싶을 때는 왼쪽의 [업로드]를 눌러 추가하면 된다.

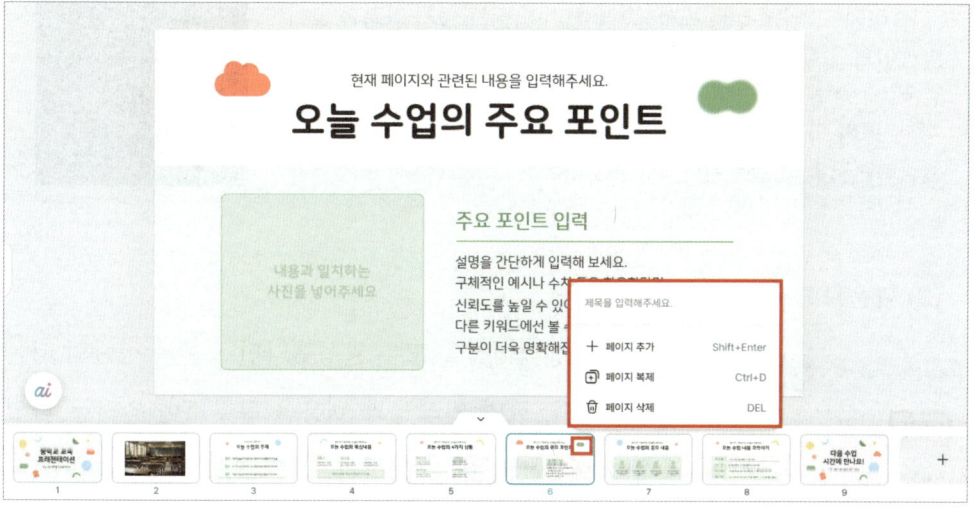

프레젠테이션 제작 중에 해당 페이지를 추가하고자 한다면 하단 페이지의 오른쪽 점 세 개 버튼을 누르면 다음과 같은 화면이 보인다. [페이지 추가]를 누르면 단순히 하얀 바탕이 만들어지며, [페이지 복제]를 누르면 해당 페이지와 같은 복제물이 만들어진다. 그리고 해당 페이지를 삭제하고자 한다면 [페이지 삭제]를 누르면 사라진다.

## ✽ 슬라이드 쇼를 하려면?

프레젠테이션을 만들고 나서 다운로드하여 수업에 사용할 수도 있지만, 만약 항상 온라인이 가능한 수업 환경에 놓여 있다면 따로 프레젠테이션을 다운로드하지 않고 미리캔버스 안에서 오른쪽 상단에 있는 [슬라이드 쇼]를 눌러 바로 슬라이드 쇼를 진행하는 것도 가능하다. 자동 재생하여 슬라이드 쇼가 넘어 갈 수도 있으며, 수동으로도 슬라이드 쇼를 넘길 수도 있다.

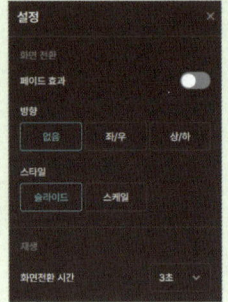

[슬라이드 쇼]를 누르면 하단에 [설정] 버튼을 눌러 다음과 같이 슬라이드 쇼를 원하는 대로 설정할 수 있다. 화면 전환 시 페이드 효과(서서히)를 원하는지, 방향은 없음/좌우/상하 중 어떤 것을 할지, 수동이 아닌 자동으로 넘어가려면 화면 전환 시간은 몇 초로 설정하는지를 고르면 된다.

## (3) 다운로드

프레젠테이션을 모두 완성했다면 오른쪽 상단의 다운로드를 누르면 인쇄용과 웹용을 구분하여 원하는 파일 형식으로 저장이 가능하다. 만든 프레젠테이션을 모두 다운로드할 수도 있고, 필요한 페이지만 선택해서 다운로드할 수도 있다.

프레젠테이션을 만들고 나서 다른 사람에게 공유할 수 있다. 공유하기를 누르면 프레젠테이션의 URL 주소를 복사하거나 사용자 초대 등으로 공유할 수 있다.

이렇게 프레젠테이션을 만드는 방법에 대해 알아보았다. 그 외에도 미리캔버스를 사용하여 다양한 자료를 만들어 낼 수 있다.

## 2) 로고 만들기

로고를 제작하는 방법은 두 가지가 있다.

### (1) 샘플 편집

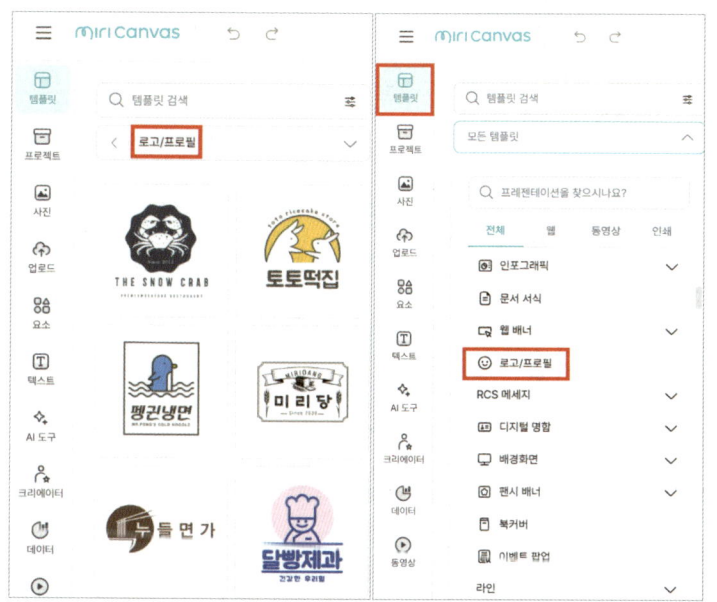

미리캔버스에서 제공하는 [템플릿] - [로고/프로필]을 클릭하여 원하는 샘플을 골라서 편집하는 방법이 있다.

로고/프로필에서 원하는 것을 골라 클릭한 후 글자를 눌러 글씨체(폰트)를 바꾸거나 크기나 위치를 조정할 수 있다. AI 라이팅을 클릭하면 글을 더 써 주거나 편집할 수 있는 기능이 있다.

## (2) AI로 만들기

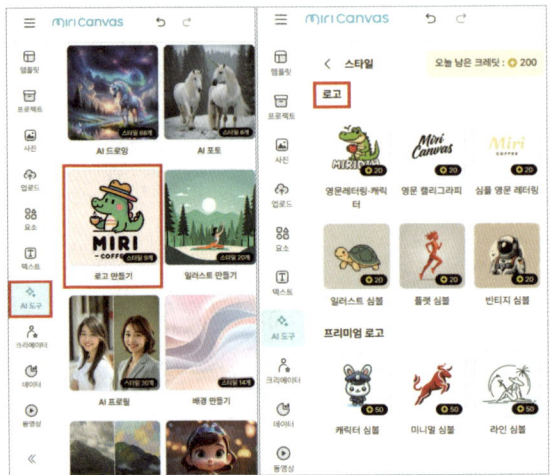

AI 기능을 활용하여 원하는 로고를 프롬프트로 적어 만들어 내는 방법이 있다. 왼쪽의 AI 도구를 클릭하여 원하는 로고의 스타일과 이미지 묘사에 구체적으로 프롬프트를 적어야 한다. 다만, AI 기능의 경우 크레딧에 따라 하루에 만들 수 있는 개수가 정해져 있어 자신의 계정에서 만들 수 있는 횟수를 미리 파악하여 만들어야 한다. AI 기능에서 로고를 만들 때는 반드시 들어가야 하는 문구나 이름이 있다면 ' ' 를 사용하여 적어야 하며, 어떤 캐릭터가 들어가야 하는지 그림에 대한 자세하고 세밀한 묘사를 적어야 한다. 이렇게 두 가지의 방법을 사용하여 로고를 만든다면 세상에 단 하나뿐인 나만의 로고를 만들 수 있다.

### ✱ 다양한 AI 기능

미리캔버스는 AI 기능을 사용할 수 있다.

왼쪽의 [AI 도구]를 클릭하여 필요한 기능을 사용하면 된다. AI 드로잉, AI 포토, 로고 만들기, 일러스트 만들기, AI 프로필, 배경 만들기, 명화 따라 그리기, 캐릭터 만들기, 이미지 확장, 비슷한 이미지 생성, 사진 배경 교체, 흑백 컬러 복원 등의 기능을 이용할 수 있다. AI 기능을 사용하기 위해서는 *크레딧이 차감된다는 점을 반드시 기억해야 한다. 학생에게 크레딧이 차감되니 하루에 정해진 횟수가 있다는 점을 주지시켜 학생이 프롬프트를 작성할 때는 최대한 자세히 작성하게끔 하여 크레딧을 낭비하는 일이 없도록 한다.

미리캔버스에서 소개하는 크레딧에 대한 내용은 다음과 같다.

(2025년 1월 기준)

**크레딧이란?**

🎨 AI 이미지를 생성할 때 필요해요.

📅 하루에 200개씩 충전돼요. 누적 충전은 되지 않으니 매일매일 사용해 주세요!

🌟 더 마음껏 사용하고 싶다면 Pro로 업그레이드해 보세요. 하루 1000개의 크레딧을 사용할 수 있어요.

Pro 업그레이드

## * 카드뉴스를 만든다면?

카드뉴스는 SNS(Social Network Service) 등을 활용하여 보는 사람의 시선을 끌어 홍보하거나 정보를 전달하는 데 효과적인 콘텐츠이다. 미리캔버스에서는 카드뉴스 템플릿을 클릭하여 원하는 내용을 수정할 수 있으며, 디자인을 편집할 수 있다. 교사는 학생이 수업에서 배운 교과 내용을 토대로 정리하여 카드뉴스를 제작하는 수업을 운영할 수 있다. 컴퓨터뿐만 아니라 태블릿이나 모바일로도 사용할 수 있기 때문에 교육청에서 배부받은 학생용 정보 기기나 핸드폰으로도 충분히 사용할 수 있다. 프레젠테이션과 마찬가지로 원하는 카드뉴스 템플릿을 고르고 나서 추가로 요소를 넣고 싶다면 사진, 선, 도형, 일러스트 등을 추가할 수 있다.

## * 영상의 썸네일(Thumbnail, 마중그림)을 만든다면?

미리캔버스의 썸네일은 기본적으로 유튜브(Youtube)의 썸네일 사이즈인 1280×720 사이즈로 세팅된다. 만약 유튜브가 아닌 블로그 등의 썸네일 제작을 위해 사이즈를 변경하고자 하면 원하는 사이즈로 수정하여 설정할 수 있다. 템플릿을 고르고 이미지와 사진을 사용하여 배경을 만들면 된다. 배경은 필터 효과를 사용하여 편집할 수 있으며, 원하는 내용을 작성하여 글자의 폰트 디자인과 외곽선, 그림자 등을 조절하면 된다.

## * 포스터를 만든다면?

포스터는 가로형과 세로형이 있다. 안내용 포스터 제작이나 교실 안에서의 시간표 포스터 등을 제작할 수 있다. A0부터 A6까지, B0부터 B6까지 등 다양하게 인쇄할 수 있는 크기를 설정할 수 있어 자신이 의도한 포스터 목적에 맞는 사이즈를 설정하면 된다.

1장

2장

3장

4장

## * 미리클(Miricle)을 활용해보자!

미리클(Miricle)은 2025년에 새로 추가 된 AI 기능으로, AI로 프레젠테이션 만들기, 일러스트 만들기, AI 포토, 아이콘 만들기, AI 프로필 기능 등을 이전까지 기본 화면의 왼쪽 하단에 AI 도구를 누르고 접근하던 방식에서 더욱 쉽게 접근할 수 있도록 했다. 미리캔버스 첫 화면의 상단에서 miricle을 클릭하면 다음과 같은 화면이 보인다. 빈칸에 만들기 원하는 내용을 자세하게 프롬프트로 작성하면 결괏값이 나온다.

## 2-3. 감마(Gamma)

감마(Gamma)는 AI 기술을 통해 사용자가 프레젠테이션, 문서 웹페이지 등을 보다 효율적으로 만들 수 있도록 돕기 위해 개발되었다. AI의 발전으로 더 이상 전통적으로 사용되던 프레젠테이션이 아닌 AI 기반 디자인 파트너와 함께 아이디어를 표현하는 완전히 새로운 방법을 사용할 수 있다. 사용자는 원하는 주제에 맞게 입력한 정보와 데이터를 토대로 다양한 디자인 및 레이아웃을 추천받을 수 있을 뿐만 아니라, 사용자의 개인 문서 및 프레젠테이션을 간편하게 업로드하고 콘텐츠를 빠르게 재작성하거나 자동으로 재구성하여 완성할 수 있다. 제작된 결과물은 모든 디바이스에서 확인할 수 있으며, 특히 모바일 친화적인 콘텐츠를 제공하여 발표 내용을 확인하는 데 용이하다.

감마의 주요 기능으로는 다음과 같다.

- **텍스트-투-슬라이드**: 텍스트를 입력하면 Gamma app이 자동으로 슬라이드를 만들어 준다.
- **다양한 디자인 템플릿**: 다양한 업종과 목적에 맞는 디자인 템플릿을 제공한다.
- **이미지 및 차트 삽입**: 이미지, 차트 등을 삽입하여 프레젠테이션을 더욱 풍부하게 만들 수 있다.
- **애니메이션 효과**: 슬라이드에 애니메이션 효과를 적용하여 시청자들의 집중력을 높일 수 있다.
- **팀 협업**: 팀원들과 공동으로 프레젠테이션을 제작할 수 있다.
- **프레젠테이션 공유**: 프레젠테이션을 온라인 또는 오프라인으로 공유할 수 있다.

## 1. 가입 방법

검색창에 'Gamma app' 검색 후 공식 사이트에 접속한다.

공식 사이트 화면의 우측 상단의 [로그인] 또는 중앙 하단의 [무료로 가입하기]에 들어가 로그인을 실시한다.

1장

2장

3장

4장

2장 AI·에듀테크 소개

가입할 때 구글 계정으로 쉬운 가입 및 로그인이 가능하다.

가입하면 간단한 설문 뒤에 감마 사용이 가능하며 설문의 선택에 따라 사용 제한
이 있는 것은 아니다.

## 2. 요금제

요금제는 월별 및 연간으로 결제가 가능하며 연간 결제가 비교적 저렴한 편이다.
그리고 사용 기능에 따라 플러스(Plus) 버전과 프로(Pro) 버전으로 요금이 상이하다.

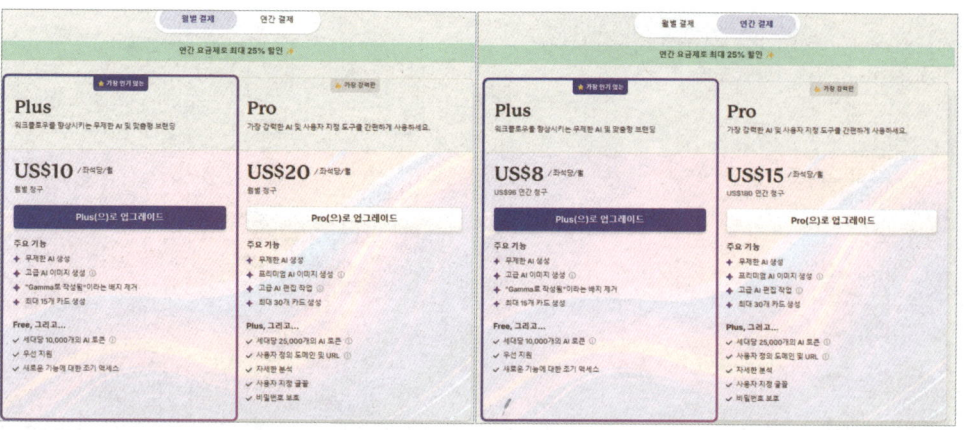

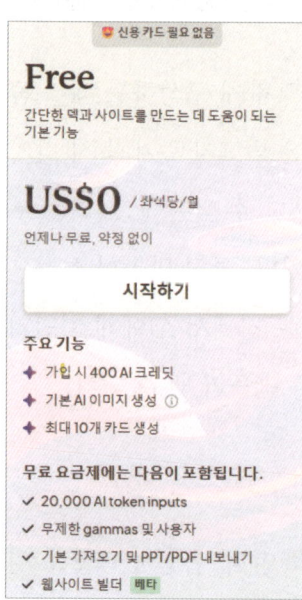

하지만 무료로도 사용 가능하며 크레딧이 있다면 필요한 기능을 사용할 수 있다. 가입 후 첫 사용 시 400크레딧을 받게 되며 프레젠테이션을 생성하거나 이미지를 만드는 등 감마에서 수행하는 각 AI 기반 작업 시 일정량의 AI 크레딧이 사용된다. 사용하는 작업의 종류마다 필요한 크레딧의 양이 다를 수 있다.

추가로 크레딧을 얻는 방법은 새로운 사용자를 초대하여 크레딧을 적립할 수 있으며, 초대한 사용자와 초대받은 사용자 모두에게 200크레딧이 제공된다.

### 3. AI·에듀테크 활용 용도

감마는 AI로 손쉽고 빠르게 발표 자료 제작이 가능한 도구로써 자신이 원하는 발표 주제의 결과물을 간단한 설명으로 빠르게 얻을 수 있으며, 결과물의 세부적인 수정이 가능하여 디자인 프로그램 전문가가 아니더라도 수준 높은 디자인의 발표 자료를 제작할 수 있다. 단순히 발표 자료를 제작하는 도구가 아닌 AI로 다양한 생성 옵션과 사용자의 맞춤형 설정으로 사용자 최적화 콘텐츠를 제공하여 작업 효율성을 극대화해 줄 수 있다.

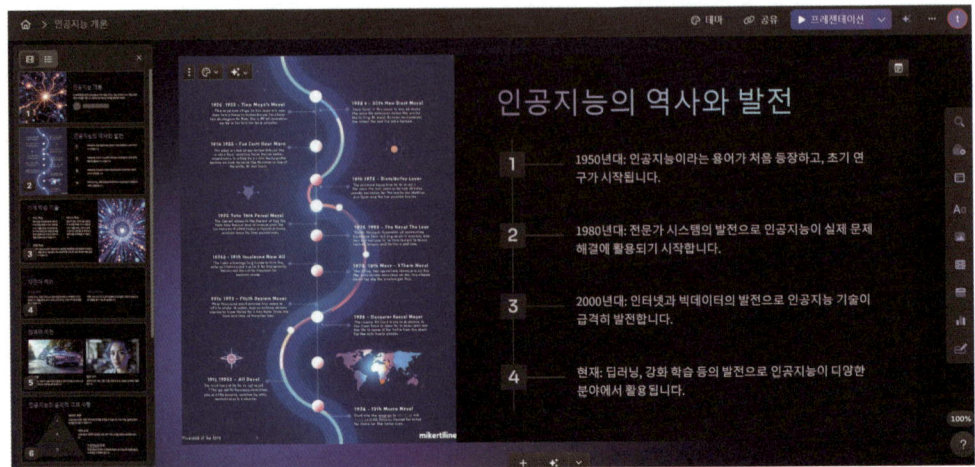

감마를 활용한 결과물 내용

교사는 수업에서 설명하고자 하는 주제의 목차를 흐름에 맞게 구성하는 데 도움을 받을 수 있어 수업 구성 및 준비 사용에 용이하다. 학생은 발표자료 제작 시 디지털 도구 활용 능력에 따라 발표 내용의 전달력 차이가 발생할 수 있는데, 이러한 부담을 줄여 줄 수 있다는 점에서 편리한 도구로 사용할 수 있다. 특히 맞춤형 설정으로 세부적인 부분까지 원하는 결과물로 만들어 낼 수 있다는 점에서 AI에게 떠넘겨 만들어 내지 않고 사용자의 생각과 개성이 들어간 결과물을 만들어 낼 수 있다.

## 4. AI·에듀테크 사용 방법

우선 발표 자료 제작을 위해 [프레젠테이션] 항목 선택 확인 후 옵션 선택으로 원하는 프레젠테이션의 스타일을 정한다.

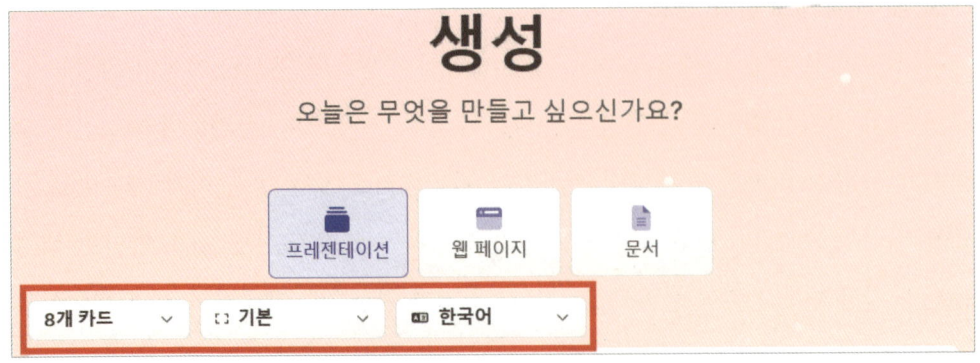

'슬라이드 구성 개수', '페이지 스타일', '언어 종류'를 미리 선택할 수 있으며, 선택에는 유료로 사용하는 요금제일 경우에만 사용 가능한 기능도 있다.

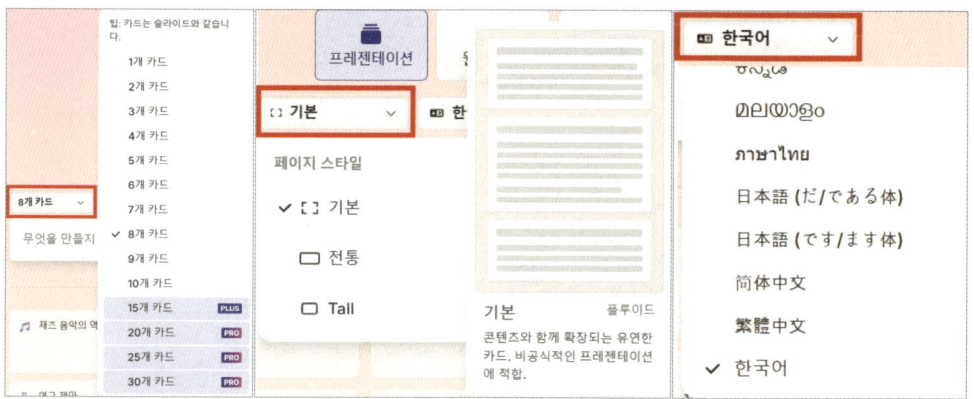

옵션 선택 후 원하는 프레젠테이션 주제를 작성한 뒤 [개요 생성] 버튼을 눌러 프레젠테이션을 만들 수 있다. 예시로 '인공지능 수업'이라는 주제로 프레젠테이션을 생성해 보자.

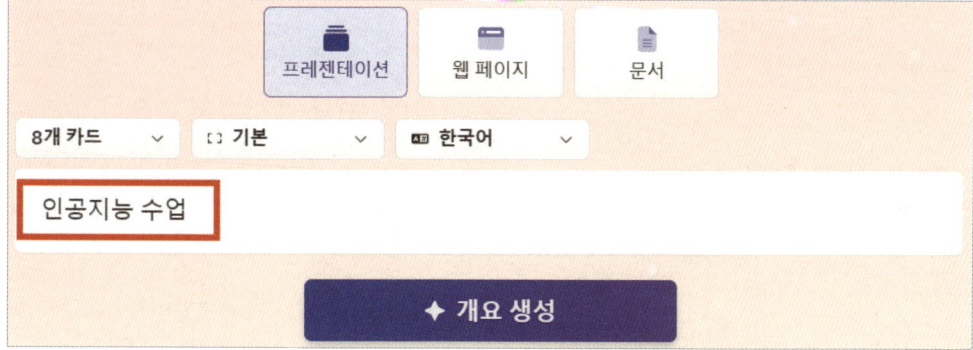

　다음 예시와 같이 프레젠테이션의 슬라이드 목차가 생성 후 내용이 제시되며, 관련하여 들어갈 '텍스트양', '이미지에 대한 내용 옵션'을 구성한 뒤 계속 버튼을 눌러 프레젠테이션 생성을 진행한다.

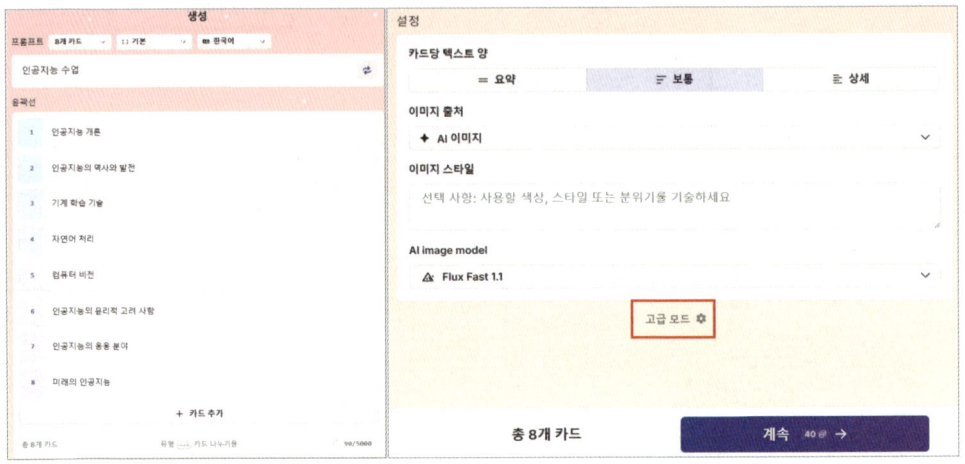

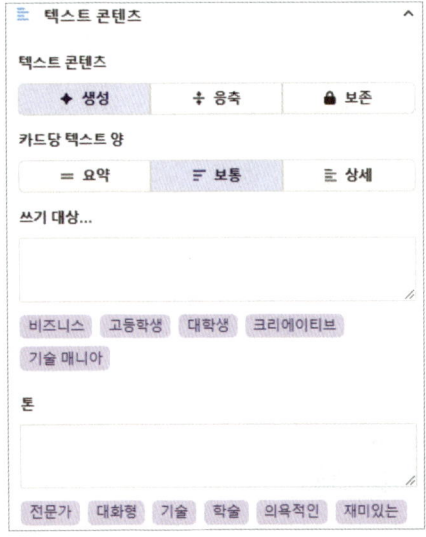

　더 자세하게 내용을 구성하고 싶을 때는 [고급 모드] 버튼을 눌러 프롬프트 편집기의 텍스트 콘텐츠 내용을 세부적으로 구성 후 사용자가 원하는 내용 구성에 도움을 받을 수 있다. AI로 생성하는 내용이기에 도구를 사용하는 사람마다 결과가 다르게 나올 수 있다.

다음으로는 슬라이드의 테마를 선택하는 단계로, 원하는 분위기를 구성할 수 있다. 테마 섞기는 다양한 테마 중 임의의 테마를 제시해 주며 원하는 테마를 최종 선택하여 [생성] 버튼을 누른다.

[생성] 버튼을 누른 뒤 AI에 의해 자동으로 프레젠테이션이 생성되며 슬라이드의 텍스트 및 이미지의 내용이 사용자가 작성한 주제에 맞게 구성되는 것을 확인할 수 있다.

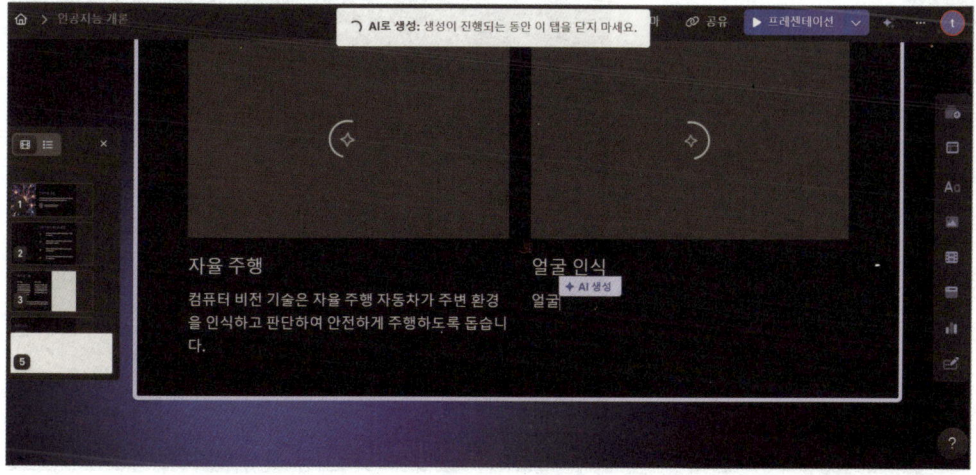

다음의 예시 내용은 '인공지능 교육'으로 만들어진 슬라이드로, 좌측의 필름 스트립에서 생성된 슬라이드 내용을 선택 및 확인할 수 있으며 생성된 내용 중 수정이 필요한 부분이 있다면 원하는 내용으로 직접 수정하거나 AI로 다시 내용을 생성하여 구성할 수 있다.

제작된 프레젠테이션 슬라이드의 수정이 필요한 부분에 대해서는 슬라이드의 좌측 상단의 [AI로 수정] 버튼을 눌러 AI에게 수정 내용을 요청하여 수정할 수 있다.

슬라이드 내 이미지 수정은 수정하고자 하는 이미지를 선택한 뒤 좌측 상단 메뉴 중 [이미지 수정] 버튼을 눌러 이미지를 수정할 수 있다.

필요 시 슬라이드 추가가 가능하며 다음의 예시와 같이 추가하고자 하는 슬라이드 위치에 마우스 커서를 이동할 때 나타나는 [AI로 카드 추가] 버튼을 눌러 내용을 아래와 같이 슬라이드를 추가 생성해 낼 수 있다.

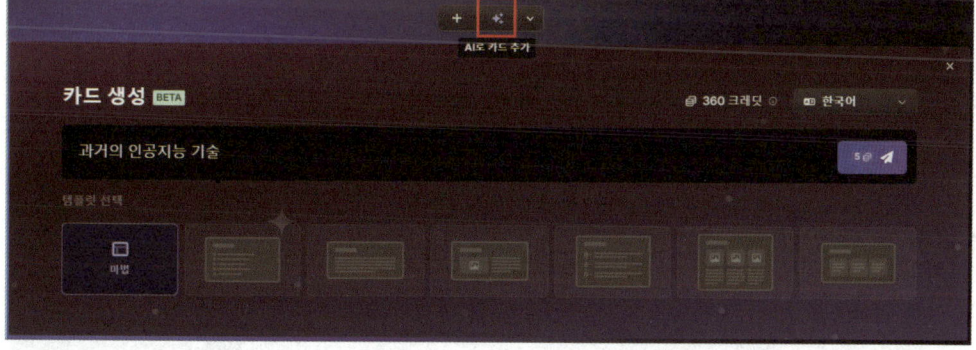

추가하려는 슬라이드의 예시 내용으로 '과거의 인공지능 기술'이라는 설명을 적어 슬라이드를 추가한다.

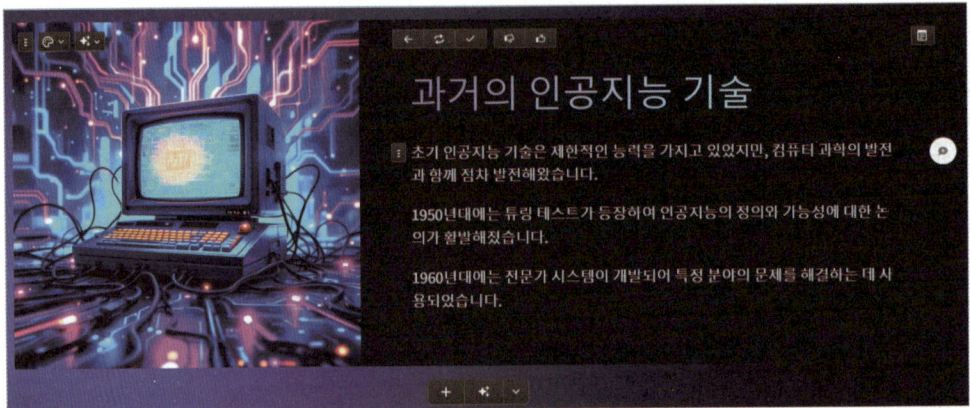

완성된 슬라이드는 화면 우측 상단의 버튼으로 프레젠테이션 발표가 가능하며, 공유 버튼으로 발표 자료를 쉽게 공유할 수 있다. 공유 내용에서는 다른 사용자에게 발표 내용을 단순히 보기만 가능하게 제공할 수 있을 뿐만 아니라 권한을 부여하여 수정, 댓글 작성 등 함께 협업도 가능하게 할 수 있다.

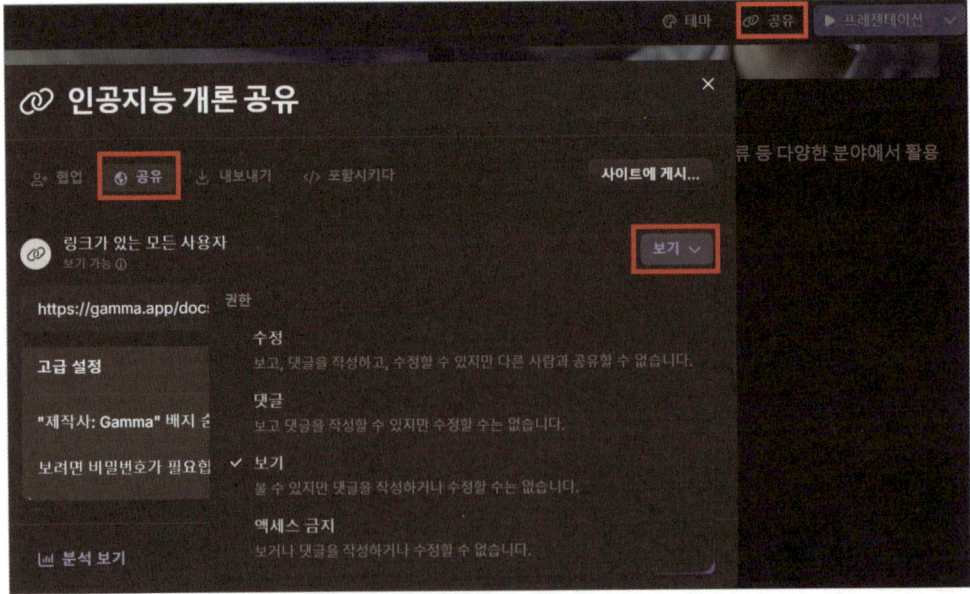

# 2-4. 패들렛(Padlet)

패들렛(Padlet)은 교사와 학생이 온라인에서 아이디어를 공유하고 협력할 수 있도록 돕는 디지털 게시판이다. 2명의 인도인 개발자들이 2008년도에 개발한 작업용 애플리케이션으로, 하나의 작업 공간에 초대된 다수 사람이 메모지를 붙여 공유하는 방식으로 시작되었다. 글, 이미지, 동영상, 링크 등을 손쉽게 게시할 수 있으며, 점착 메모지를 붙여 아이디어를 모으는 학습 활동을 온라인 방식으로 한다고 볼 수 있다. 다양한 템플릿을 활용하여 맞춤형 학습 자료를 만들 수 있고, 최근에는 AI 기능이 추가되어 다양하게 수업에서 활용할 수 있는 확장성도 더해졌다. 교실에서 패들렛을 활용하면 학생들의 참여도를 높이고, 협력 학습을 촉진할 수 있다는 장점이 있다.

## 1. 가입 방법

패들렛을 사용하려면 먼저 회원 가입이 필요하다. 주소창에 https://padlet.com 을 입력하거나 검색 사이트에서 패들렛을 검색하여 접속한다.

오른쪽 상단의 [가입하기] 버튼을 누르면 다음과 같은 화면이 나오는데 구글이나 마이크로소프트, 애플 계정으로 가입하거나 개인 이메일 계정으로도 가입할 수 있다. 가입 후 계정 프로필을 설정하고, 사용할 언어와 기본 설정을 조정한다.

## 2. 요금제

패들렛은 무료 버전과 유료 버전을 제공한다. 하지만 무료인 경우 기본적인 기능만 사용할 수 있으며, 게시판을 최대 3개밖에 이용할 수 없다. 무료 버전을 사용하는 경우 수업을 할 때마다 기존에 생성한 게시판을 보관 처리(아카이브)하고, 다시 새로운 게시판을 생성하는 것을 반복해야 한다. 디지털 기반 교육과정을 운영하며 수업에서 패들렛을 많이 사용하는 경우 다음 그림과 같이 여러 가지의 유료 버전 중 하나의 구독을 추천한다.

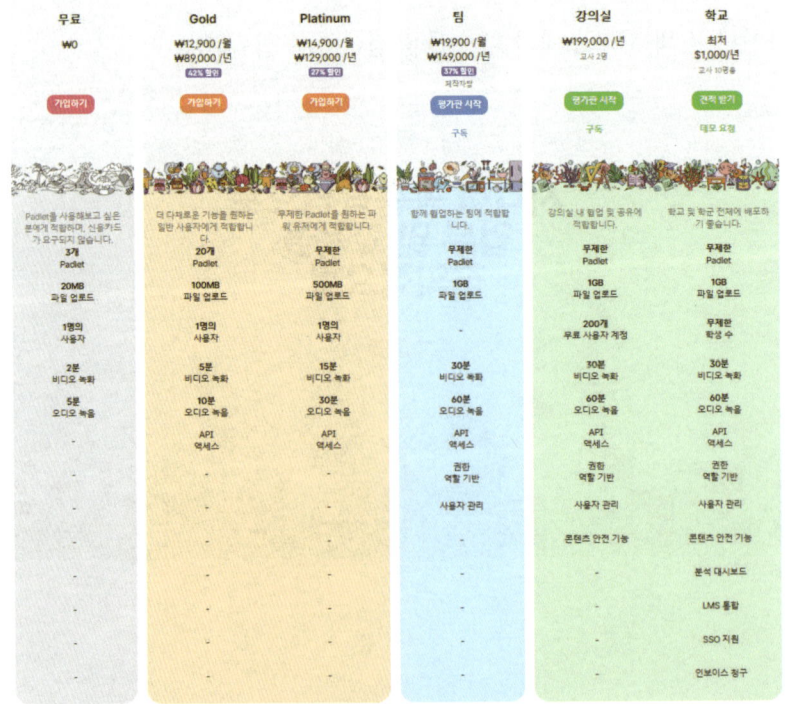

2025년 2월 기준 웹사이트의 요금제 안내 화면

## 3. AI·에듀테크 활용 용도

패들렛은 수업 전, 중, 후 여러 상황에 다양한 방법으로 교실에서 활용할 수 있다. 먼저 수업을 설계하는 단계에서 교사는 단원의 학습 목표를 작성하고, 수업에 필요한 영상이나 텍스트, 이미지 파일 등의 자료들을 넣어 놓거나 수업 중 학생들의 학습 결과물을 올리도록 하여 모을 수 있다. 패들렛의 가장 큰 장점은 시각적인 정리가 뛰어나다는 것으로, 게시판 형식으로 학습 콘텐츠를 정리하여 자료를 쉽게 정리할 수 있기 때문이다. 수업 중에는 학생들이 동시에 같은 게시판에서 작업할 수 있어 프로젝트, 토론, 브레인스토밍에 특히 유용하게 활용된다. 또한, 맞춤형 필드를 사용하면 교사가 묻는 말에 학생이 답해야지만 글을 업로드할 수 있도록 설정도 가능하다. 수업 중에는 투표나 댓글 남기도록 하여 동료 평가를 실시할 수 있으며, 패들렛은 익명으로도 글 작성이 가능하여 내향적인 학생도 자유롭게 의견을 게시할 수 있어 교실 속 많은 학생이 참여하도록 독려가 가능하다. 학생들의 활동 기록이 남기 때문에 수업 종료 후 교사는 패들렛 게시판에 학생들의 결과물을 보고 피드백을 할 수 있다. 상호 활발하게 소통할 수 있다는 점 덕분에 필자의 경우 코로나로 인한 원격수업에서 패들렛을 통해 학생들이 활발하게 수업에 참여할 수 있도록 독려할 수 있었다.

---

**AI 추천 레시피** 베타

🔗 토론 게시판                                          신규

✏️ 수업 활동 생성                    📄 수업 설계

💡 수업 활동 아이디어                🕐 사건 연대

▥ 읽기 목록                         📍 역사적 사건 지도

📊 평가 설문조사                     ☑️ 기준표

✨ 맞춤 게시판

---

최근에는 AI 기능 및 샌드박스가 추가되어 교사마다 원하는 방법으로 패들렛을 보다 다채롭게 활용할 수 있다. AI 기능은 토론 게시판, 수업 활동 생성, 수업 설계, 수업 활동 아이디어, 사건 연대, 읽기 목록, 역사적 사건 지도, 평가 설문조사, 기준표, 맞춤 게시판이 있다. 기본적으로 프롬프트에 자신이 원하는 방식의 수업을 프롬프트로 구체적으로 작성하면 게시판을 생성해 주는 방식이라고 보면 된다.

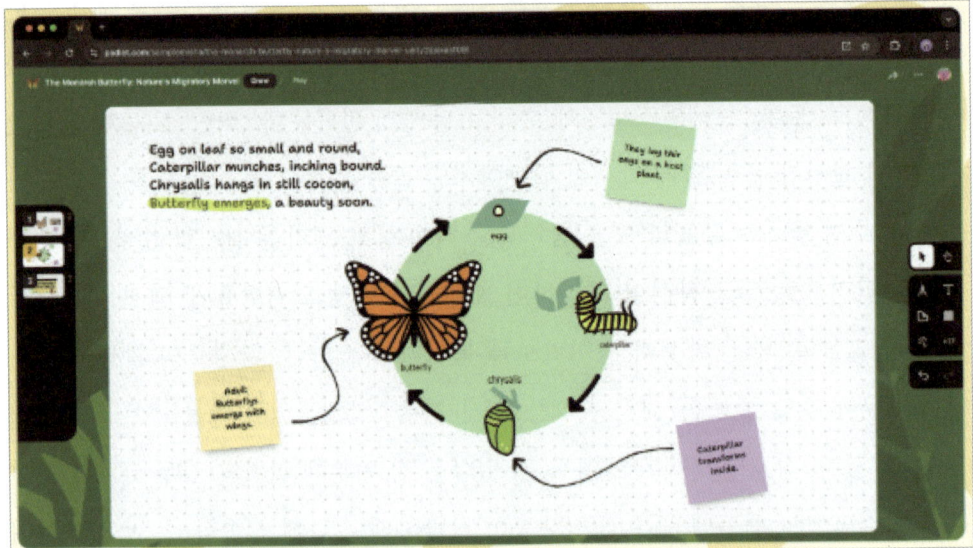

샌드박스는 협업 디지털 캔버스로서 그림을 그리고, 글을 쓰고, 미디어를 추가할 수 있는 도구가 있는 디지털 화이트보드라고 할 수 있다. 카드라는 별도의 페이지로 정리하는 무한 캔버스에서는 그리기, 타이핑, 스티커 메모, 도형, AI 이미지 생성, 동영상 업로드, 음성 녹음 등이 가능하다. 패들렛 웹사이트에 따르면 스스로 '구글 잼보드의 대안'이라고 부르며, 잼보드의 모든 기능이 샌드박스에 있고 기존에 만든 잼보드를 샌드박스로 변환할 수 있다고 한다.

## 4. AI·에듀테크 사용 방법

본격적으로 패들렛을 만들기 위해 로그인 후 자신의 대시보드에 접속하여 상단의 [+만들기]를 누르면 그림과 같은 화면이 보인다. 패들렛을 만드는 방법을 새 게시판 생성, 새 샌드박스 생성, 그리고 AI 기능을 활용하여 만들기로 나누어 살펴보자.

### 1) 빈 게시판 만들기

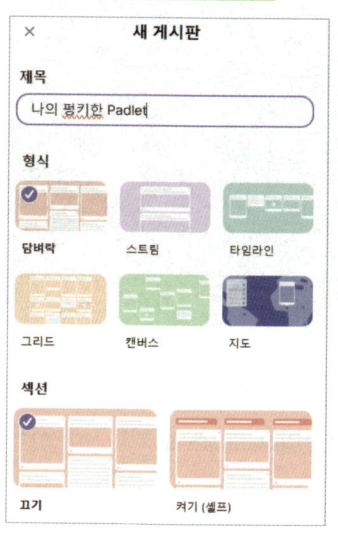

첫 화면에서 '새 게시판'을 클릭하면 자동으로 빈 게시판이 생성된다. 가장 먼저 제목, 형식, 섹션을 설정한다. 제목은 수업과 관련되어 '1학년 1반 가정' 등과 같이 입력할 수 있다.

형식은 총 6가지가 제공되는데, 담벼락, 스트림, 타임라인, 그리드, 캔버스, 그리고 지도이다. 게시판 중 하나를 선택할 수 있으며, 추후 변경도 가능하다. 각각의 특징은 다음과 같다.

· **담벼락**: 가장 기본적인 형식으로, 게시물이 벽돌처럼 정렬된다. 프로젝트나 아이디어 공유에 적합하다.

- **스트림**: 게시물이 시간순으로 정렬되며, 블로그 스타일의 흐름을 유지한다. 수업 공지나 토론 등에 활용할 수 있다.
- **타임라인**: 시간 순서대로 콘텐츠를 정렬할 수 있다. 역사적 사건 정리, 프로젝트 일정 관리 등에 유용하다.
- **그리드**: 정렬된 형태로 게시물을 배치하여 정돈된 레이아웃을 제공한다. 시각적인 콘텐츠를 정리할 때 유용하다.
- **캔버스**: 게시물을 자유롭게 배치할 수 있는 형식이다. 마인드맵이나 시각적 정리가 필요한 경우에 사용한다.
- **지도**: 위치 기반의 정보를 추가할 수 있는 형식이다. 지도를 활용한 학습 활동이 가능하다.

마지막으로 섹션은 셸프를 끄거나 켤 수 있는 기능이다. 셸프(Shelf)란 게시물을 카테고리별로 정리하는 것으로써 주제별 정리에 효과적이다.

기본 설정을 마치면, 추후 설정 가능한 메뉴는 오른쪽에 정렬되어 있다. 위에서부터 차례대로 [공유하기], [복제하기], [활동 확인하기], [슬라이드 쇼 보기], [설정]이며, 새 게시물을 작성하려면 오른쪽 하단의 (+) 버튼을 누르면 된다.

[공유하기]에서는 권한 설정 및 공유 방법을 선택할 수 있다. 방문자 권한은 해당 패들렛에 방문하는 사람, 수업에서 학생에게 보기 권한을 줄 것인지, 댓글만 작성하

는지 등을 구분할 수 있다. 수업 중에는 방문자에게 작성자의 권한을 부여하였다가 수업 종료 후에는 뷰어로 바꿀 수 있다.

'링크 프라이버시'는 패들렛 접속과 관련한 설정인데, '비밀'은 링크가 있으면 접속할 수 있고, '비밀-비밀번호'는 링크로 접속 후 비밀번호를 입력해야 접근할 수 있다. '조직 한정'의 경우 앞서 설명했던 스쿨 백팩의 경우 선택할 수 있는데, 조직 한정으로 설정하면 스쿨 백팩의 사용자로 등록된 계정만 해당 패들렛을 열람할 수 있다.

'공동 작업자 추가'는 패들렛의 관리자를 추가하는 것으로, 융합 수업을 하는 동료 선생님의 계정을 초대하면 함께 패들렛을 관리할 수 있다.

수업용 패들렛을 학생들에게 공유할 때에는 링크를 복사하여 게시하거나, QR코드를 보여줄 수 있다. 또한, 수업을 마친 패들렛을 파일로 저장할 수도 있는데 이미지, PDF, CSV, Excel의 스프레드시트 형태로 내보낼 수 있다.

[복제하기]는 같은 형식의 패들렛을 복제하는 기능이며, 템플릿을 만든 후 학급별로 복제하여 생성할 때 활용한다.

[슬라이드 쇼 보기]는 패들렛의 게시물을 슬라이드 쇼로 넘겨 볼 수 있다.

톱니바퀴 모양의 [설정]을 누르면 그림과 같이 머리글, 디자인, 레이아웃, 참여도, 게시물, 콘텐츠 등의 설정을 할 수 있다. '디자인'에서 배경 화면이나 게시물 색과 크기, 글꼴을 변경할 수 있고, '레이아웃'에서 초기에 설정한 형식과 섹션을 수정하거나 정렬 기준을 정할 수 있다. 학생의 참여를 유도하기 위해 댓글과 반응을 허용할 수 있고, 게시물의 내용에 승인 여부를 결정할 수 있다. '고급' 기능에서는 해당 패들렛 게시판만의 URL을 설정하기도 하여 쉬운 링크 주소로 학생들의 접속을 안내하기도 한다.

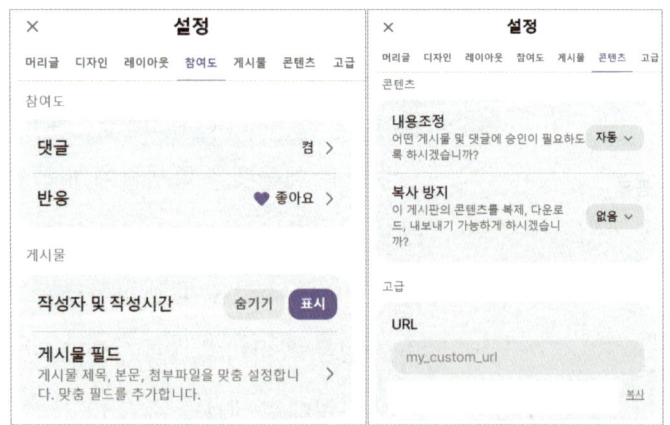

게시물 작성에서 잘 알려지지 않은 기능이 있다. 바로 패들렛에서 그림 생성형 AI 를 사용할 수 있다는 점이다. 게시물 작성 시 더 많은 메뉴(그림에서 '+13')를 누르면 '그릴 수 없음'이 보이는데, 이것이 바로 그림 생성 AI이다. 학생들과 수업에 사용하 기에 성능이 괜찮은 편이라서 여러모로 활용하기 좋다. 프롬프트는 한글과 영어 둘 다 가능하다.

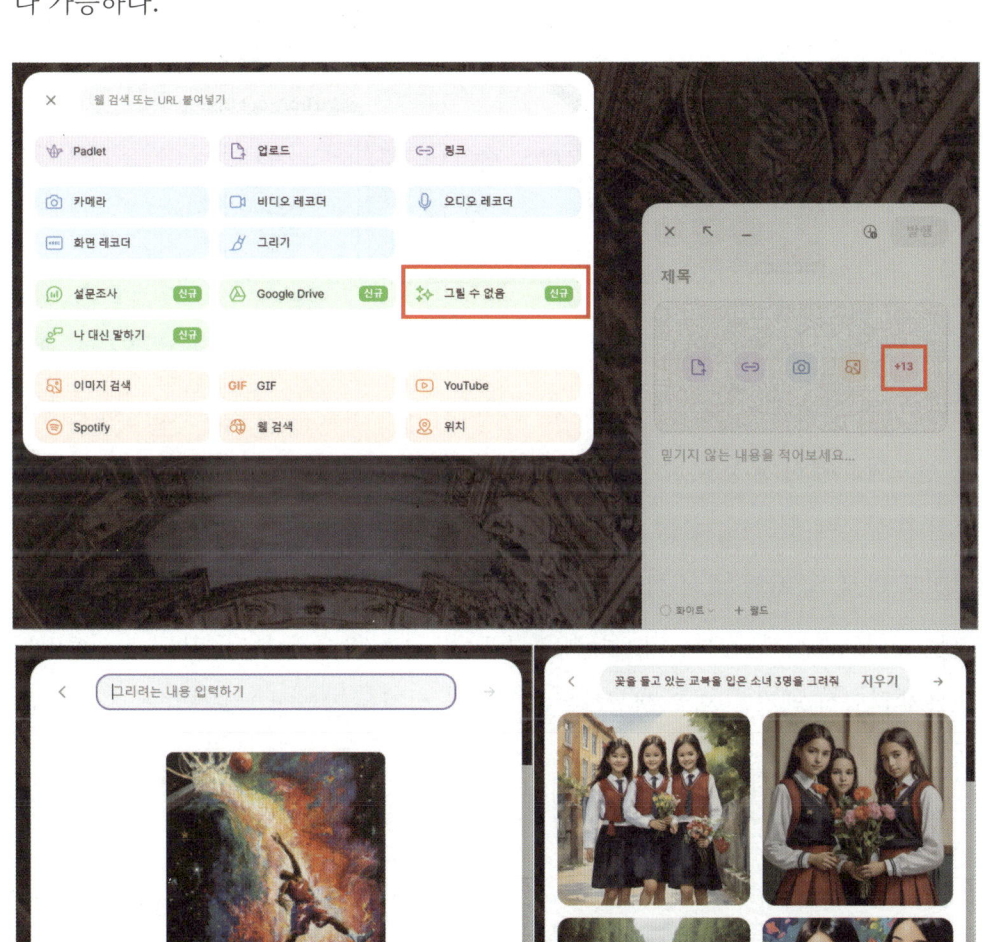

'그릴 수 없음' 클릭 시 나오는 화면(상)과 그림 생성 예시(하)

## 2) 새 샌드박스 만들기

대시보드의 첫 화면에서 '새 샌드박스'를 클릭하면 자동으로 빈 샌드박스가 생성된다. 화면 왼쪽에는 '카드'를 추가 및 삭제하거나 순서를 조정할 수 있고, 오른쪽에는 샌드박스에서 활용할 수 있는 다양한 편집 도구가 있다. 기본적인 설정 메뉴는 오른쪽 상단에 있으며, 설정 방법은 게시판과 거의 유사하다. 샌드박스만의 독특한 설정은 바로 '디자인'에서 기본 카드의 배경을 다양하게 선택할 수 있다는 점이다. 기본 화이트보드부터 캘린더, 브레인스토밍을 위한 학습 활동지, 지도나 스토리보드까지 다양한 배경을 새로 생성하는 카드마다 설정을 달리할 수도 있다.

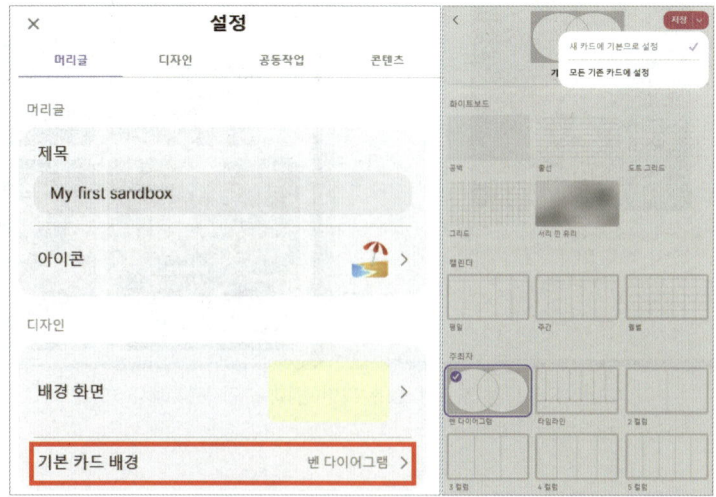

공동 작업자의 커서 및 이름을 표시할 수 있으며, 학생들이 사용할 수 있는 도구의 허용 여부를 체크할 수도 있다.

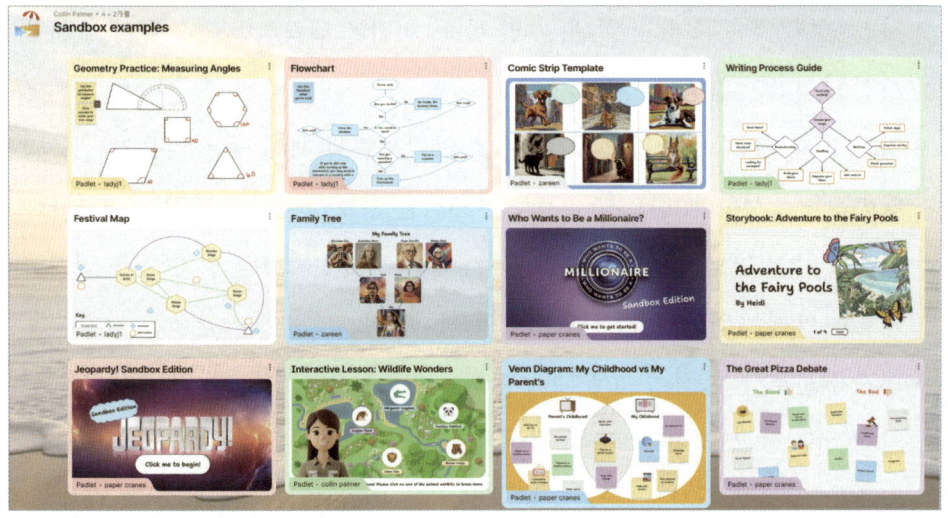

샌드박스는 자유롭게 디자인할 수 있는 디지털 화이트보드인 만큼, 만드는 사람이 어떻게 밑바탕을 그리느냐에 따라 아이디어 보드 작성이나 스토리북 및 프레젠테이션 제작, 협업 프로젝트 관리 등의 수업 활동에서 다양하게 사용할 수 있다. 패들렛에서 다음과 같은 다양한 샌드박스 템플릿 예시를 제공하니 참고해 보자.

1장

2장

3장

4장

## 3) AI 기능으로 게시판 만들기

패들렛은 'AI 추천 레시피'라는 이름으로 생성형 AI를 활용한 게시판 생성을 지원한다. 다음과 같이 총 10가지의 게시판을 AI로 만들 수 있다.

- **토론 게시판**: '동물 실험'과 같이 찬성과 반대 의견으로 토론할 수 있는 게시판을 생성한다. 섹션을 나누어 찬성과 반대 의견을 구분 짓고, 의견을 읽고 찬성하거나 반대하는 표시를 할 수 있다.
- **수업 활동 생성**: 과목과 학년에 맞게 수업 활동을 설계하는 게시판을 생성하며, 게시판을 만든 후에도 수업 활동 제작 어시스턴트를 사용할 수 있다.
- **수업 설계**: 과목과 학년, 수업 목표 및 맞춰야 하는 기준에 맞게 수업 과정을 계획하는 담벼락을 생성한다.
- **수업 활동 아이디어**: 과목과 학년, 수업 목표 및 강의실과 리소스를 입력하면 이에 맞는 수업 활동 아이디어를 제안한다.
- **사건 연대**: 학습 주제 및 학년, 수업 목표, 기간을 입력하면 학습 주제와 관련된 사건 타임라인이 생성된다.
- **읽기 목록**: 주제와 학년, 읽기 수준을 입력하면 주제에 맞는 읽을거리를 담은 담벼락을 생성한다. 반드시 실제로 존재하는 자료인지 확인 과정이 필요하다.
- **역사적 사건 지도**: 주제 및 수업 목표, 학년, 기간, 지리적 위치 등을 입력하면 지도와 함께 수업할 수 있는 담벼락이 생성된다.
- **평가 설문조사**: 특정 주제에 대해 학생의 이해도를 확인할 수 있는 설문을 생성할 수 있지만, 사지선다의 설문밖에 생성되지 않는다.
- **기준표**: 수업에서 사용할 수 있는 루브릭을 추천한다. 제목과 학년, 과제 설명 및 3~6단계의 평가 척도 옵션을 설정하면 AI가 자동으로 맞춤 기준표를 만들어 준다.
- **맞춤 게시판**: '나는 누구이며 무엇을 만들고 싶다'의 상세한 요구 사항을 입력하면 맞춤형 게시판을 만들어 추천한다.

프롬프팅을 할 때에는 교사가 원하는 목적에 따라 대상은 누구이며, 어떤 수업을 계획하고 있는지, 수업의 주제는 무엇인지 구체적으로 작성해야 한다. 물론 AI의 추천은 완벽하지 않기 때문에 이를 밑바탕 삼아 교사의 수정 및 보완은 필수이다. 다음은 AI 추천 레시피를 활용하여 토론 게시판과 수업 활동 생성을 사용한 예시이다.

## (1) AI 추천 레시피로 토론 게시판 생성하기

AI 추천 레시피 중 '토론 게시판'을 클릭한다.

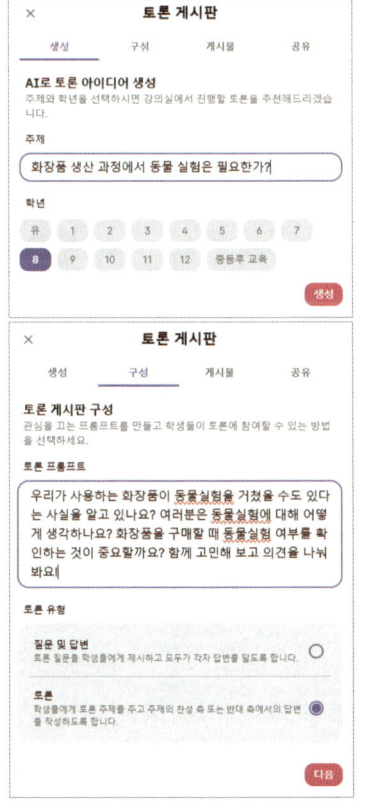

[생성] 메뉴에서 토론 주제를 입력하고 학년을 선택한다.

[구성]에서는 토론 프롬프트를 작성하고, 토론 유형을 선택한다. '질문 및 답변'은 토론 질문에 대해 학생 개별로 답변을 다는 방법이고, '토론'은 찬성과 반대의 섹션으로 나누어 게시물을 작성하는 방법이다.

마지막으로 [게시물] 메뉴에서는 토론 주제에 대한 예시 의견을 교사가 직접 작성할 것인지, AI의 추천을 입력할 것인지를 선택할 수 있다.

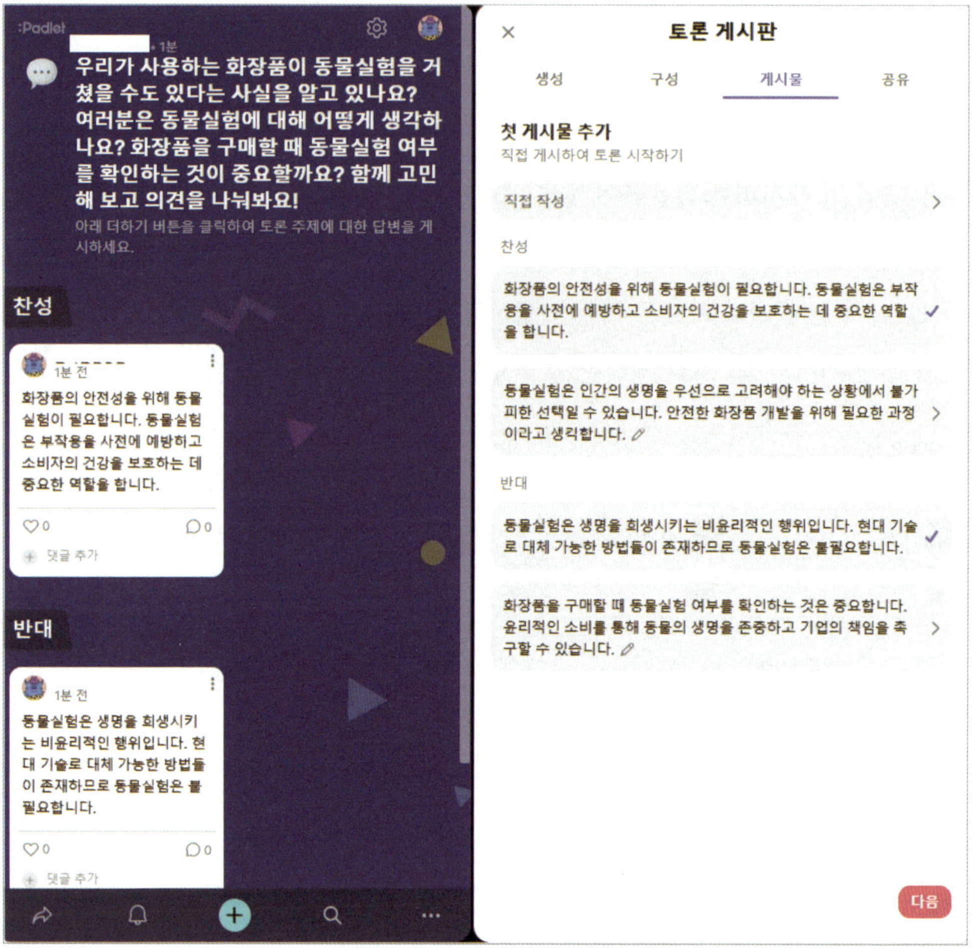

## (2) AI 추천 레시피로 수업 활동 생성하기

AI 추천 레시피 중 '수업 활동 생성'을 클릭한다.

만들고자 하는 수업에 대한 제목과 주제, 학년을 입력한 후 '아이디어 받기'를 클릭하면 몇 가지 수업 활동을 AI가 추천해 준다.

AI와 함께 만들기
## 수업 활동 생성 ⌄
베타 ⑦

제목

가족 갈등을 주제로 한 역할극 수업

주제 옵션

중학교 3학년 가정 수업에서 가족 갈등을 주제로 역할극을 만드는 프로젝트를 통해 갈등의 원인과 배경을 탐구하기

학년

유　1　2　3　4　5　6　7　8　**9**　10　11　12　중등후 교육

**아이디어 받기**

---

**갈등 사례 공유 및 댓글 달기**
학생들이 각자 경험했거나 들은 가족 갈등 사례를 짧게 작성하고 이를 게시합니다. 다른 학생들은 게시된 사례를 읽고 공감 또는 자신의 생각 을 댓글로 작성하며 갈등의 다양한 원인과 배경을 탐구합니다.　❯

**AI 이미지로 갈등 상황 그리기**
학생들이 제공된 갈등 상황의 간단한 설명을 바탕으로 AI 생성 이미지를 활용해 갈등 상황을 시각적으로 표현하고, 이를 게시글로 공유합니다. 각 이미지에 대해 다른 학생들이 해석이나 피드백을 댓글로 남깁니다.　❯

**갈등 해결 아이디어 브레인스토밍**
학생들이 자주 발생할 수 있는 가족 갈등 상황을 게시하고, 다른 학생들이 그 갈등을 해결할 수 있는 창의적인 방법을 댓글로 제안하는 협업 활 동입니다.　❯

**가족 갈등의 지리적 배경 탐구**
각 학생이 가족 갈등이 발생할 수 있는 특정 장소를 세계 지도에서 선택해 설명과 함께 게시합니다. 지도에서 각 게시물을 탐험하며 다양한 문 화적, 지리적 원인을 논의합니다.　❯

**역할극 시나리오 초안 작성하기**
학생들이 팀으로 모여 가족 갈등을 형상화한 역할극 시나리오를 초안으로 작성하여 게시물로 공유합니다. 다른 학생들의 피드백과 제안을 댓 글로 반영하면서 시나리오를 개선합니다.　❯

---

　추천한 활동 중 하나를 선택하면 패들렛 게시판이 만들어지며, 오른쪽 하단에 AI 를 뜻하는 반짝이는 아이콘을 클릭하면 화면 오른쪽에서 수업 활동 어시스턴트와 대화를 할 수 있다.

1장

2장

3장

4장

2장 AI·에듀테크 소개

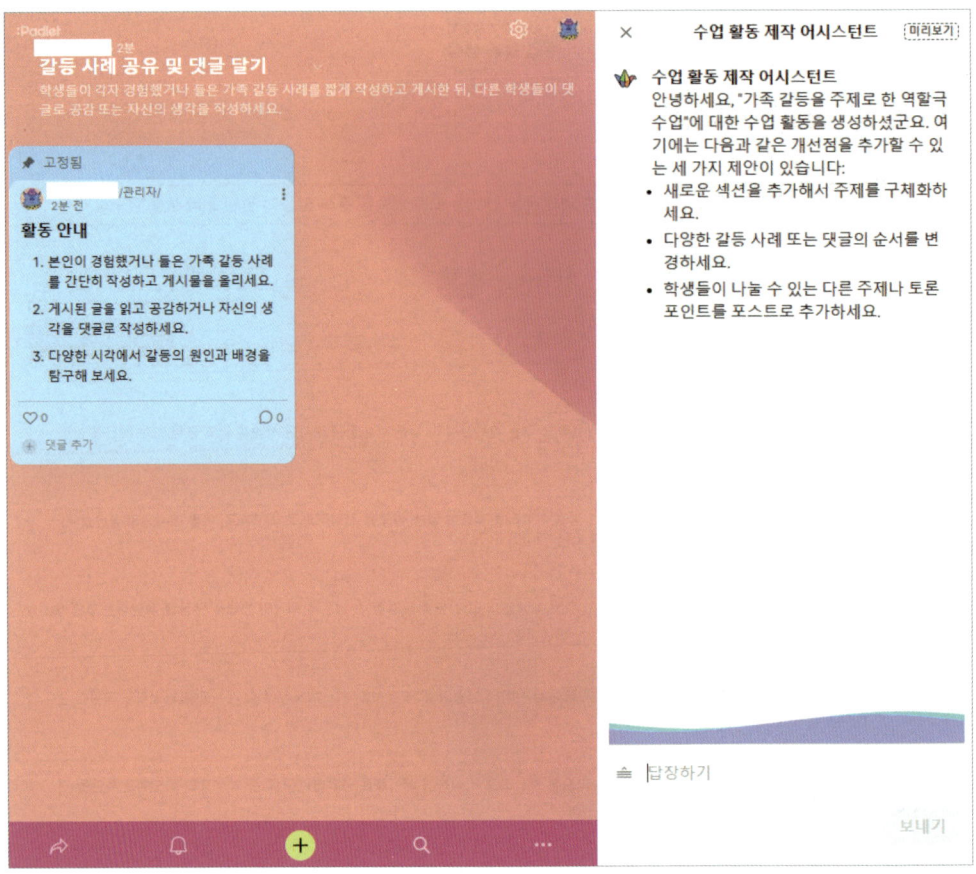

# 2-5. 코파일럿(Copilot)

 마이크로소프트에서 OpenAI와 제휴하여 만든 생성형 AI로 원래는 '빙 챗(Bing Chat)'이라고 불렸지만 지금은 마이크로소프트 코파일럿으로 이름을 변경했다. 오픈AI와 제휴했다고 해서 무조건 챗GPT와 동일한 답변을 하지 않으며, 생성형 AI 기능과 함께 검색 엔진 기능도 함께 있어서 답변할 때 출처에 기반했다면 하단에 출처를 표기한다.

코파일럿은 원래 '부기장(co-pilot)'을 의미한다. 2023년 8월에 업데이트되며 기존 Microsoft Edge(마이크로소프트 엣지)에서만 작동하던 서비스가 이제는 모든 웹 브라우저에서 접근할 수 있다.

코파일럿은 AI 기반의 다양한 작업을 지원한다. 정보를 제공하고, 창의적인 작업을 지원하며, 생산성을 높이는 데 도움을 준다. 다른 AI와 다른 차별점이 있다면 Microsoft 365 앱과 연동해서 MS Office에서 바로 접근할 수 있다는 점이다. 따라서 문서를 작성(Word), 데이터를 분석(Excel), 프레젠테이션(PowerPoint)을 디자인하는 등의 다양한 작업을 자동화하고 효율적으로 처리할 수 있게 한다. 코파일럿은 MS의 워드(Word), 엑셀(Excel), 파워포인트(PowerPoint)에서도 사용할 수 있기 때문에 훨씬 접근성이 있고, 단순한 검색용이 아니라 업무를 할 때 도움을 받을 수 있는 장점이 있다. 2025년 8월 ChatGPT-5로 업그레이드 되면서 코파일럿에서도 검색창 왼쪽을 클릭하면 이를 반영할 수 있다.

## 1. 가입 방법

사실 코파일럿은 가입하지 않고도 마이크로소프트 엣지에서 오른쪽 상단에 아이콘만 누르면 로그인하지 않아도 단순하게 대화를 나누거나 정보 검색용으로는 사용할 수 있다. 하지만 모든 대화를 유지하고 이미지를 생성하거나 Microsoft 365와 연동해 업무 활용에 사용하고자 한다면 계정을 만들어 두는 것이 필요하다. 가입하는 방법은 다음과 같다.

## 1) 마이크로소프트 엣지(Microsoft Edge)를 사용할 때

오른쪽 상단의 코파일럿 아이콘을 누른다. 오른쪽 상단의 아이콘을 누르면 다음과 같이 대화창이 나타나며 가입하지 않고도 대화할 수 있다.

하지만 대화를 유지하고 이미지를 생성하는 기능을 사용하기 위해 코파일럿에 가입하고자 한다면 코파일럿의 주소인 https://copilot.microsoft.com에 들어가거나 화면에서 중앙에 있는 검색창 옆의 코파일럿 아이콘을 누르면 다음과 같이 전체화면이 나타난다.

전체 화면에서 오른쪽 상단의 로그인을 눌러 계정이 없다면 회원 가입을 하고 사용할 수 있다.

코파일럿은 꼭 마이크로소프트 엣지가 아니어도 구글 크롬 등 다양한 브라우저에서 접속하여 사용할 수 있다.

## 2) 구글 크롬(Google Chrome)을 사용할 때

크롬에서 https://www.bing.com에 접속한 화면이다. 검색창 우측의 코파일럿 아이콘을 눌러 사용할 수 있다.

코파일럿으로 들어온 화면은 다음과 같다. 총 세 가지로 사용 환경을 고를 수 있다. 신속한 응대(GPT4-o)는 일상적인 대화에 즉각적인 정보가 필요할 때 적합하며, Think Deeper(o4-mini)는 표면적인 답변보다 맥락과 배경이나 전략 등을 포함하여 더 깊은 내용을 알고 싶을 때 사용한다. 마지막으로, Smart(GPT-5)는 오류나 해결책을 찾을 때, 창의적인 콘텐츠를 만들고자 할 때 사용하면 좋다.

마이크로소프트 엣지와 마찬가지로 대화를 유지하거나 이미지를 생성하기 위해서는 로그인 버튼을 눌러 계정을 만들어서 가입하여 사용하면 된다.

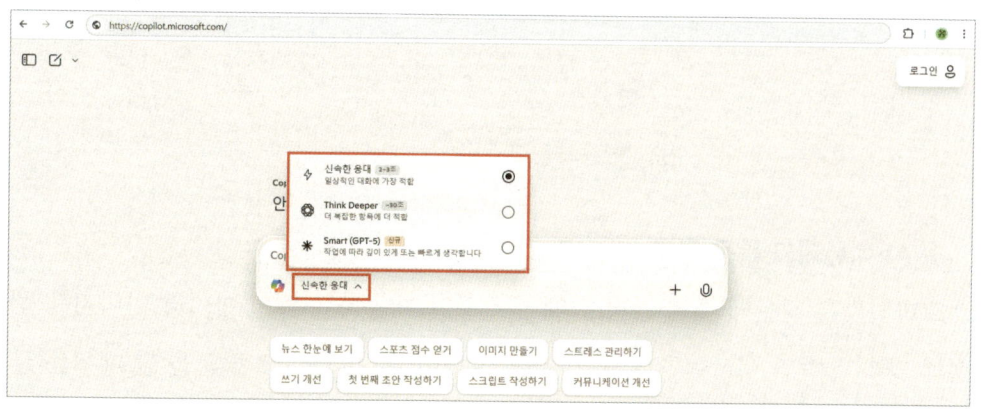

**＊ 교육청 인증키 확인하기**

일단 마이크로 소프트의 Office365의 계정이 필요한데 시도교육청에서 매년 계약을 맺는 경우가 있어서 만약 학교 교사라면 [업무포털] - [에듀파인] - [문서등록대장]에서 'Microsoft', 'MS Office', 'Office365'로 공문을 검색하면 교육청 단위의 일괄 계약으로 인해 무료로 사용할 수 있는 인증키가 첨부되어 있다. 공문에 첨부된 사용설명서에 따라 교사 인증을 받고 사용하도록 한다. 학생이라면 가정통신문에서 찾아보거나 교사에게 문의하여 사용할 수 있는 인증키를 받아 등록하면 된다.

## 2. 요금제

코파일럿은 무료 버전과 유료 버전인 코파일럿 프로(Copilot Pro)가 있다. 무료 버전은 기본적인 기능을 제공하며, 2024년 이후 개수 제한은 폐지되었다. 하지만 이미지를 생성하는 기능의 경우 무료 버전은 일일 30개로 제한하고 있다. 유료 버전은 개수 제한이 없으며 그 외에 추가 기능과 빠른 속도를 제공한다. 코파일럿 프로의 가격은 구독 형태로 개인용은 월 약 29,000원, 비즈니스용은 월 약 40,500원이다. 만약 코파일럿 프로 가입자가 아니라면 다음 화면과 같이 한 달간 무료로 사용할 수 있는 기회가 있으니 사용해 보는 것도 추천한다.

## 3. AI·에듀테크 활용 용도

코파일럿은 질문에 대해 답변할 때 텍스트만 제공하는 것이 아니라 이미지를 생성해 달라고 하면 생성형 AI로 이미지를 만들어 낸다. 그리고 질문을 할 때에는 글로 써서 묻는 것 외에도 첨부파일을 업로드하여 해당 내용을 물어볼 수 있다. 첨부할 수 있는 파일 형식에는 주로 이미지 파일이 포함된다. 예를 들어, JPEG, PNG, GIF 형식의 파일을 업로드할 수 있다.

다른 생성형 AI에 비해 코파일럿의 장점은 교사와 학생 모두에게 유익한 학습 환경을 조성할 수 있다는 것이다. 만약 선정적이거나 교육적이지 않은 내용을 묻는 경우에는 대화를 중단하기 때문에 비교적 안심하고 수업에 활용할 수 있다. 그리고 답변 하단에는 내용에 관련된 출처가 있어서 클릭하면 관련 사이트에 들어가서 더 자세한 내용을 찾아볼 수 있다는 점에서 챗GPT에 비해 *할루시네이션에 취약한 학생들에게 팩트 체크를 할 수 있다. 수동적으로 나온 답변의 정보를 수동적으로 받아들이지 않고 출처에 들어가서 진실인지 확인할 수 있다는 것은 수업에서 생성형 AI를 사용할 때의 장점이라고 볼 수 있다. 그리고 대화를 바로 마치는 것이 아니라 하단에 관련된 질문을 추천해 주기도 한다.

### * 할루시네이션(Hallucination)이란?

'환영', '환각', '환청'이라는 뜻으로, 생성형 AI을 사용할 때 모호하거나 부정확한 질문을 할 경우, 답변을 정확하지 않거나 사실이 아닌 오류가 있는 정보를 생성하는 것이다. 4장의 할루시네이션에 대한 글을 참고하기 바란다.

### 4. AI·에듀테크 사용 방법

코파일럿을 사용하기 위해서는 https://copilot.microsoft.com이나 마이크로소프트 엣지로 인터넷에 접속하여 오른쪽 상단의 코파일럿 아이콘을 눌러 시작하면 된다. 학생이 정보 기기를 활용하여 다양한 정보를 얻고 그림 실력이 그리 좋지 않아도 자신이 원하는 것을 설계할 수 있다면 얼마든지 창의적으로 이미지를 생성하여 더욱 풍성한 결과물을 만들어 낼 수 있다. 사용하는 방법은 프롬프트를 작성하여 정보를 검색하기, 프롬프트를 작성하여 이미지 생성하기, 음성 인식 기능으로 사용하기, 이미지를 첨부하여 사용하기 등 다양하게 있다.

코파일럿에 로그인하면 다음과 같은 화면이 보인다. 좌측 상단의 사이드바 아이

1장

**2장**

3장

4장

2장 AI·에듀테크 소개

콘은 만약 로그인한 상태라면 이전의 대화가 저장되어 있으며, '+'를 누르면 새로운 채팅을 시작하거나 이미지를 업로드 하여 이용할 수 있다. 기본적으로 대화창에 궁금한 사항을 질문하거나 업무를 요청할 수 있다.

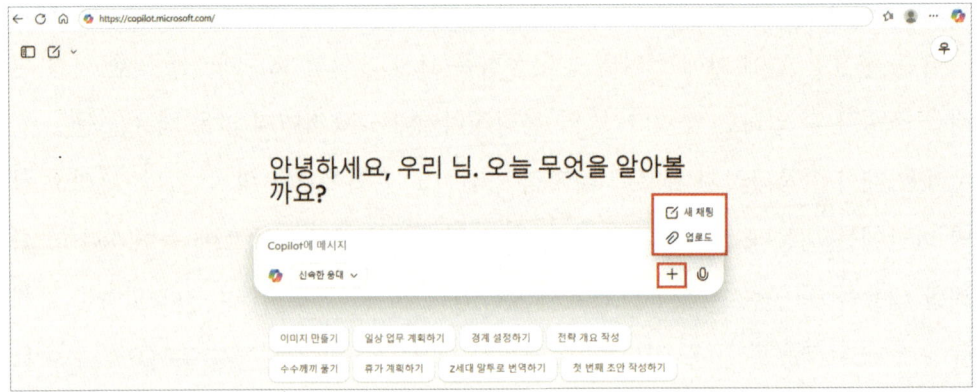

그중 프롬프트 작성과 음성 인식 기능에 대해 자세히 알아보고자 한다.

코파일럿을 사용하기 전 디지털 소양(리터러시)을 다진 후 학생들이 올바른 태도를 함양하여 사용할 수 있도록 교육하기를 추천한다.

### * 사용 전 디지털 소양(리터러시) 다지기

생성형 AI를 사용하기 전 교사는 수업의 목적과 사용 방법을 안내하여, 학생들의 디지털 소양을 다지는 것을 추천한다. 수업의 목표를 달성하기 위해 어떤 방식으로 사용해야 하는지 방법을 설명한다. 사용 방법뿐만 아니라 반드시 디지털 윤리 수업을 사전에 실시하여, 정보 기기를 목적 없이 무분별하게 사용하거나 비교육적으로 사용하지 않도록 주의를 준다.

### 1) 프롬프트 작성으로 정보 검색하기

정보를 탐색하기 위해 중요한 것은 올바른 프롬프트를 작성하는 것이다. 수업에 필요한 정보를 검색하기 위해 하단의 대화창에 글을 적으면 된다. 이때 쓰는 글을 '프롬프트'라고 한다. 여느 생성형 AI와 마찬가지로 원하는 결괏값을 내기 위해서는 구체적이고 섬세한 프롬프트를 작성하는 것이 필요하다. 모호하게 작성한다면 무엇을 물어보는지 파악하지 못하여 원하는 결괏값을 못 얻어낼 가능성이 있다. 따라서 프롬프트를 작성할 때는 명확한 질문을 적고, 중요한 키워드를 사용하여 검색 범위를 좁히는 것이 중요하다. 필요한 경우 추가적인 글을 작성하여 AI가 더 정확한 답변을 제공할 수 있도록 한다. 원하는 결과의 예시를 제공하면 AI가 더 잘 이해할 수 있으며, 답변에 대해 피드백해서 더 나은 결과를 얻을 수 있도록 한다. 이렇게 하면 코파일럿을 비롯한 생성형 AI들을 효율적으로 사용할 수 있다.

다음의 좌측 이미지는 수업 시간에 학생들이 원활하게 사용하기 위해서는 프롬프트를 어떻게 작성하면 좋을지 오히려 코파일럿에게 물어본 화면이다. 코파일럿은 몇 가지 방법을 제시했다. 명확하고 구체적으로 프롬프트를 작성하고 어떤 맥락에서 궁금한 점이 있는지 상황을 설명하고, 답변에 대한 피드백이나 추가 정보를 요청하면 더욱 효과적으로 사용할 수 있다고 답변했다.

우측 이미지는 예시로 소비자 24 사이트에 현재 리콜된 상품 중에서 안전하지 않았거나 소비자들에게 피해를 주었던 것을 물은 것이다. 다음과 같은 답변을 내놓았다. 학생들은 이런 답변의 정보들을 참고하여 개별 맞춤형의 프로젝트 활동을 실시할 수 있게 된다.

1장

2장

3장

4장

2장 AI·에듀테크 소개

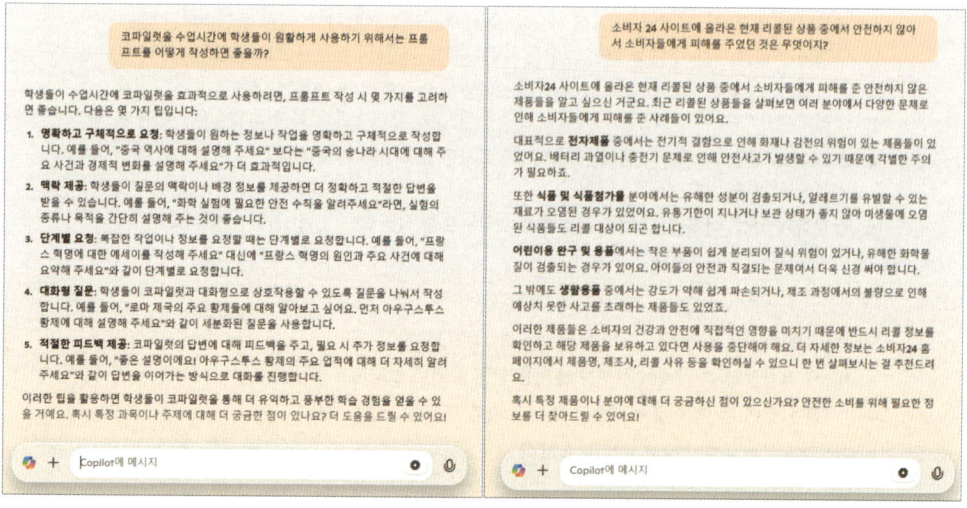

## 2) 프롬프트 작성으로 이미지 생성하기

이미지를 생성하기 위해서는 역시나 정보 검색과 마찬가지로 구체적인 프롬프트를 작성하여 제시해야 한다. 먼저, 생성하고자 하는 이미지의 세부적인 설명을 한다. 원하는 이미지의 스타일이나 분위기를 서술하고, 이미지에 사용할 주요 색상을 선택한다. 이미지에 포함될 주요 구성 요소를 나열하고, 필요한 경우 참고할 이미지를 제공하여 AI가 더 정확한 이미지를 생성할 수 있도록 한다. 이렇게 하면 원하는 이미지를 더 쉽게 얻을 수 있다.

다음은 수업 시간에 학생들이 원활하게 이미지를 생성하기 위해서는 프롬프트를 어떻게 작성하면 좋을지 오히려 코파일럿에게 물어본 화면이다. 지나치게 길게 프롬프트를 작성하기보다는 구체적이면서도 핵심적인 내용을 적어야 한다고 답변했다.

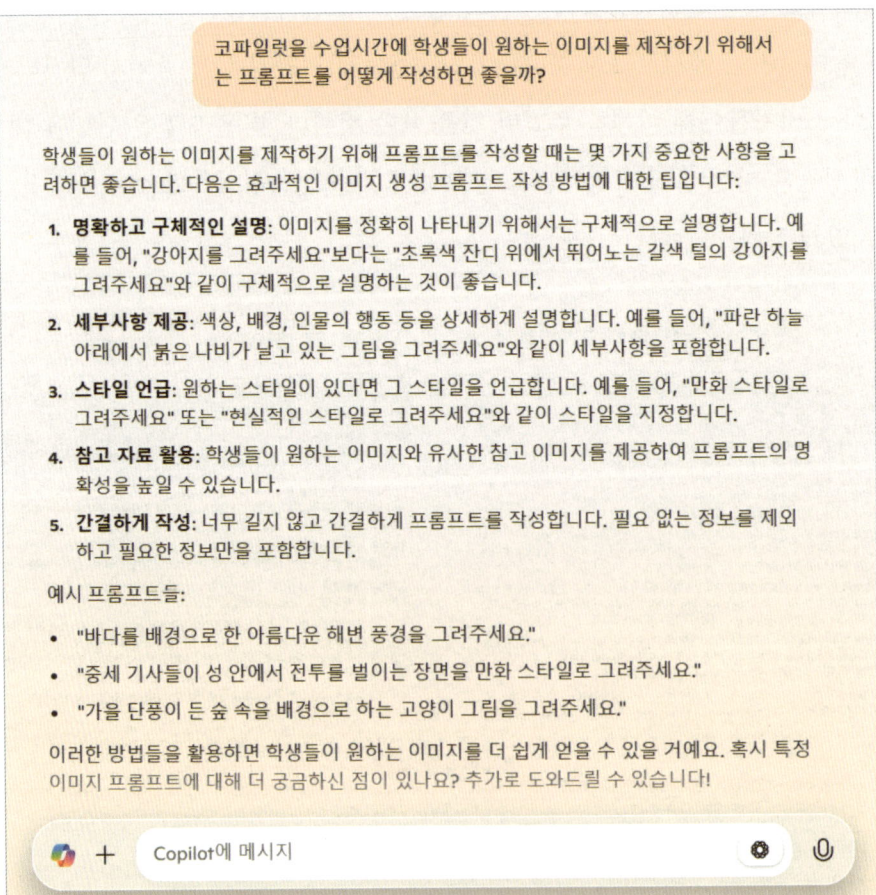

다음은 친환경 창업 프로젝트에서 제작한 회사의 로고와 친환경 상품의 예시이다.

### 3) 음성 인식 기능으로 코파일럿 사용하기

채팅창의 오른쪽을 보면 마이크 아이콘이 있는데, 이것을 누르면 대화하듯이 코파일럿을 사용할 수 있다.

마이크를 누르면 켜고 꺼지는 기능이 활성화된다.

2장 AI·에듀테크 소개

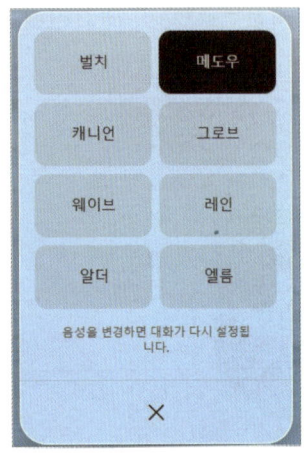

마이크의 오른쪽 설정 아이콘을 누르면 대화하는 모델 8개 중 하나를 골라 음성으로 대화하면 된다.

음성 대화는 마치면 다음과 같이 글로 기록이 남는다.

사실 음성으로도 사용할 수 있지만, 교실 환경은 음성을 사용하기에는 그다지 조용하지 않기 때문에 수업에 활용하고자 한다면 학생이 검색창에 직접 글(프롬프트)을 써서 이용하는 것을 추천한다.

# 2-6. 뤼튼(Wrtn)

뤼튼(Wrtn)은 대한민국의 (주)뤼튼테크놀로지스가 개발한 생성형 AI 플랫폼으로, 복잡한 기능 선택 없이 하나의 대화창에서 모든 것을 해결하는 개인 맞춤형 'AI 서포터'로 새롭게 진화했다. 기존에 분리되어 있던 AI 검색, 이미지 생성, 과제 및 업무 기능을 하나의 채팅창으로 통합하여, 사용자가 고민할 필요 없이 뤼튼이 상황을 스스로 판단하여 최적의 결과물을 제공하는 것이 가장 큰 특징이다. 예를 들어, 최신 정보가 필요한 질문에는 자동으로 인터넷을 검색해 답변하고, 문서 요약이나 이미지 분석, 복잡한 과제 요청은 내장된 전문 도구와 최신 AI 모델(GPT-4o, Claude 3.7 등)을 조합하여 전문적으로 수행한다.

뤼튼의 주요 기능을 정리하면 다음과 같다.

- **통합 AI 채팅**: 질문의 종류에 따라 인터넷 검색, 문서·이미지 분석, 과제 수행을 자동으로 판단하고, GPT-4o, Claude 3.7 등 최신 AI 모델을 활용해 최고의 답변을 제공한다.
- **개인화 AI 서포터**: 사용자와 대화할수록 말투, 관심사, 자주 하는 작업을 학습하여 점점 더 사용자에게 최적화된 맞춤형 서비스를 제공한다. 강화된 기억력과 최고 수준의 보안으로 더욱 똑똑하고 안전한 활용이 가능하다.
- **전문 AI 도구**: 보고서 작성, 블로그 포스팅, 요약 등 업무와 과제에 특화된 20여 개의 전문 도구를 별도의 비용 없이 무제한 무료로 사용할 수 있다.

## 1. 가입 방법

뤼튼의 가입 방법으로는 우선 뤼튼의 공식 웹사이트에 접속한다. 웹사이트 주소는 https://www.wrtn.ai이다. 접속 후 화면 우측 상단의 버튼을 눌러 회원 가입 및 로그인이 가능하다.

화면의 [로그인] 버튼을 누르면 구글, 카카오, 네이버, 애플 계정을 통해 간편하게 가입할 수 있다. 학교에서 발급한 구글 계정을 활용하면 학생들이 쉽게 가입하고 관리하기 용이하다.

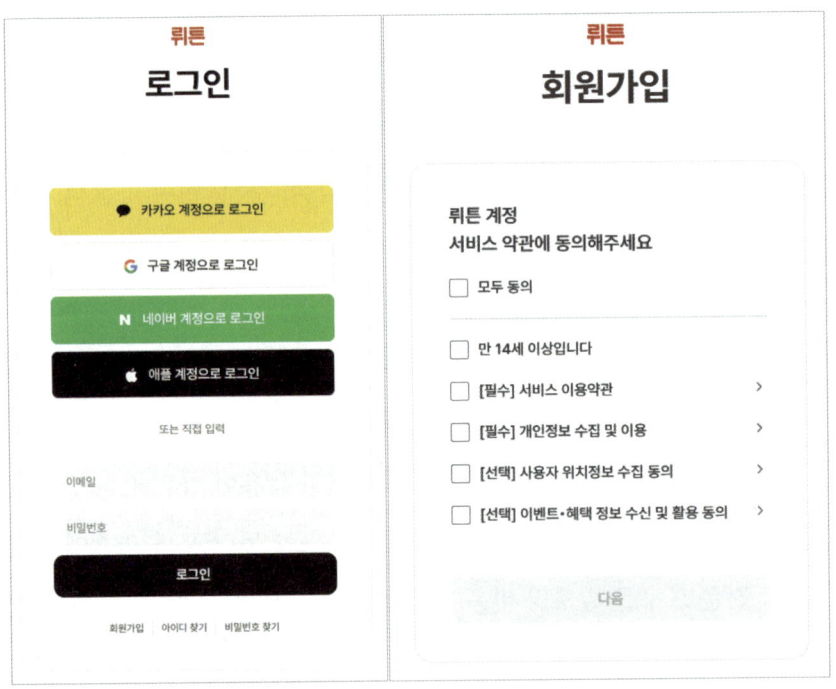

뤼튼은 만 14세 미만 학생의 경우 법정 대리인의 동의가 필요한 연령 확인 절차를 거친다. 따라서 수업에 활용하기 전, 가정통신문을 통해 미리 학생의 서비스 사용에 대한 동의를 구하는 것을 추천한다. 관련 가정통신문 예시는 본 도서 4장에서 확인할 수 있다.

## 2. 요금제

뤼튼은 개인 사용자에게 모든 핵심 기능을 무료로 제공하는 것을 원칙으로 한다. GPT-4o와 같은 최신 AI 모델을 사용하는 채팅 기능부터, 업무와 과제에 특화된 20여 개의 전문 도구까지 별도의 비용 없이 무제한으로 이용할 수 있다.

PC 웹뿐만 아니라 모바일 앱으로도 언제 어디서나 동일한 기능을 사용할 수 있어, 학교 현장에서 학생들의 디바이스 종류에 상관없이 유연하게 활용할 수 있다는 큰 장점이 있다.

## 3. AI·에듀테크 활용 용도

새로워진 뤼튼은 교사와 학생의 다양한 교육 활동을 더욱 직관적이고 효과적으로 지원한다. 모든 기능이 하나의 채팅창으로 통합되어, 복잡한 메뉴 선택 없이 자연스러운 대화만으로 원하는 결과물을 얻을 수 있다.

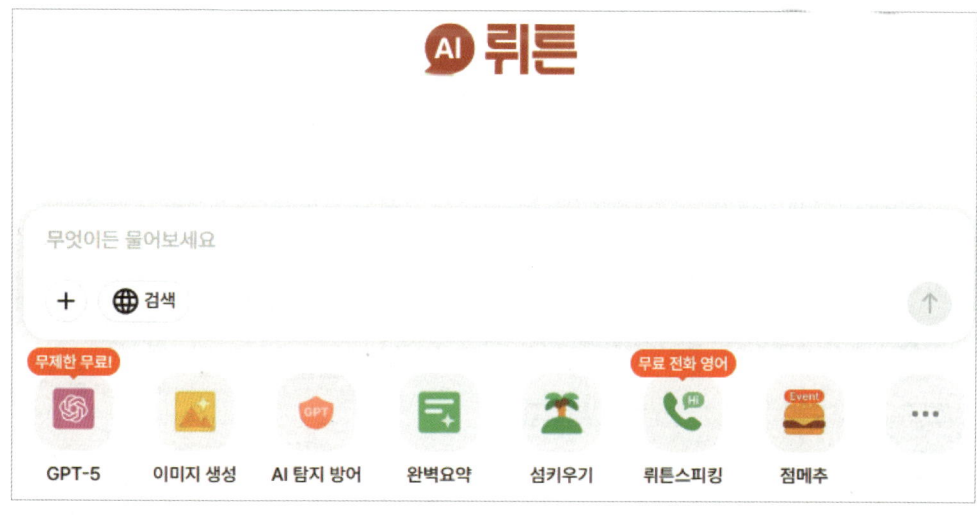

## 1) 수업 연구 및 자료 준비

교사는 채팅창에 "청소년의 미디어 리터러시 교육 관련 최신 동향 알려줘"라고 질문하는 것만으로 최신 뉴스나 연구 자료에 기반한 답변을 얻을 수 있다. 뤼튼이 인터넷 검색이 필요한지 스스로 판단하기 때문이다.

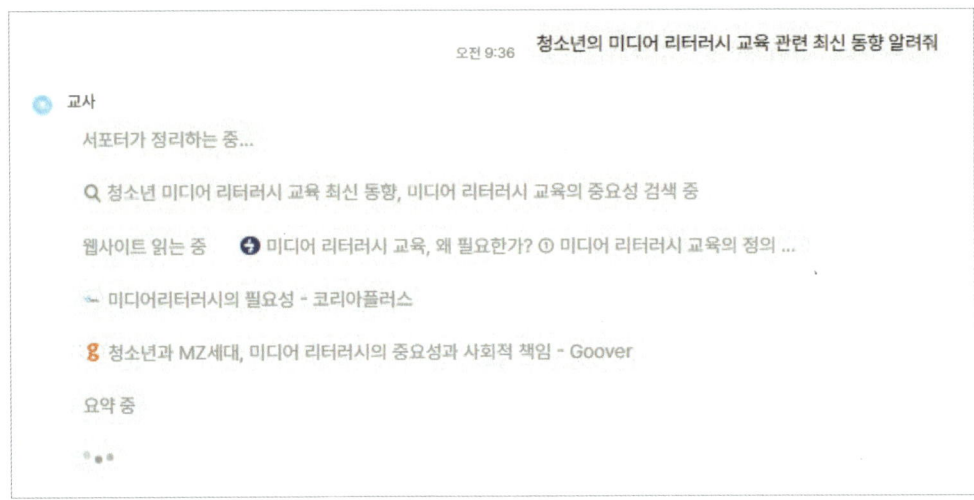

## 2) 학생 과제 및 프로젝트 활동

학생들은 채팅창에 직접 PDF나 HWP 같은 문서 파일을 첨부하여 "첨부 파일 내용을 500자로 요약하여 한눈에 이해하기 쉽게 표현해 줘"와 같이 요청할 수 있다.

## 3) 창의적 글쓰기 및 업무 자동화

채팅창에 "AI 시대의 기술·가정 교육을 주제로 블로그 글 초안을 작성해 줘"라고 요청하면, 뤼튼의 전문 도구를 추천받을 수 있으며, 간단한 옵션 선택으로 사용자가 원하는 결과물의 형식을 적용한 내용으로 만들어 제공한다.

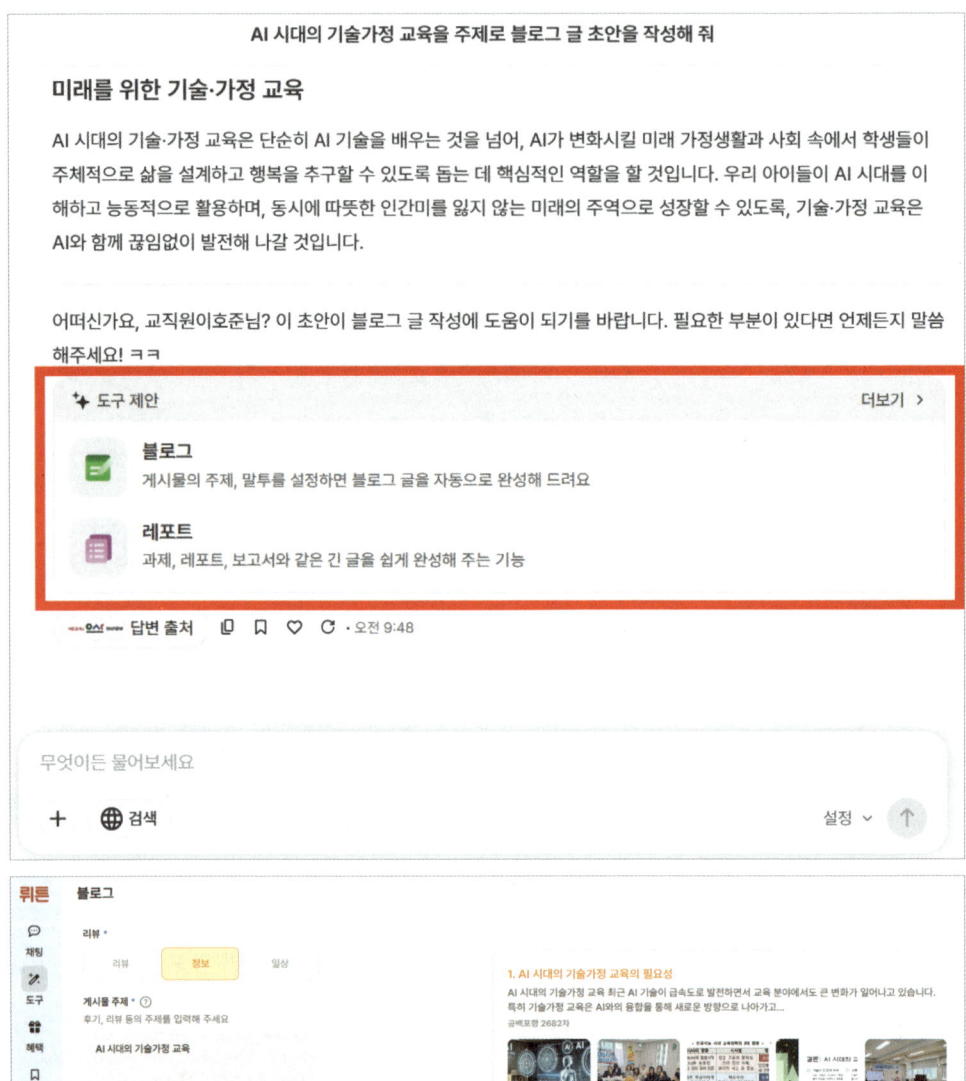

예시와 같이 사용자가 원하는 사용 도구를 선택하면 글을 작성하기 위해 필요한 하위 옵션들이 나오며, 하위 옵션을 작성하면 결과물을 얻을 수 있는 방식이다.

## 4. AI·에듀테크 사용 방법

### 1) 서포터 설정 기능

로그인 후 메인 화면에서 우측 상단 설정을 선택한다.

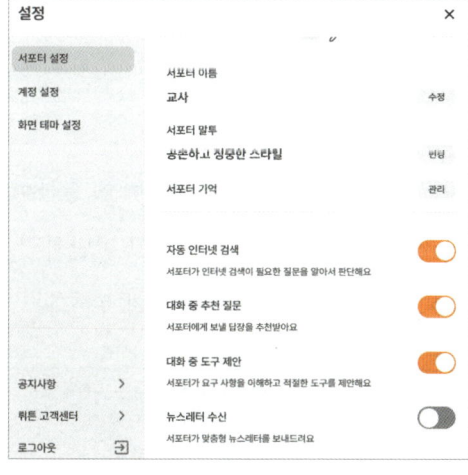

뤼튼은 모든 사용자에게 동일하게 작동히는 AI가 아니라, 사용자의 목적과 취향에 맞게 직접 설정할 수 있는 개인화 기능을 제공한다. 간단한 설정 변경만으로 뤼튼을 교사의 업무 스타일과 수업 상황에 최적화된 '나만의 AI 서포터'로 만들 수 있다. 설정 메뉴의 **'서포터 설정'**에서는 AI 서포터의 이름, 말투, 자동화 기능 등을 직접 관리하는 것이 가능하다.

- **서포터 이름 변경**: AI의 기본 이름 대신, '기술·가정 수업 조교'나 '나의 업무 비서'처럼 역할에 맞는 이름을 직접 지정해 줄 수 있다. 이는 AI를 단순한 검색 도구가 아닌, 특정 역할을 수행하는 파트너로 인식하게 하여 활용도를 높여 준다.
- **서포터 말투 설정**: '공손하고 정중한 스타일', '친근하고 다정한 스타일' 등 다양한 말투를 선택할 수 있다. 예를 들어, 가정통신문이나 공문 초안을 작성할 때는

'공손하고 정중한 스타일'로 설정하여 격식에 맞는 결과물을 얻고, 학생들의 창의적인 아이디어를 독려하는 자료를 만들 때는 '친근한 스타일'로 변경하여 활용하는 것이 가능하다.

- **자동 기능 활성화**: '자동 인터넷 검색'과 '대화 중 도구 제안' 기능은 켜 두는 것을 추천한다. 이 기능들은 사용자의 요구 사항을 AI가 스스로 파악하여, 필요할 때 실시간 정보를 찾아주거나 업무에 가장 적합한 도구를 먼저 제안해 주는 핵심적인 기능이기 때문이다.

이처럼 '서포터 설정'을 통해 뤼튼을 개인의 필요에 맞게 최적화하면, 단순한 정보 검색을 넘어 교사의 업무 효율을 높이고 수업의 질을 향상시키는 진정한 의미의 'AI 서포터'로 활용할 수 있다.

## 2) 통합 채팅 활용하기

사용자가 목적에 따라 메뉴를 찾거나 모드를 변경할 필요가 없다. 모든 요청은 하나의 채팅창에서 시작된다.

- **실시간 정보가 필요할 때**: 수업 중 최신 정보가 필요할 때, 채팅창에 바로 질문하면 된다. 뤼튼은 질문의 내용이 최신 정보나 사실 확인을 필요로 한다고 판단하면, 자동으로 인터넷을 검색하여 신뢰할 수 있는 출처를 바탕으로 답변을 제공한다.

 예시 질문: "2025년 대한민국 청소년들이 가장 많이 사용하는 SNS 순위와 그 특징을 알려줘."

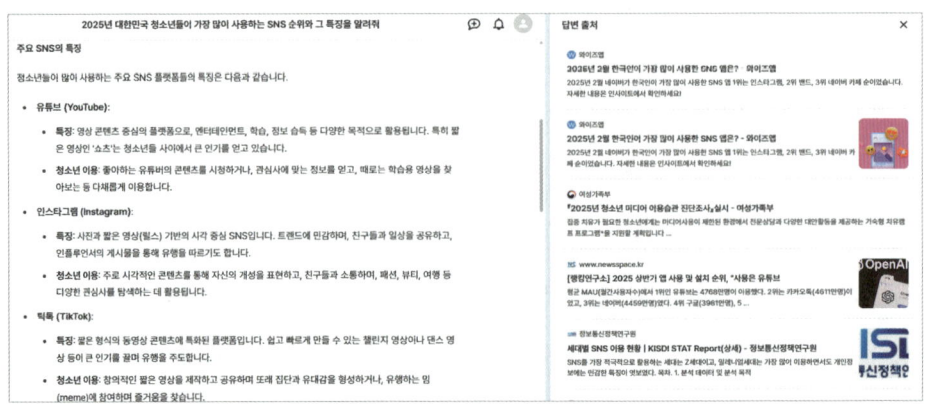

· **문서나 이미지를 분석해야 할 때**: 채팅창 하단의 클립 모양 아이콘을 이용해 PDF, HWP, DOCX, JPG 등 다양한 형식의 파일을 직접 업로드할 수 있다. 파일을 올린 후, 원하는 작업을 명확하게 요청하면 AI가 내용을 분석하여 과제를 수행한다.

 예시 요청: "첨부한 논문 파일을 요약하고, 연구 결과가 시사하는 교육적 함의를 3가지로 정리해 줘."

### 3) 전문 도구로 업무 효율 높이기

보고서, 가정통신문, 자기소개서 등 특정 목적과 형식이 있는 글쓰기가 필요할 때는 [도구]를 활용하면 매우 편리하다. 좌측 메뉴에서 [도구]를 클릭하면, 업무와 과제에 특화된 20여 개의 다양한 도구 목록을 확인할 수 있다.

사용자가 경험이 없는 생소한 주제에 대해서도 글을 작성하기 위해 어떤 내용을 넣어야 하는지 안내하는 설명과 함께 제시되어 있어 사용자가 쉽게 사용 가능하여 도구 사용에 미숙한 교사 및 학생들에게 도움이 된다.

다음 예시와 같이 사용자가 코딩에 미숙하더라도 원하는 코딩 과제 내용을 상세히 설명하여 작성하면 원하는 복잡한 코드 내용도 손쉽게 얻을 수 있다. 다음은 '학교 학생들의 자리 선정 프로그램'을 만들기 위한 내용으로 얻고자 하는 프로그래밍 언어와 과제 내용 설명을 작성하면 원하는 결과를 얻을 수 있게 된다.

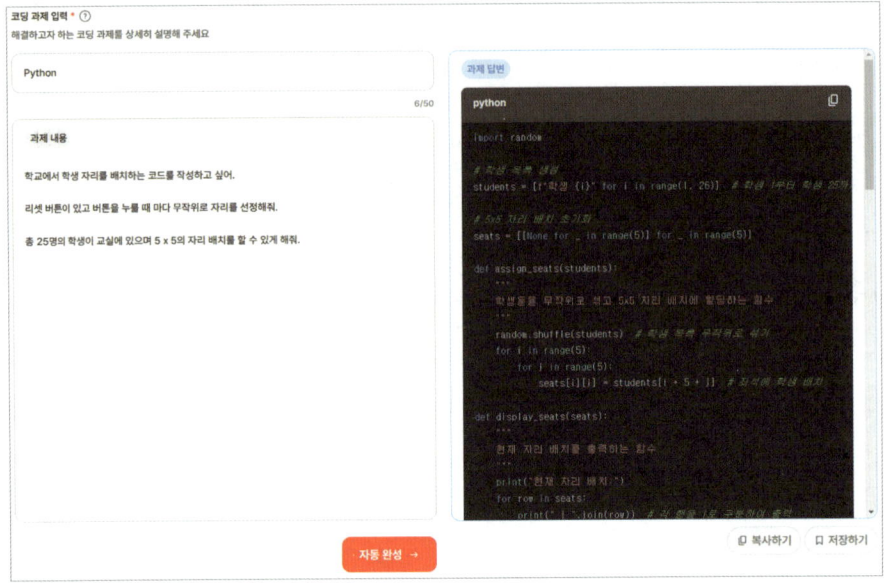

[AI 완벽 요약] 기능은 유튜브 영상, 웹사이트, 문서, 긴 글을 제한 없이 완벽하게 요약해 주는 기능이다. 다음 예시와 같이 분석 및 요약을 원하는 사이트 링크 주소만 알고 있다면 관련 정보를 클릭 한번으로 요약본을 쉽게 얻을 수 있다. 또한, 외국어로 작성된 사이트의 내용들도 한글 요약본으로 쉽게 얻어 낼 수 있어 번역 프로그램 사용이 필요없다.

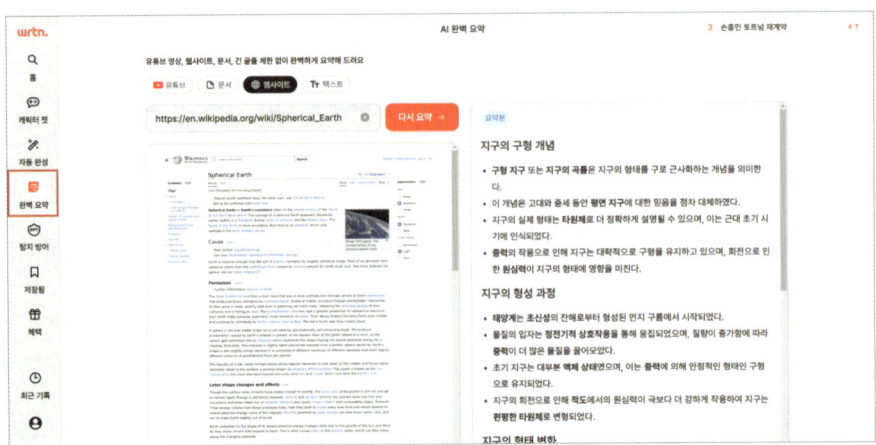

이처럼 전문 도구를 활용하면 문서 형식에 대한 고민 없이 내용에만 집중할 수 있어, 교사의 업무 부담을 크게 줄여 주고 학생들의 과제 수행을 효과적으로 도울 수 있다.

### 4) AI 이미지 생성으로 시각 자료 만들기

수업 자료나 발표 자료에 생동감을 더해 줄 이미지가 필요할 때, 채팅창에서 바로 고품질 이미지를 생성할 수 있다. 생성된 이미지는 저작권 걱정 없이 자유롭게 활용 가능하다.

이미지 생성 방법은 간단하다. 통합창의 아래 메뉴의 [이미지 생성]에서 만들고 싶은 이미지에 대한 설명을 입력하고, 문장 끝에 '-그려 줘'와 같은 명령어를 붙이면 된다. 결과물의 만족도를 높이려면, 그리고자 하는 대상과 배경, 그림의 스타일(예: 수채화, 디지털 아트, 애니메이션)을 구체적으로 묘사하는 것이 좋다.

푸른 바다 앞에서 햇빛을 쬐고 있는 귀여운 고양이를 그려줘. 고양이는 흰색 털에 검은 점이 있고, 작은 파란색 모자를 쓰고 있어 배경에는 해변과 파도가 보이고, 하늘은 맑고 푸르르다. 이 모습을 수채화 스타일로 그려줘

🧩 **답변**

이미지를 다음과 같이 그려봤어요!

뤼튼을 처음 사용하는 사용자들은 [이미지 생성] 검색창을 선택하지 않고 이미지를 그려 달라는 프롬프트를 작성하는 경우가 있는데, 그럴 경우 이미지 생성을 위한 방법을 안내해 주며 이미지 생성 도구를 제안해 이미지를 생성할 수 있도록 도와준다.

🔵 교사

교직원이호준 선생님, 이번에는 귀여운 고양이 그림을 그려달라고 요청해주셨네요. 🐱

선생님의 요청은 감사하지만, 안타깝게도 저는 직접 그림을 그리거나 이미지를 생성할 수 있는 기능은 가지고 있지 않습니다. ㅠㅠ 저의 한계 때문에 선생님의 요청에 직접적으로 응해드리지 못해 정말 죄송합니다.

하지만 고양이를 그리는 데 도움이 될 만한 다양한 정보와 자료들을 찾아드릴 수 있습니다! 예를 들어,

* 캔바(Canva)와 같은 곳에서 무료 고양이 일러스트를 찾아 디자인에 활용하거나 [1], 픽사베이(Pixabay)에서도 다양한 무료 고양이 일러스트를 만나보실 수 있습니다 [7].
* 고양이의 인상을 표현하는 드로잉 기초 팁이나 [3], 귀여운 고양이를 쉽게 그리는 방법이 담긴 유튜브 영상 [4] [6] 을 알려드릴 수 있습니다.
* 클립 스튜디오 팁스(Clip Studio TIPS)에서 귀여운 고양이를 그리는 상세한 방법을 찾아보실 수도 있고요 [8].
* 고양이 얼굴을 그리는 쉬운 방법이나 [9], 다양한 고양이 캐릭터 일러스트를 참고하실 수도 있습니다 [5].

혹시 고양이 그리기 팁이나 단계별 강좌, 아니면 특정 스타일의 고양이 일러스트 자료에 관심이 있으실까요? 어떤 종류의 정보가 선생님께 가장 도움이 될지 알려주시면 제가 적극적으로 찾아 도와드리겠습니다! 😊

✦ 도구 제안                                                                    더보기 ›

**이미지 제작**
원하는 이미지를 설명하면 자동으로 이미지를 제작해 주는 기능

## 2-7. 챗GPT(ChatGPT)

챗GPT는 오픈AI에서 개발한 AI 챗봇이다. 자연어를 이해하고 대화할 수 있는 강력한 언어 모델로서 인간과 유사한 방식으로 문장을 생성하고, 문맥을 이해하며, 다양한 주제에 대한 대화를 수행할 수 있다. 챗GPT의 핵심 기술은 GPT(Generative Pre-trained Transformer) 모델로, 인간의 언어 패턴을 학습하고 주어진 입력에 대해 자연스럽고 논리적인 응답을 생성하는 방식으로 작동한다. 이를 위해 인터넷에 존재하는 방대한 텍스트 데이터를 학습하여 의미 있는 문장을 만들 수 있도록 훈련되었다.

챗GPT는 텍스트 생성, 문법 수정, 요약, 번역, 질의응답 등의 기능을 제공하여 여러 분야에서 다양하게 쓰이고 있는 만큼 교육 분야에서도 챗GPT의 활용 가능성이 높다. 교사들은 챗GPT를 활용해서 수업 계획이나 학습 자료 제작 시 아이디어를 얻거나 사업 계획안의 초안을 작성하는 등 다양한 용노로 활용할 수 있어 올바르게 활용하면 업무 부담을 줄이는 데 도움이 될 수 있다.

학생이 수업에서 챗GPT를 사용하는 경우 사용 연령 제한을 반드시 확인해야 한다. 오픈AI의 공식 이용 약관에 따르면, 서비스를 이용할 수 있는 최저 연령을 만 13세 이상으로 규정하였다. 즉, 초등학생은 챗GPT를 사용할 수 없다. 중학생이라면 가정통신문 등을 활용하여 사전에 법정 보호자의 허락을 받는 과정이 필요한데, 만 18세 미만 사용자의 경우 부모나 법정 대리인의 허가를 받아 부모나 교사의 감독하에 챗GPT를 사용하는 것을 권고하기 때문이다. 이는 AI가 제공하는 정보가 항상 정확하지 않을 수 있기 때문에 아동 보호의 일환으로 마련한 정책이라고 할 수 있다.

따라서 교사는 수업에서 학생들이 챗GPT를 사용할 때 이러한 연령 제한과 개인정보 보호 지침을 준수하도록 지도할 필요가 있다. 학생들에게 올바른 사용법을 안내하고, 대화 중 개인정보를 입력하지 않도록 주의하며, 생성된 답변의 진위를 검토하는 과정을 통해 학생들이 챗GPT에 의존하지 않고 비판적인 사고를 기를 수 있도록 지도하는 것이 중요하다.

## 1. 가입 방법

주소창에 https://chatgpt.com을 입력하거나 검색 사이트에서 챗GPT를 검색하여 접속한 후 화면 오른쪽 상단에 있는 '회원 가입' 버튼을 누른다.

구글이나 마이크로소프트, 애플 계정으로 가입하거나 개인 이메일 계정으로도 가입할 수 있다.

만약 'Google로 계속하기'를 눌렀다면 다음과 같은 화면이 나오고, '계속'을 눌러 다음 단계로 진행한다.

이름과 생년월일을 입력 후 '동의함'을 누르면 회원 가입이 완료된다.

## 2. 요금제

챗GPT는 2018년 처음 출시된 이후 지속적인 발전을 거쳐 2025년 8월 현재 GPT-4o 시리즈와 o3 시리즈(o3-mini, o3-high), 새로운 추론 중심 모델인 o1-preview, 그리고 가장 진보된 모델인 GPT-5까지 제공하며, 기능과 성능에서 차이가 있다. 챗GPT는 무료 버전과 유료 버전을 제공하며, 가장 큰 차이는 기반으로 하고 있는 모델의 버전이다. 무료 버전은 GPT-4o-mini 모델을 기반으로 하고, 유료 버전은 최신 버전 모델을 사용한다. 무료 버전와 유료 버전의 차이는 다음 표와 같다. 각 모델은 속도, 분석력, 멀티모달 처리 능력에서 차이가 있어 교사들은 사용 목적과 필요에 따라 플랜을 선택하면 된다.

| 무료 버전 | 유료 버전 |
|---|---|
| • GPT-4의 경량 모델인 GPT-4o-mini 기반<br>• 기본적인 텍스트 생성, 문법 수정, 번역, 요약 등의 기능 제공하나 긴 문장이나 복잡한 내용을 처리할 때 답변의 정확도가 GPT-4보다 떨어질 수 있음<br>• 파일 업로드, 고급 데이터 분석, 이미지 생성 등에 제한적 액세스<br>• 트래픽이 많은 시간대에는 응답 속도가 느려질 수 있음 | • 여러 모델(GPT-5, GPT-4o, o3-mini-high, GPT-5-mini 등) 선택 가능<br>• 월 $20 구독료 지급<br>• 무료 버전의 기능 포함 더 높은 수준의 응답 정확도와 논리적인 답변을 제공<br>• 글쓰기 보조 기능이 더 정교하며, 요약 및 문법 수정에서 보다 세밀한 피드백을 제공<br>• 텍스트, 이미지, 오디오를 통합 처리하고, 이미지, 차트 분석 및 생성 기능 강화<br>• 메시지, 파일 업로드, 고급 데이터 분석, 이미지 생성에 한도 증가<br>• 무료 버전보다 응답 속도가 더 빠름<br>• 높은 트래픽 상황에서도 안정적으로 사용 가능<br>• 프로젝트를 생성 및 사용하고 GPT 맞춤 설정, 고급 도구 호출(chain-of-tool) 기능 제공 |

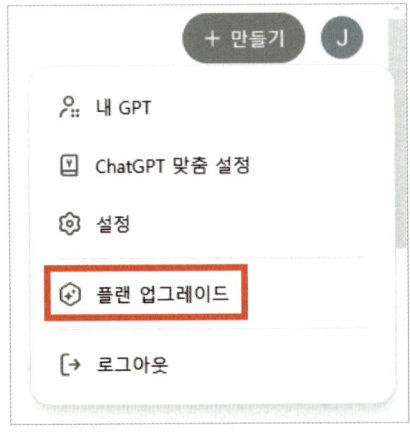

유료 버전으로 업그레이드를 원하는 경우, 화면 오른쪽 상단의 프로필을 클릭하면 다음과 같이 **[플랜 업그레이드]** 메뉴가 나온다.

이를 클릭하여 월 20달러의 '챗GPT 플러스(Plus)'를 선택하여 구독하면 된다. 이외에도 '챗GPT 프로(Pro)'와 '챗GPT 팀(Team)' 요금제도 선택할 수 있는데, 구독료에 차이가 크다. 2024년 말 출시한 챗GPT 프로(ChatGPT Pro)는 월 200달러의 구독료로 가장 향상된 AI 기능을 사용하는 기업 등을 타깃으로 하고 있으며, 협업 작업 공간과 관리자 콘솔 등을 제공하는 비즈니스용 플랜인 '챗GPT 팀'은 연간 청구 플랜으로 팀원 1인당 월 25달러를 지급해야 한다.

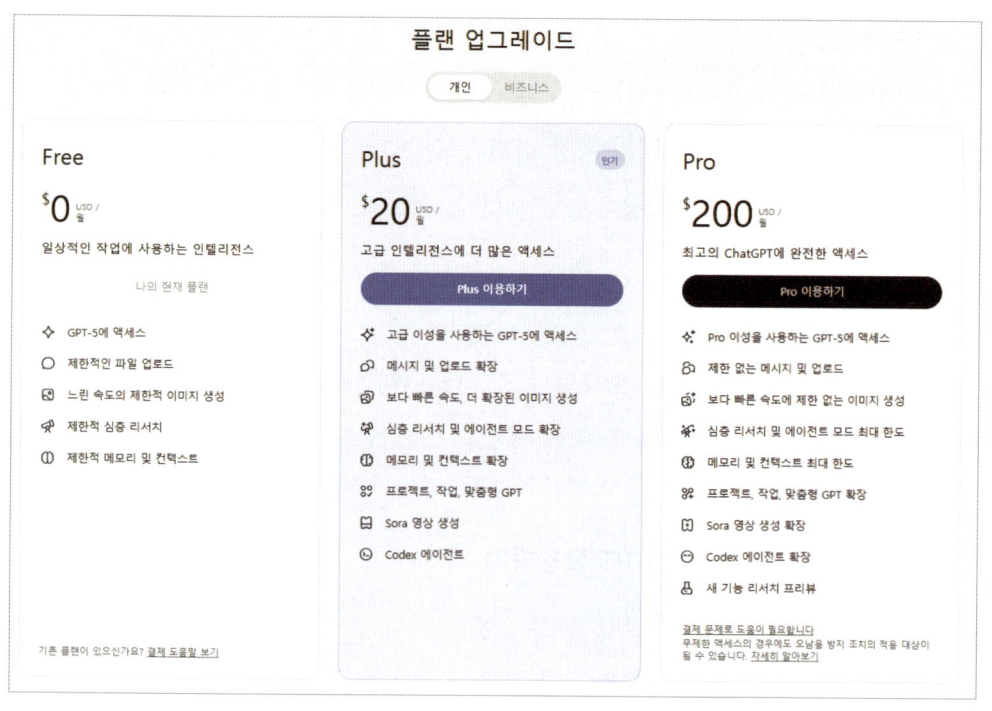

'챗GPT 플러스' 플랜에시 사용할 수 있는 모델에 대한 차이는 다음과 같다. 유료 버전을 구독한다면 사용 목적에 따라 선택하여 활용할 수 있다.

- **GPT-5**: 2025년 8월 출시된 최신 모델로, 빠른 응답용 기본 모델과 심층 추론 (Thinking) 모델을 통합한 Unified System 구조를 갖추고 있다. 긴 문장 처리, 복잡한 논리적 사고, 고급 멀티모달(텍스트·이미지·오디오) 작업에서 최고의 성능 을 발휘한다.

- **GPT-5-mini**: GPT-5를 경량화한 모델로, 빠른 속도와 합리적인 리소스 사용 이 장점이다. 교육 현장에서 실시간 질의응답, 문서 요약 등 반복·단순 작업에 적합하다.

- **GPT-4o**: GPT-4의 향상 버전으로, 응답 속도가 빠르고 멀티모달 처리(텍스트·이 미지·오디오)가 가능하다. 교육·콘텐츠 제작 현장에서 범용적으로 활용하기 좋다.

- **GPT-4o-mini**: GPT-4o 기반 경량 모델로, 빠른 응답과 기본적인 텍스트 생 성·요약·문법 수정 기능에 적합하다. 복잡한 분석보다는 단순·중간 난이도 작 업에 유리하다.

· **o3-mini**: 추론 패러다임 기반의 경량 모델로, 일상 대화나 기본 교육 자료 생성에 적합하다. 속도가 빠르지만, 고도 분석 작업에서는 한계가 있다.

· **o3-mini-high**: o3-mini의 향상 버전으로, 보다 정밀하고 논리적인 응답을 제공하며 복잡한 교육적 활용에도 유용하다. 속도와 성능의 균형이 잘 잡혀 있다.

## 3. AI·에듀테크 활용 용도

챗GPT를 적절히 활용하면 교사의 보조 역할로서 다양한 방식으로 도움이 될 수 있다. 교사가 업무에서 활용할 수 있는 용도는 다음과 같다.

### 1) 수업 설계 보조로서 챗GPT 활용하기

#### (1) 수업 설계 아이디어 얻기

단원 학습 주제 및 목표에 따른 수업 설계 초안을 만들 수 있다.

#### (2) 학습 활동 아이디어 얻기

형성 평가용 퀴즈나 토론 주제 등을 추천받을 수 있다.

#### (3) 맞춤형 학습 자료 생성

학생의 수준별로 학습 자료를 달리하여 제작할 수 있다.

> 중학교 1학년을 대상으로 '청소년의 식생활'과 '기술적 문제해결'을 융합한 34차시의 수업을 계획하려고 해. 2022 개정 성취기준을 토대로 학습목표를 설정하고 학생의 협동을 이끄는 프로젝트 수업 초안을 제안해.

**중학교 1학년 '청소년의 식생활'과 '기술적 문제해결' 융합 수업 계획 (34차시)**

- **대상**: 중학교 1학년
- **관련 교과**: 기술·가정
- **수업 형태**: 프로젝트 기반 학습(PBL), 협동 학습
- **주제**: "지속가능한 청소년 식생활을 위한 기술적 해결책 찾기"
- **총 차시**: 34차시

## 2) 수업 운영 보조로서 챗GPT 활용하기

### (1) AI 보조 교사로서 활용

특정 주제에 대한 학생이 챗GPT와 일대일 토론을 하거나 개별 아이디어를 발전시키는 등의 상황에서 보조 교사로서 활용할 수 있다.

### (2) AI 동료 학생으로서 활용

모둠활동 시 작명, 로고나 아이콘 생성 등에서 제2의 모둠원으로서 활약할 수 있다.

단, 학생이 챗GPT를 수업에서 사용하는 경우 안전한 사용을 위해 AI 리터러시 및 윤리 교육을 매번 실시하는 것이 좋다. 수업에서 AI를 어떻게 사용했는가의 경험 역시 교육의 일환이기 때문이다.

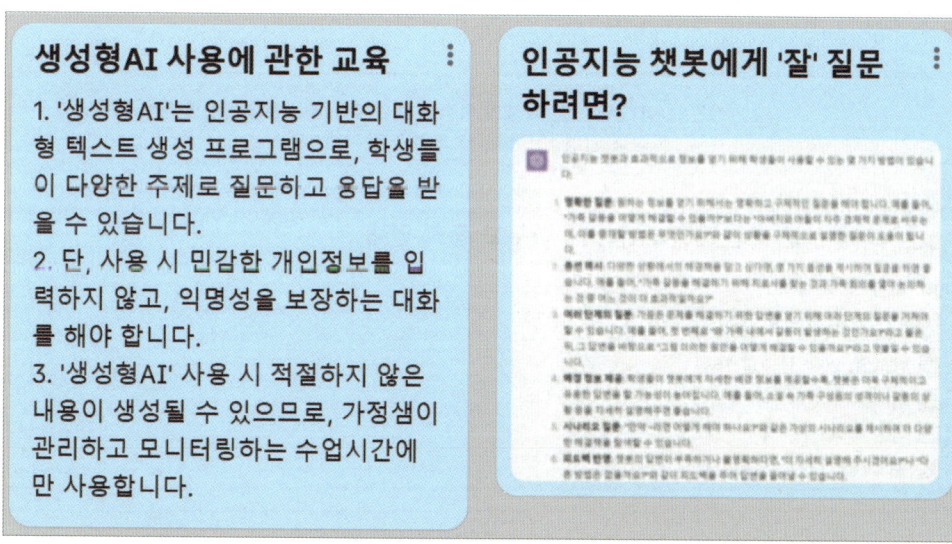

생성형 AI 관련 패들렛 공지 예시

## 3) 평가 보조로서 챗GPT 활용하기

평가 자료를 제작할 때 학급별로 같은 수준을 담은 다른 텍스트 자료를 생성하거나, 학습 결과 분석 시 초안을 생성할 수 있다. 단, 이때 학생의 개인정보가 담기지 않도록 익명화하는 것이 무엇보다 중요하다. 국가정보원은 지난 2023년 6월 '챗GPT 등 생성형 AI 활용 보안 가이드라인'을 발간하였다. 이 책자에 실린 다음의 보안 수칙을 참고하여 업무에서 챗GPT를 안전하고 윤리적으로 활용해 보자.

챗GPT 등 생성형 AI 활용 보안 수칙

① 비공개 정보나 개인정보 등 **민감 정보** 입력 금지

  **\*설정에서 「대화 이력 & 학습」기능 비활성화**

② 생성물에 대한 **정확성·윤리성·적합성** 등 반드시 재검증

③ 가짜뉴스 유포·불법물 제작·해킹 등 **범죄에 악용 금지**

④ 생성물 활용 시 지적 재산권·저작권 등 **법률 침해·위반 여부 확인**

⑤ 악의적으로 거짓 정보를 입력하거나 학습을 유도하는 등 **비윤리적 활용 금지**

⑥ 연계·확장 프로그램 사용 시 보안 취약 여부 등 **안전성 확인**

⑦ 로그인 계정에 대한 **보안 설정 강화 및 보안 관리 철저**

## 4) 업무 보조로서 챗GPT 활용하기

가정통신문이나 사업 계획안, 이메일, 학급 공지 등 각종 문서의 초안을 작성할 때 챗GPT가 업무 보조로서 유용하게 쓰일 수 있다.

> 🖉 가정통신문 작성의 특징을 반영하여, 3월 26일(수) 열리는 학부모 총회 안내 가정통신문 초안을 작성해.

📢 **가정통신문 초안: 3월 26일(수) 학부모 총회 안내**

📌 **문서 제목:**
「2025학년도 학부모 총회 안내」

🗓 **발행일:** 2025년 3월 15일

🏫 **학교명:** ○○초등학교

🖥 **담당 부서:** 교무부

📞 **문의:** 02-123-4567 (담당교사: 김○○)

---

### 학부모님께

안녕하십니까?

따뜻한 봄기운과 함께 새 학년을 맞이하여 학부모님 가정에 건강과 행복이 가득하시길 바랍니다.

본교에서는 **2025학년도 학부모 총회**를 아래와 같이 개최하고자 합니다. 이번 총회에서는 학교 운영 방향, 교육과정 안내, 학부모회 구성 등 중요한 사항을 논의할 예정이오니 많은 관심과 참석을 부탁드립니다.

## 5) 연구 보조 도구로서 챗GPT 활용하기

논문 및 연구 자료, 관련 학술 정보 및 교육 정책 등의 자료를 요약하고 해석이 필요할 때 연구 보조 도구로써 챗GPT를 활용할 수 있다.

## 4. AI·에듀테크 사용 방법

### 1) 챗GPT와 첫 대화 시도하기

챗GPT에 바로 메시지를 보낼 수도 있지만, 무엇을 요청해야 할지 막연함을 느낀다면 대화 스타터를 활용해 볼 수 있다. 대화 스타터는 사용자가 대화를 시작하거나 새로운 아이디어를 얻을 수 있도록 도와주는 기능으로, 챗GPT에 접속하면 첫 화면에서 여러 가지 유형의 대화 스타터를 볼 수 있다. 무료 버전에서는 다음 그림과 같이 [이미지 만들기], [텍스트 요약], [재미있는 정보], [조언 구하기], [데이터 분석], [계획 짜기], [이미지 분석], [코딩]의 대화 스타터 중 하나를 골라 대화를 시작할 수 있다.

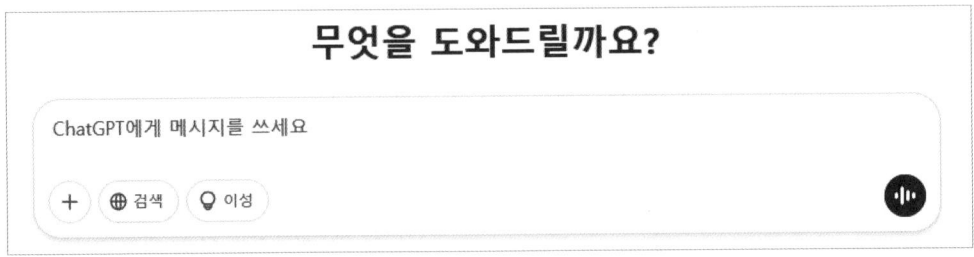

메시지를 작성하는 칸의 왼쪽 하단에 있는 버튼 [+], [검색], [이성]은 차례대로 파일 업로드, 웹에서 검색 여부 허용, 응답 전 생각하기를 의미한다. 재미있는 기능은 [이성]인데, 즉각적인 답변을 제공하는 것이 아니라 사용자가 먼저 스스로 고민하고 답변을 정리할 수 있도록 유도하는 역할을 한다. 다음 그림은 [쓰기 도움]이라는 대화 스타터를 누른 후 '자기 전 들려줄 이야기를 지어내 줘'라는 추천 메시지를 선택한 대화이다. [이성] 기능을 활성화하면 챗GPT가 답변을 즉시 보여 주지 않고 처리 과정 등 일정 시간을 둔 후 원하는 답변을 출력한다. 이때 시간 설정은 할 수 없기에 질문에 따라 4초, 18초 등 이성 처리 완료 시간은 상이할 수 있다. 수업에서 활용 시 학생들에게 해당 기능을 활성화해 좀 더 생각해 볼 시간을 가질 수 있는데, 물론 이보다 더 좋은 방법은 충분히 학생 스스로 고민하는 시간을 충분히 가진 후에 챗GPT를 사용하도록 안내하는 것이다.

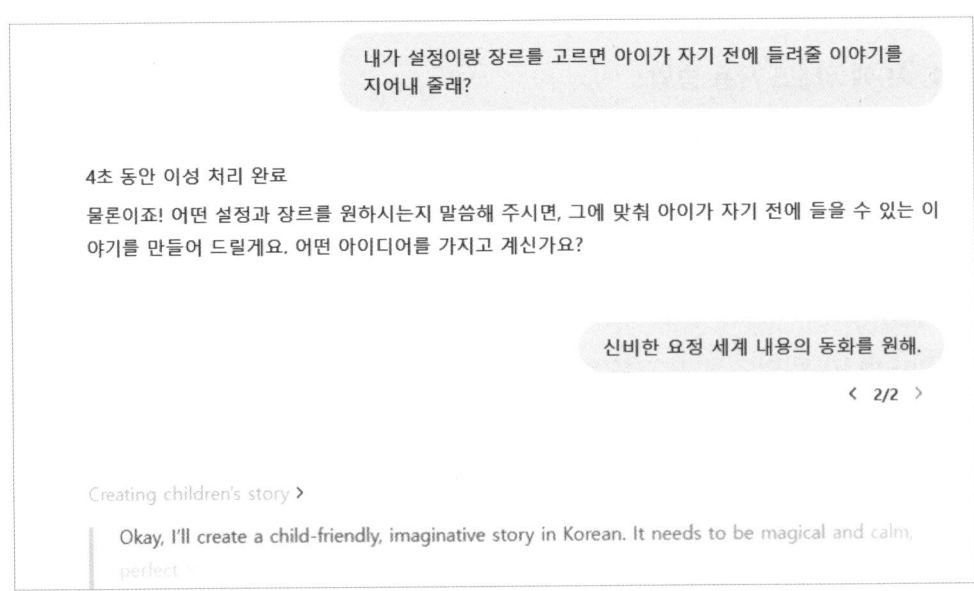

## 2) 원하는 결과를 얻기 위한 프롬프트 작성하기

챗GPT와의 대화에서 원하는 결과를 빠르게 얻기 위해서는 다음의 3가지 요소를 포함하여 메시지를 작성하는 것을 추천한다. 바로 목적, 대상, 형식이다. '목적'은 이 대화를 통해 얻고자 하는 기대 결과로서 챗GPT가 무엇을 해야 하는지를 명확히 요구하는 것이다. 두번째 '대상'은 학습자의 수준에 맞추어 적절한 답변을 생성하기 위함이고, 마지막으로 '형식'은 원하는 출력 방식을 지정하는 것이다. 이를 활용한 대화 예시는 다음과 같다.

> 중학교 1학년 기술가정 수업 시간에 2시간 이내로 할 수 있는 실습을 3가지 리스트 형식으로 추천해.

중학교 1학년 기술·가정 수업에서 2시간 이내에 진행할 수 있는 실습 3가지를 추천해 드립니다.

1. **재활용 소재를 활용한 간단한 소품 만들기**
   - **활동 내용**: 종이팩, 플라스틱 병, 폐CD 등을 활용하여 필통, 화분, 북마크 등을 제작
   - **학습 목표**: 자원 재활용의 중요성 이해, 창의적 문제 해결 능력 향상
   - **준비물**: 재활용품(학생들이 가져오도록 유도 가능), 가위, 풀, 색종이, 테이프 등
   - **실습 시간**: 90분 (재료 준비 및 설명 20분 + 제작 60분 + 공유 및 정리 10분)
2. **친환경 천연 비누 만들기**
   - **활동 내용**: 천연 오일과 베이스 비누를 이용하여 친환경 비누 제작
   - **학습 목표**: 환경 보호와 피부 건강을 고려한 생활 용품 만들기, 기본적인 화학 반응 이해
   - **준비물**: 베이스 비누, 천연 오일(코코넛 오일, 올리브 오일 등), 에센셜 오일, 몰드(비누 틀)
   - **실습 시간**: 90분 (재료 준비 및 설명 20분 + 제작 50분 + 굳히기 및 마무리 20분)
3. **간단한 전기 회로 만들기 (LED 조명 카드 제작)**
   - **활동 내용**: 전지, LED, 전도성 테이프를 이용해 카드에 불이 들어오는 간단한 전기 회로 제작
   - **학습 목표**: 전기의 흐름과 기본적인 회로 개념 이해, 창의적 사고 능력 향상
   - **준비물**: 종이, LED(3V 이하), 전도성 테이프, 단추 전지(CR2032), 가위, 풀
   - **실습 시간**: 90분 (회로 원리 설명 20분 + 제작 60분 + 발표 및 정리 10분)

이 실습들은 중학생들이 흥미를 느끼면서도 실생활에서 응용할 수 있는 내용들로 구성되었습니다. 😊

1장

2장

3장

4장

2장 AI·에듀테크 소개

이렇게 하면 무엇을(2시간 이내에 가능한 실습 3가지), 누구를 위해(중학교 1학년 학생), 어떤 형식으로(리스트+간단한 설명) 제공해야 하는지 챗GPT가 쉽게 이해할 수 있다. 원하는 결과를 보다 빠르게 얻어야 하는 경우, 이 3가지 요소를 활용하여 프롬프트를 작성해 보자.

## 2-8. 클리포(Clipo)

클리포(Clipo)는 수행평가, 채점, 피드백 기록, 학생 과제 제출을 하나의 플랫폼에서 관리할 수 있도록 돕는 도구이다. 교사가 직접 평가 도구를 작성할 수 있도록 지원하며, 교육과정의 성취 기준을 반영해 AI 채점과 피드백 기록 기능을 제공한다. 또한, 학생들이 과제를 제출하고 체계적으로 관리할 수 있도록 돕고, 개별 특성이 반영된 성취 기준을 작성할 수 있도록 지원한다. 이를 통해 교사는 더욱 효율적으로 학생들의 학습 과정을 평가하고, 맞춤형 피드백을 제공할 수 있다. 학생들도 자신의 학습 진행 상황을 쉽게 파악하고 개선할 수 있어, 보다 효과적인 학습 환경을 조성하는 데 기여한다.

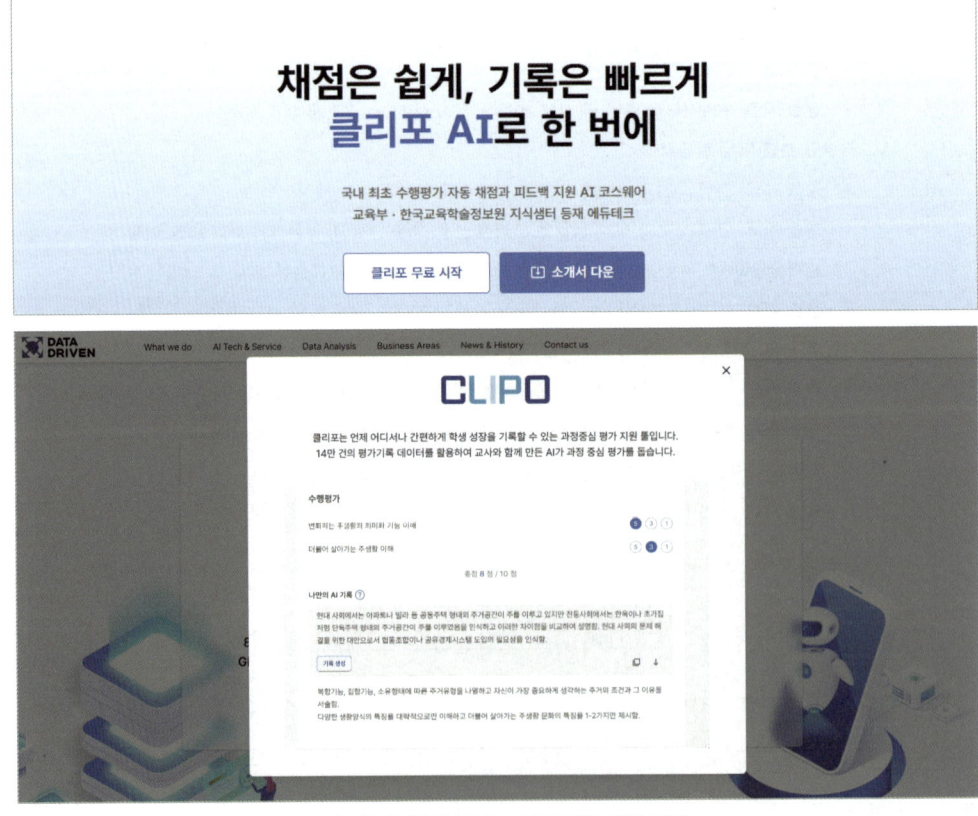

클리포를 통해 작성하는 성취 기준 기록 예시

## 1. 가입 방법

클리포는 개인의 이메일을 통해 가입한다. 가입 후, 교사 인증을 통해 재직증명서를 보내면 교사 인증이 확인되면 6개월간 무료 체험권을 제공해 준다(2025년 8월 기준). 교사는 인증 시 학교와 교과군을 선택하게 된다. 교과군 선택은 클리포 사용에 필요한 성취 기준을 자동으로 불러올 수 있는 기본 자료가 된다.

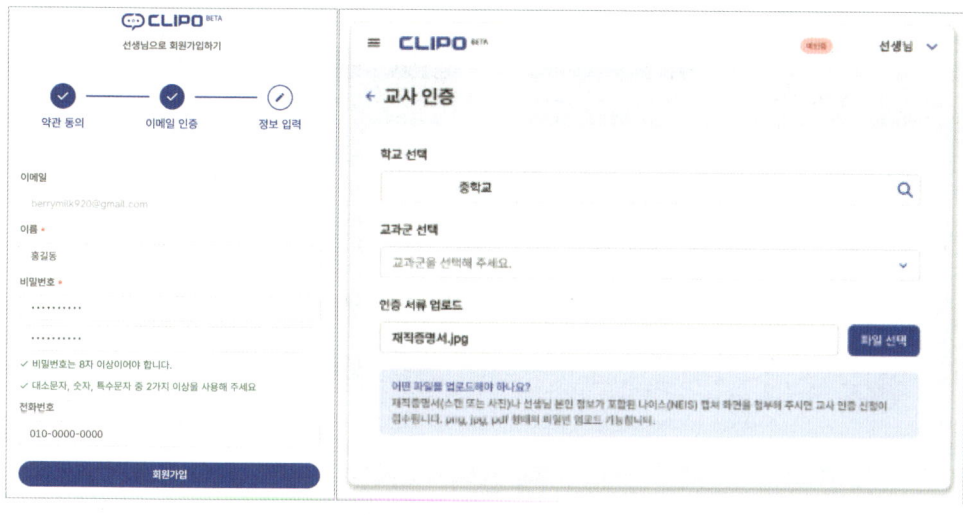

클리포 회원 가입 및 교사 인증 방법

### * 재직증명서 발급 방법은?

업무 포털에 접속 후, 나이스에 접속한다. [기본메뉴]-[인사기록]-[증명서신청]를 통해 재직증명서 발급을 신청하면 쉽게 재직증명서를 발급받을 수 있다.

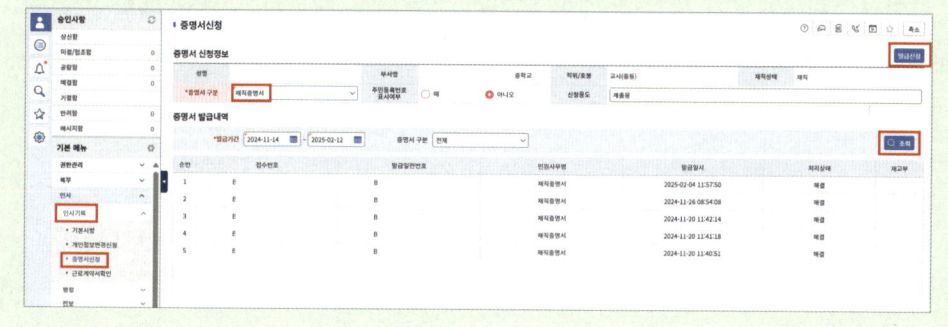

## 2. 요금제

클리포에서 제공하는 요금제 기준

클리포는 무료 체험부터 30일, 6개월, 1년, 학교 이용권까지 다양한 요금제를 제공하며, 학생별로 요금을 부과하지 않는 것이 큰 장점이다. AI 실행은 데일리 크레딧 방식으로 운영되며, AI 실행 1건당 1크레딧이 차감된다. 현재, 가입한 교사에게 가입일로부터 6개월간 하루 30개의 데일리 크레딧을 제공하는 무료 체험권을 제공하고 있다.

## 3. AI·에듀테크 활용 용도

기술 교과에서 AI를 수학이나 영어처럼 개별 학습 도구로 활용하기보다는, AI의 원리를 배우거나 활동 결과물을 제작하는 데 활용하는 경우가 많았다. 그러나 교사의 업무에서 개별 평가는 매우 중요한 요소이며, 학생들에게 충분한 피드백을 제공하는 것이 늘 필요했다.

특히, 2015 개정 교육과정에서는 서술형·논술형 평가의 필요성을 강조해 왔지만, 창작 중심의 프로젝트형 수업에서는 논술형 평가를 적용하는 데 어려움이 많았다. 이런 고민 속에서 클리포를 만나게 되었다.

클리포는 교사가 수행평가를 설계하는 루브릭 작성을 지원하고, 학생에게 서술 형태의 과제를 제시하면 학생들이 웹(Web)에서 직접 작성할 수 있도록 지원하며, 학습지나 활동지 형태로 제공한 후 스캔하여 PDF로 업로드하면 AI가 설정된 평가 기준에 따라 자동 채점할 수 있다.

학생들의 글씨를 정확하게 인식하는 편이라 교사들의 만족도가 높은 편이지만, 효율적인 채점을 위해서는 평가 기준을 신중하게 설정하는 것이 중요하다. 평가 기준이 지나치게 포괄적이면 의도와 다르게 채점될 가능성이 높아, 사전에 세부 기준을 다듬고 예시 채점을 진행한 후 전체 채점을 진행하는 과정이 필요하다.

또한, AI 채점의 신뢰성을 높이기 위해 교사가 최종적으로 검토하는 과정도 반드시 거쳐야 한다.

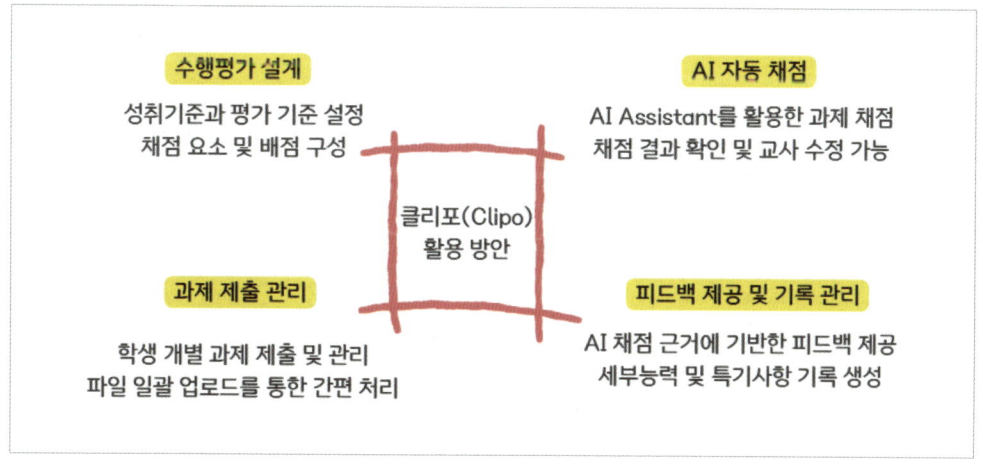

## 4. AI·에듀테크 사용 방법

클리포는 수행평가 설계, AI 자동 채점, 개별 피드백 제공을 위한 도구, 과제 제출 관리 등의 기능을 갖는다. 해당 챕터에서는 수행평가 설계와 AI 자동 채점 및 개별 피드백을 사용하는 방법을 설명하고자 한다. 사용 설명에 앞서 클리포 사용을 위해 먼저 수업하는 학생의 명렬표를 우선 입력하면 좋다. 입력 방법은 다음과 같다.

학생 명렬은 양식을 다운로드하여 한 번에 작성하면 편리한데 나이스에서 학생 명렬표를 엑셀 파일로 다운로드한 후 복사, 붙여넣기 하면 쉽게 정리할 수 있다. (ID 는 양식 업로드 후 클리포에서 일괄 부여한다.)

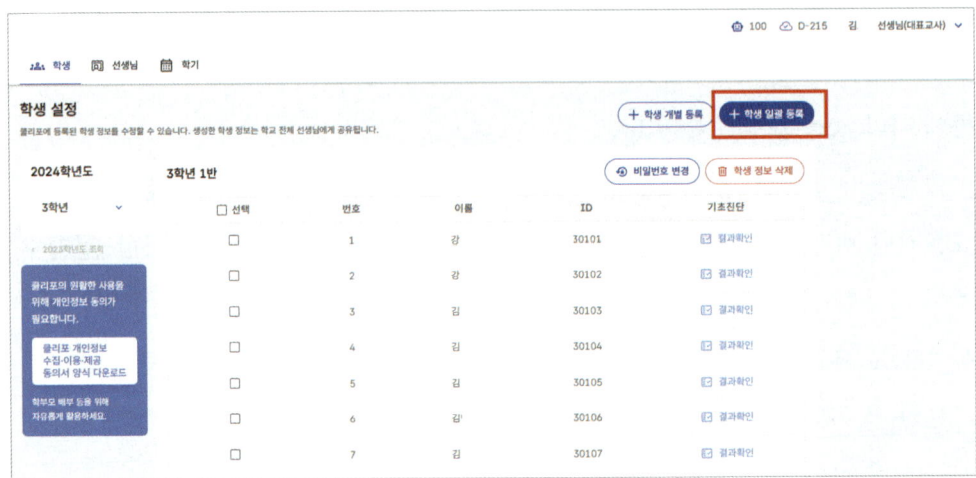

클리포 학생 일괄 업로드 방법 1

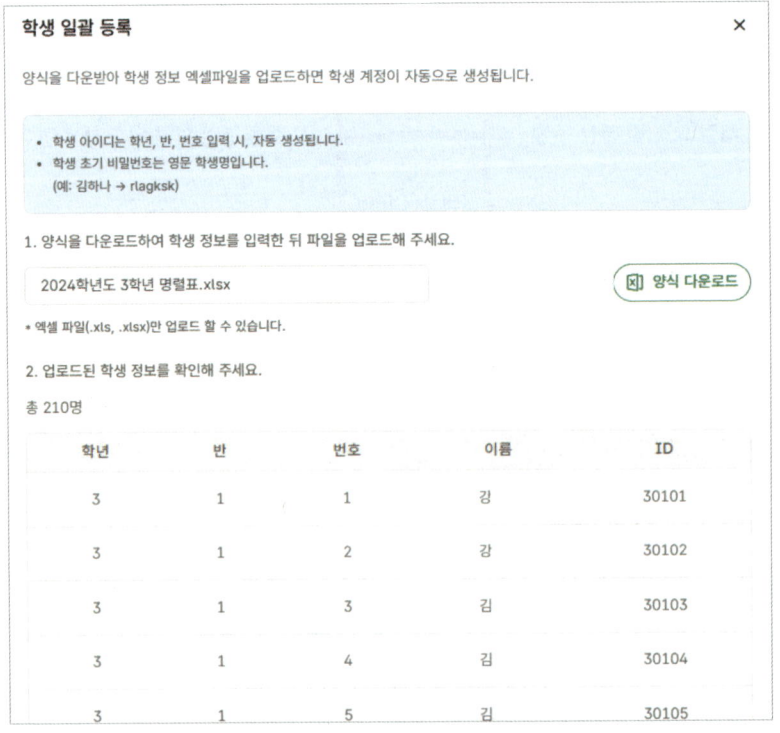

클리포에 학생 명렬 일괄 업로드 예시

## 1) 평가계획 설계

학년 초나 학기 초에 작성하는 평가계획을 클리포를 통해서 작성할 수 있다. 해당 플랫폼을 활용해 평가계획을 작성할 경우 채점 요소 작성에 생성형 AI의 도움을 받을 수 있다. 평가계획은 직접 제작하거나 [AI Assistant] 기능을 활용해 제작할 수 있다. 그중 [AI Assistant] 기능을 활용해 평가계획을 작성하는 방법을 알아보자.

먼저, [평가계획 만들기] - [AI Assistant]를 선택한다.

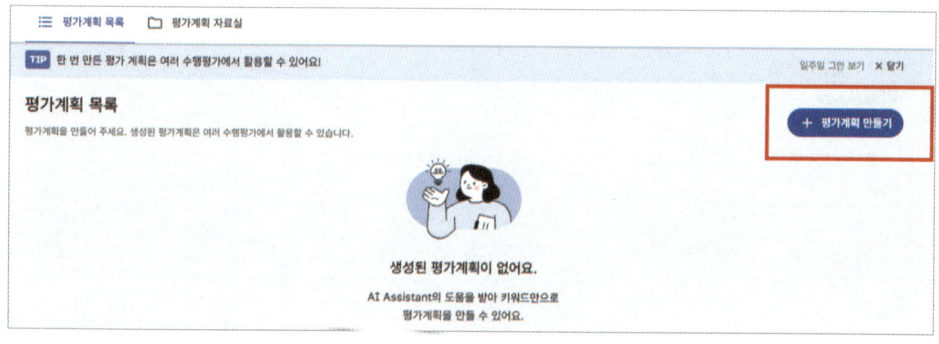

평가계획 작성 방법 화면 예시

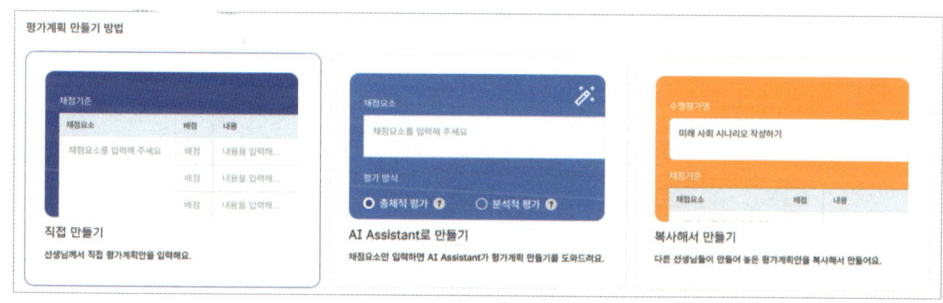

평가계획 작성 방법

에너지와 수송 기술 단원에서 '태양광 자동차 제작 프로젝트'를 수행평가로 진행한다고 가정하고 평가계획을 구성해 보자.

먼저, 평가계획 제목을 작성한 후 프로젝트의 개요를 간략하게 설명한다. 이후, 수행평가에 적합한 성취 기준을 선택한다. (성취 기준은 과목을 선택하면 자동으로 표시되어 선택할 수 있다.) 다음으로, 선택한 성취 기준을 반영하여 수행평가의 채점 기준을 배점과 함께 입력한다. 채점 요소는 필요한 만큼 추가할 수 있으며, 기준이 설정된 후 [AI Assistant 생성]을 클릭하면 상세한 평가 기준이 자동으로 작성된다.

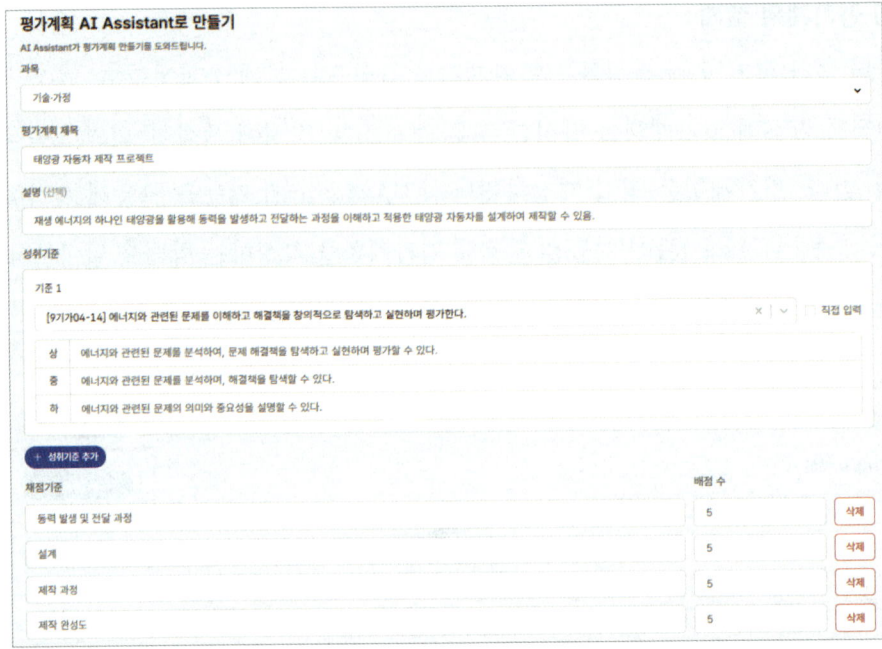

클리포에서 생성한 채점 내용의 일부

## 2) AI 자동 채점 및 개별 피드백 제공 도구

### (1) 수행평가 설계

먼저, 수행평가를 설계할 때 평가하고자 하는 영역의 성취 기준과 평가 요소를 입력한다. 클리포를 활용하면 학생들이 직접 웹에서 과제를 작성하도록 설정하거나, 학습지 형태로 작성한 과제를 PDF로 스캔해 교사가 일괄 업로드하는 방식 중 선택할 수 있다.

이 챕터에서는 교사가 학생들의 과제물을 PDF로 스캔하여 일괄 업로드하는 방법에 대해 자세히 설명하고자 한다.

클리포 화면 상단의 [수행평가 설계]를 선택한다. [설계 생성]을 클릭하면 수행평가 명칭과 채점 요소를 입력할 수 있다.

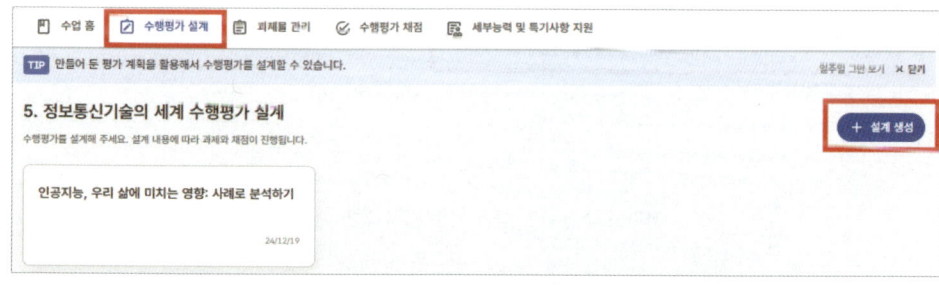

클리포 수행평가 설계 생성 화면 예시1

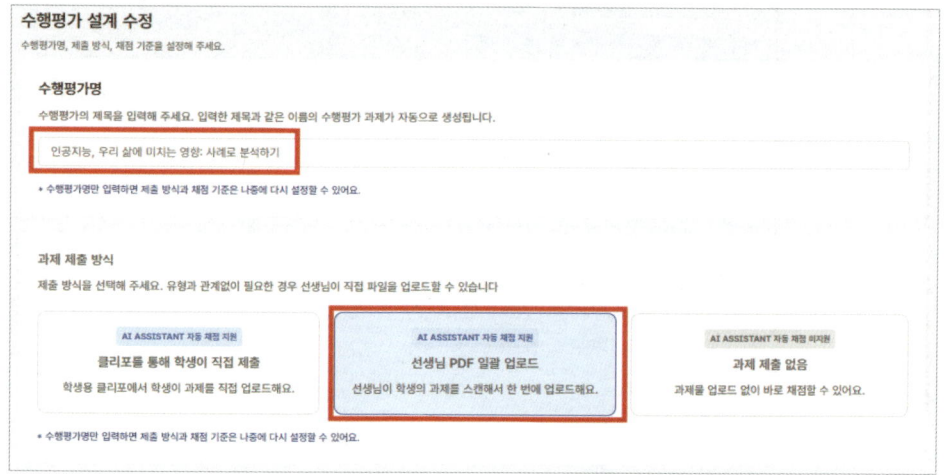

클리포 수행평가 설계 생성 화면 예시2

클리포에서는 초기 설정 시 과목을 선택하면 해당 과목의 성취 기준을 불러올 수 있으며, 교사가 이를 재구성하여 상·중·하 수준의 평가 기준을 상세하게 설정할 수 있다. 또한, 채점 기준을 세분화하여 입력하고, 배점과 내용을 설정하면 AI 채점이 가능하도록 구성할 수 있다. 채점 기준을 구체적으로 설정할수록 교사가 의도한 평가 방식에 더욱 가까운 결과를 얻을 수 있다.

이 과정은 언제든 수정할 수 있으며, 수정 후 AI 자동 채점 기능을 활용해 다시 가 채점을 진행할 수도 있다. 다만, AI 채점을 사용할 경우 데일리 크레딧이 차감될 수 있다.

클리포 수행평가 성취 기준 입력 화면 예시

클리포 수행평가 채점 기준 입력 화면 예시

## (2) AI 채점

AI 채점을 위해 교사는 학생이 작성한 답안을 PDF로 변환하여 업로드해야 한다. 클리포 화면에서 [과제물 관리] - [과제 제출 상세]를 클릭하면 학급의 과제물을 일괄 업로드 가능하다. [파일 선택] - [PDF 일괄 업로드] 버튼을 클릭하면 학생 답안이 등록된다. 업로드가 완료되면 [페이지 분할하기] 기능을 활용해 각 학생이 작성한 페이지를 교사가 직접 지정할 수 있으며, 이를 통해 학생 명렬과 답안이 1:1로 매칭된다.

따라서 PDF를 업로드하기 전 답안이 누락되지 않았는지 미리 확인하는 것이 좋다.

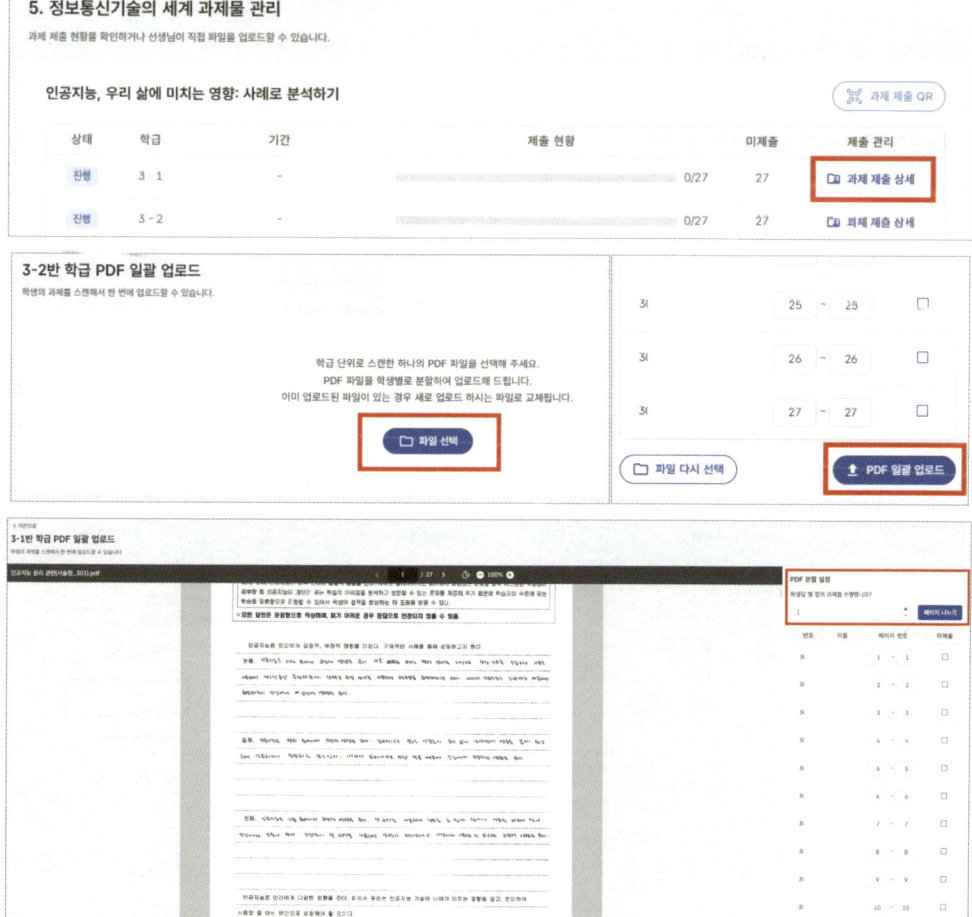

페이지 분할이 완료된 학생 답안 화면

과제물 업로드가 완료되면, AI 채점을 실행한다. 업로드된 과제물을 [AI 채점 실행] 클릭을 통해 실행한다. AI 채점은 1명의 채점당 1 크레딧이 사용된다. 채점이 완료되면 [채점 결과 상세]를 통해 입력한 채점 요소에서 요소별 채점이 이루어진 상세 내용을 확인하고 내용을 보정할 수 있다.

AI 자동 채점을 통해 실행한 학생 화면을 살펴보자. 아래 그림을 살펴보면 왼쪽에는 교사가 업로드한 학생의 답안 스캔 내용이, 오른쪽에는 교사가 설정한 채점 요소에 따른 학생의 채점 결과와 AI 채점 근거, 근거에 따른 개별 피드백이 가능한 화면

이 보인다. 교사는 근거에 따른 AI 채점이 정확한지 검토하고 학생이 작성한 내용에 대한 피드백을 수정할 수 있다.

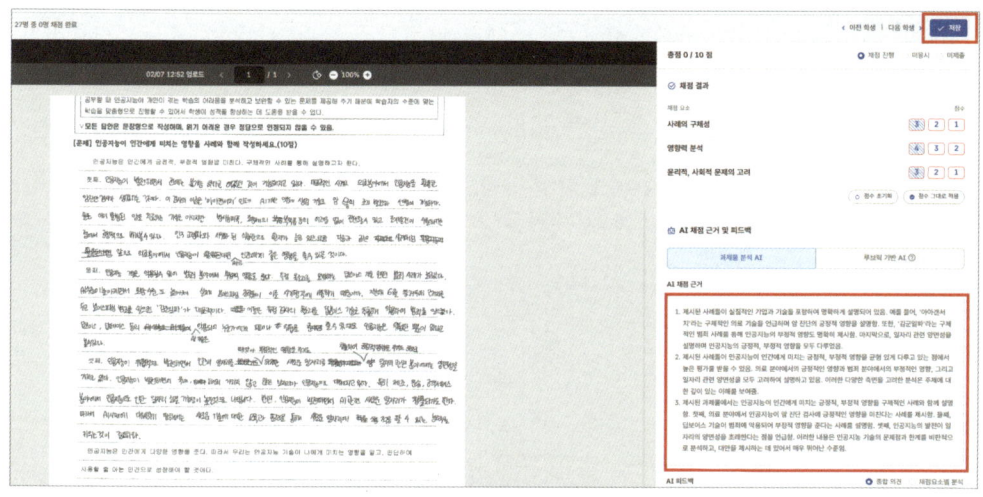

학생 채점 상세 화면 예시

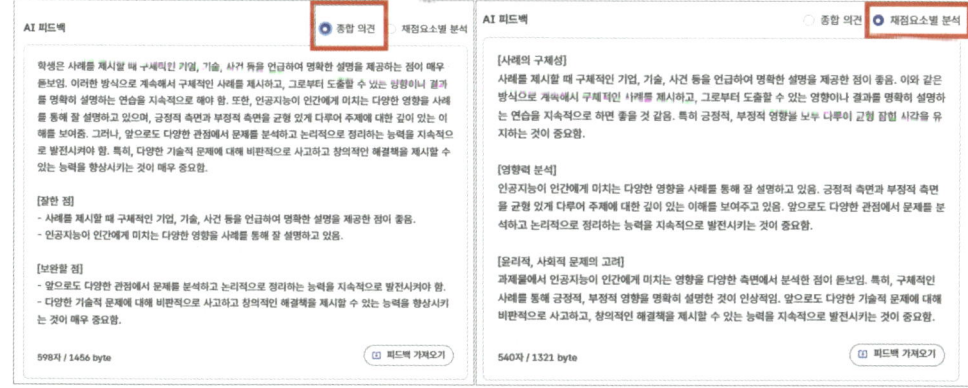

AI 피드백 예시

### mini Tip — AI 채점 검토 TIP!

클리포에 학생이 작성한 활동지를 PDF로 스캔한 후 교사가 일괄 업로드할 경우, 학생명렬과 PDF파일의 1대1 업로드임을 한 번 확인하도록 한다. 혹시 누락된 학생이 있다면 활동지의 이름만 작성해 백지 형태로 포함해 스캔하거나 점수 확정 시 반드시 이름과 평가 내용을 매치해 작성하는 과정이 필요하다.

채점 요소를 클리포에 작성할 때, 채점 요소는 상세할수록 채점의 신뢰도가 높아진다. 하나의 채점 요소에 많은 평가 항목을 포함할 경우, 중복해 채점하거나 교사의 채점과 일관성이 다소 떨어질 수 있다. 또한, 자동 피드백 내용을 반드시 검토하고 수정하여 학생에게 피드백으로 제공하는 과정이 필요하다.

# 3장

## AI·에듀테크로 할 수 있는 기술·가정 수업 사례

이 챕터에서는 앞서 설명한 AI·에듀테크를 활용한 4가지 수업 사례를 소개한다.

AI·에듀테크를 활용한 프로젝트 수업을 [생각하기] - [활동하기] - [평가하기] 흐름으로 정리하였다. 다양한 AI·에듀테크를 사용한 수업 사례는 누구나 따라 하기 쉽게 설명하고 있다.

수업 방법, 학생 활동 예시, 수업 꿀팁까지! 여기서 소개하는 수업은 다양한 교과에서 재구성되어 활용될 수 있다.

| | |
|---|---|
| 1. 친환경적이고 안전한 창업 프로젝트 | 2. 나만의 주택 만들기 프로젝트 |
| 3. 책임소비봇 프로젝트 | 4. AI 미디어 크래프트 프로젝트 |

# 3-1. 친환경적이고 안전한 창업 프로젝트

## 1. AI·에듀테크 사용 의도

'실천적 문제 해결 능력 향상'이라는 기술·가정과 교육과정의 목표를 달성하기 위해 실생활 문제 해결 주제를 중심으로 AI 및 진로를 융합한 기술·가정교과 프로젝트 수업을 개발하였다. 2022 개정 기술·가정 교과 교육과정은 '삶과 연계한 학습'을 지향하며, 기후와 생태 환경 변화, 그리고 미래의 불확실성에 능동적으로 대응할 수 있는 주도적인 학생을 육성하는 것을 목표로 하고 있다. 이러한 맥락에서 'AI를 활용한 창업 프로젝트'라는 주제를 선정하였다.

'창업' 수업은 학생마다 다양한 아이디어가 나올 수 있다는 장점이 있지만, 학생의 머릿속 아이디어를 말로만 설명하기엔 다른 사람이 이해하기가 쉽지가 않다. 그래서 AI로 구체화하여 발표 수업에서 자신의 아이디어를 다른 학생들과 공유하기 위해 상품과 기업 정보를 포함한 홈페이지를 제작하도록 했다. AI·에듀테크를 활용한 덕분에 학생 개별 맞춤형으로 창업 결과물이 더욱 풍성해질 수 있었다.

디지털 네이티브 세대인 학생들은 태어날 때부터 디지털 기기에 익숙하게 성장했기 때문에 새로운 교육 환경이 필요하다. '친환경적이고 안전한 창업 프로젝트'는 교육의 패러다임을 변화시키는 디지털 교수학습 방법으로, 학생들이 주인의식과 동기를 가지고 자신의 삶과 관련된 문제를 찾아 스스로 도전 과제를 해결할 수 있다. 이 과정에서 생성형 AI로 코파일럿을 주로 사용하고, 수업 안내와 학습 목표, 동기 유발 영상을 위해 패들렛을 활용하기를 추천한다. 상품의 이미지와 회사 로고 제작에는 코파일럿, 캔바, 미리캔버스를 사용하며, 회사 홈페이지 제작은 구글 사이트 도구를 통해 진행하면 좋다. 과제 제출은 구글 클래스룸을 통해, 매 수업이 끝나기 5분 전에 AI 마음일기를 통해 성찰일지를 작성한다. 교사는 이 과정을 통해 학생들이 겪는 어려움이나 필요한 피드백에 대해 적절한 도움을 줄 수 있다.

## 2. 프로젝트 단계(생각하기-활동하기-평가하기)

친환경적이고 안전한 창업 프로젝트 수업은 다음과 같은 흐름으로 진행된다.

| 주요 과정 | 내용 | 차시 | 활용한 AI·에듀테크 |
|---|---|---|---|
| 디지털 소양 (리터러시) 함양 | • AI 디지털 도구 사용법 익히기(생성형 AI의 활용법, 프롬프트 작성법)<br>• 디지털 소양(리터러시) 함양하기(디지털 윤리 포함) | 1 | 챗GPT, 뤼튼, 코파일럿, 패들렛, 캔바, 미리캔버스, 구글 사이트 도구, 구글 클래스룸, AI 마음일기 |
| 소비자 문제 인식 | • 동기 유발 영상 시청(친환경적이지 않고 안전하지 않아 소비자에게 피해를 주었던 사건)<br>• 소비자 24의 리콜 사례 분석하며 기업가 정신과 직업 윤리 함양하기<br>• 소비자 문제를 개선한 창업 생각하기 | 1 | 패들렛 |
| 창업 계획서 | • 업종 지도표 살펴보기<br>• 관심 있는 업종을 생성형 AI로 자료 조사하여 창업 계획서 작성(기존의 상품을 개선하는 SCAMPER 기법도 가능) | 2 | 패들렛, 챗GPT, 코파일럿, 뤼튼, AI 마음일기 |
| 생성형 AI 이미지 생선 | • 회사 로고와 상품 이미지 만들기<br>• 이미지화로 다른 사람에게 상품 설명을 도움 | 1.5 | 코파일럿, 캔바, 미리캔버스 |
| 회사 홈페이지 | • 창업 계획서를 토대로 홈페이지 제작하기(생성형 AI의 정보와 이미지를 홈페이지에 첨부하여 상품 설명을 도움)<br>• 투자 설명회에서 투자자들이 발표를 들으며 살펴봄 | 1.5 | 구글 사이트 도구 |
| 투자 설명회 | • 발표수업을 투자 설명회 콘셉트로 실시<br>• 가상의 종이 주식을 투자받음 | 1 | 구글 사이트 도구, 패들렛 |

### 1) 생각하기

### (1) 디지털 소양(리터러시) 함양

디지털 소양이란, 디지털 기기와 인터넷을 효과적으로 활용하고, 디지털 정보에 대한 비판적 사고를 바탕으로 다양한 문제를 해결할 수 있는 능력을 의미한다. 이는 기술을 효과적으로 사용하는 정보 처리 능력뿐만 아니라 디지털 윤리를 포함한 개념이다.

AI 수업에서 디지털 소양을 먼저 다뤄야 하는 이유는 학생들이 AI 기술을 효과적으로 활용하면서도 비판적 사고를 토대로 디지털 기술과 윤리를 확립하는 것이 필요하기 때문이다.

프로젝트 수업 초반에는 생성형 AI의 활용법과 프롬프트 작성법을 익히며, 수업의 목적에 맞게 사용할 AI 디지털 도구 사용법을 가르칠 것을 추천한다. 올바른 정보 이용 방법, 저작권, 딥페이크, 디지털 범죄, 사이버 괴롭힘 방지에 대한 주제를 다룰 수 있다. 사용 과정 중에 생성형 AI의 함정인 '할루시네이션'이 발생할 수 있음을 인지하고 이를 주의해서 사용하도록 당부한다.

## (2) 소비자 문제 인식

소비자 문제를 인식하는 단계에서는 친환경적이고 안전한 창업이 필요한 이유를 이해하는 과정을 거친다. 사실 기술·가정 교과서에는 '창업'이라는 단원이 포함되어 있지 않지만, '소비' 생활 단원이 있다. 여기서 학생들은 소비자의 권리와 리콜에 대해 배우는데, 앞으로 예비 직업인으로서 단순히 소비자를 넘어서 스스로 생산자로서의 해야 할 역할을 경험하는 것이 필요하다는 관점에서 교육과정을 재구성하였다. 이 수업은 기술·가정 교과뿐만 아니라 진로 관련 수업으로도 확장될 수 있다는 장점이 있다. 그러나 단순히 '창업'만을 주제로 삼으면 범위가 너무 넓어져 학생들이 막연한 느낌이 들 수 있어 구체적으로 '친환경' 분야의 창업을 제시하였다.

소비자 문제 사례 동기 유발 영상을 시청하며, 친환경적이지 않고 안전하지 않아 소비자에게 피해를 주었던 가습기 살균제 사건과 삼풍백화점 붕괴 사건을 소개한다. 필자는 프로젝트용 패들렛을 만들어 그 안에 학습 목표, 프로젝트 수업에서의 주의점, 동기 유발 영상, 수업에 필요한 자료, AI 디지털 도구 사이트 일체, 모둠 제출란을 넣어 학생들이 쉽게 이용하도록 세팅했다.

무임승차 문제가 생기지 않도록 학생들은 4인 이하로 모둠을 구성하여, 디지털 정보 기기를 이용해 소비자 24(https://www.consumer.go.kr)에 접속한다. [상품·안전 정보] - [국내 리콜] 섹션으로 들어가 각자 원하는 제품군(공산품, 식품, 의약품 등)을 선택하고, 실시간으로 올라오는 리콜 사례 중 하나를 골라 분석하도록 안내한다.

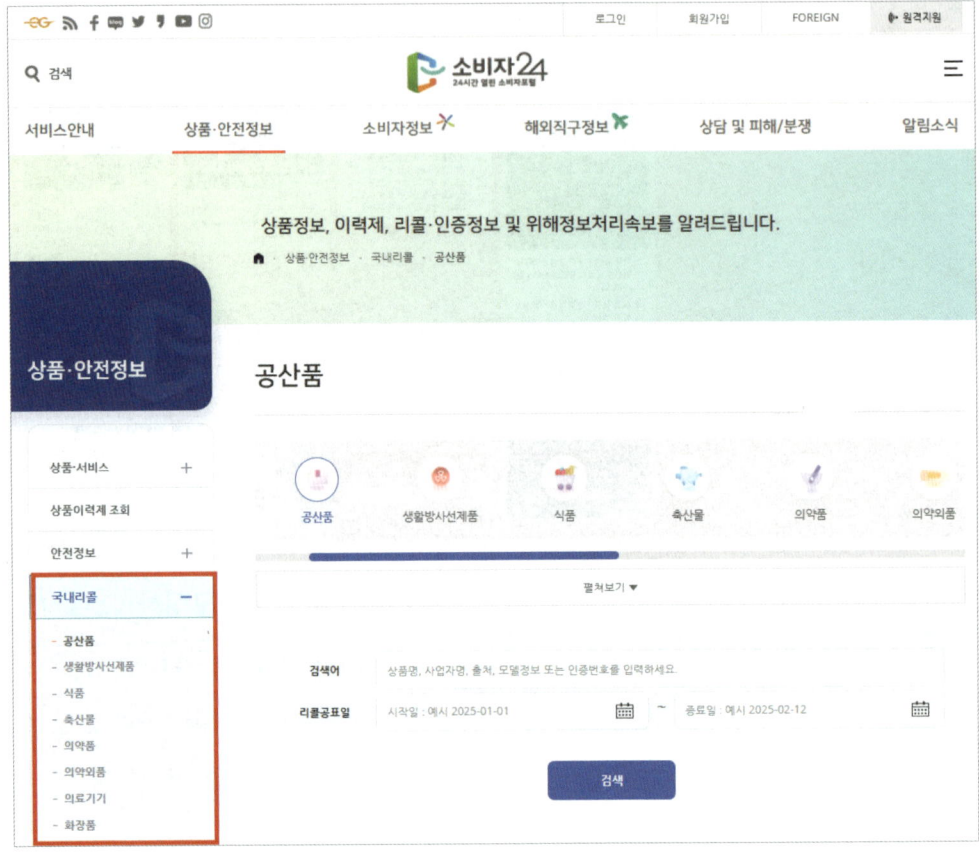

이 과정에서 각자 정보 기기만 들여다보는 것이 아니라 모둠별로 충분히 토론하여 정리된 내용만 쓰도록 학습지를 한 장만 배부한 후, 모둠원과 토론한 내용을 정리해 수기로 작성하도록 안내한다. 리콜의 개념과 종류를 파악한다. 그리고 소비자24에서 리콜의 사례를 통해 친환경적이고, 안전한 상품의 필요성을 인식한다. 국내리콜 사례를 선정하여 어떤 제품이 어떤 문제점이 있어 리콜하는지, 어떤 점을 개선하면 좋을지 학습지에 작성하고 발표한다.

이를 통해 리콜 사례를 분석하면서 기업가 정신과 직업 윤리를 함양하게 된다. 비록 소비자 문제 사건은 부정적인 측면이 있지만, 학생들이 이를 우울해하거나 슬퍼하기보다는 어떻게 개선할 수 있을지 고민하고, 긍정적인 방향으로 생각하도록 유도하는 것이 중요하다. 궁극적으로는 친환경적이고 안전한 상품을 기획하여 회사를 창업할 수 있도록 하는 데 초점을 맞추도록 한다.

# 리 콜

학년    반 (                    )번 이름(                                        )

※다음 순서에 따라 조별 활동을 해봅시다.

| 01 소비자 24 리콜 확인 | 02 국내 리콜 검색 | 03 위해 원인 파악 | 04 학습지에 적어봅시다 |
|---|---|---|---|

1. (소비자24) 리콜 회사와 아이템 소개

|  |
|--|
|  |

2. (소비자24) 리콜 제품의 문제점과 안전한 제품의 조건은?

|  |
|--|
|  |

3. (소비자24) 앞으로 소비사 민족을 위해서 리콜 제품이 개선할 점은?

|  |
|--|
|  |

4. (이외에) 우리 조가 겪었던 친환경적이지 않고, 안전하지 않았던 상품은?

|  |
|--|
|  |

5. (앞으로) 우리 조가 창업할 때 기억하면 좋을 부분이나 창업 다짐은?

|  |
|--|
|  |

## * 학습지를 수기로 작성하는 이유는?

학습지를 수기로 작성하는 이유는 두 가지가 있다. 첫째, AI를 활용하여 정보를 검색한 후 이를 그대로 복사하여 붙여 넣는 경우, 학생들은 그 내용을 유의미하게 받아들이지 못해 금방 잊어버리는 경향이 있다. 둘째, 모둠별로 토론한 내용을 바탕으로 자신만의 언어로 재구성하여 글로 표현함으로써 학습이 더욱 의미 있게 이루어진다. 이러한 과정을 통해 학생들은 더 깊이 있는 이해를 바탕으로 지식을 확실히 습득할 수 있다.

1장

2장

3장

4장

3장 AI·에듀테크로 할 수 있는 기술·가정 수업 사례

## 2) 활동하기

### (1) 창업 계획서

B4 용지 사이즈의 창업 계획서를 모둠별로 배부한다. 창업 계획서를 작성할 때는 창업 상품을 선정해야 하는데 먼저, 업종 지도표를 보여 주고 학생들이 관심 있는 업종의 상품을 선정하도록 한다. 관심이 있는 분야여야 긴 호흡으로 8차시 동안 진행되는 창업 프로젝트에 집중할 수 있다. 생성형 AI를 활용하여 해당 업종에 대한 자료를 조사하고, 정보 수집을 통해 마음에 드는 창업 상품을 선정한다. 이 과정에서는 기존 상품을 수정하거나 개선하기 위한 *SCAMPER 기법을 사용할 수도 있다. 이를 통해 학생들은 창의적인 아이디어를 바탕으로 자신만의 창업 계획서를 구체화할 수 있다.

**＊ SCAMPER 기법이란?**

창의적인 아이디어를 발굴하고 문제를 해결하는 데 유용한 기법이다. 이 기법은 창업뿐만 아니라 일상생활에서도 문제를 해결하고 새로운 아이디어를 찾는 데 유용하게 활용될 수 있다. 여러 가지 질문을 통해 기존의 아이디어나 제품을 개선할 수 있도록 도와준다. SCAMPER는 다음의 7단어의 첫 글자를 따서 만든 약어이다.

**S**ubstitute (대체하기)

**C**ombine (결합하기)

**A**dapt (적용하기)

**M**odify (변경하기)

**P**ut to another use (다른 용도로 사용하기)

**E**liminate (제거하기)

**R**everse (재배치하기)

창업 계획서에는 다음과 같은 내용이 포함되어야 한다. 첫 번째로, 회사의 철학과 창업 이유이다. 무엇을 지향하며 어떤 가치를 추구하는 회사인지, 친환경적이고 안전한 상품은 어떤 것인지 상세히 소개해야 한다. 두 번째로, 예상 고객과 상품의 기대 효과이다. 고객층은 누구인지, 상품 사용 시 기대할 수 있는 효과이다. 이 상품을 통해 어떤 이점을 얻을 수 있을지를 설명한다. 세 번째로, 가격 설정이다. 가격이 어떻게 결정되었는지, 예상되는 이윤은 얼마인지 작성한다. 가격 측정을 어렵게 느낄 수 있으므로, 상품의 원가를 파악하지 못해 가격 정보를 찾아내지 못한 경우, 비슷한 제품의 시장 가격을 조사하여 고급화 전략 시 더 높은 가격을, 박리다매 전략 시 더 낮은 가격을 설정한다. 네 번째로, 마케팅 방법이다. 고객이 상품을 알고 구매할 수 있도록 하는 마케팅 전략을 수립하는 것이 중요하다. 상품을 홍보할 장소와 방법, 그리고 구체적인 마케팅 계획을 작성하도록 한다. 회사의 광고나 *로고송을 만드는 과정에서 AI를 사용할 수 있다. 마지막으로, 창업 계획서를 바탕으로 회사의 홈페이지를 제작한다. 구글 사이트 도구를 활용해 템플릿을 선택하고, 창업 계획서의 내용을 반영해 생성형 AI로 만든 상품 이미지로 홈페이지를 구축한다.

친환경적이고, 안전한 상품 창업하기

# 창 업 계 획 서

학년 (      )반 (      )번 이름(                    )

1. 창업 회사소개와 상품 소개 5줄 (**친환경적이고, 안전한 상품의 설명**)

2. 예상 고객과 기대 효과 5줄 (연령대는?, 어떤 사람들이 어떻게 친환경적이고 안전하게 활용했으면 좋겠나요?)

3. 가격은? 3줄(어떻게 가격을 측정하였는지, 이윤은 얼마로 예상하는지 구체적으로 적어주세요)

4. 마케팅 방법은? 5줄 (어디서, 어떤 방법으로 창업 상품을 홍보하나요?)

5. 위 내용을 토대로 창업한 회사의 홈페이지를 만들어주세요.

## * SUNO로 로고송 만들기

SUNO(https://suno.ai)는 AI로 노래를 만들 수 있는 에듀테크 도구이다. 노래를 만드는 방법은 두 가지가 있다. 첫째는 가사와 제목, 음악 스타일을 직접 지정하는 것이다. [Custom] 모드를 활성화한다. [Lyrics]난에 만든 가사를 넣는다. [Style of Music]에 원하는 음악 스타일을 적거나 클릭한다. [Title]에 노래 제목을 적는다. [Create]를 눌러 노래를 생성한다.

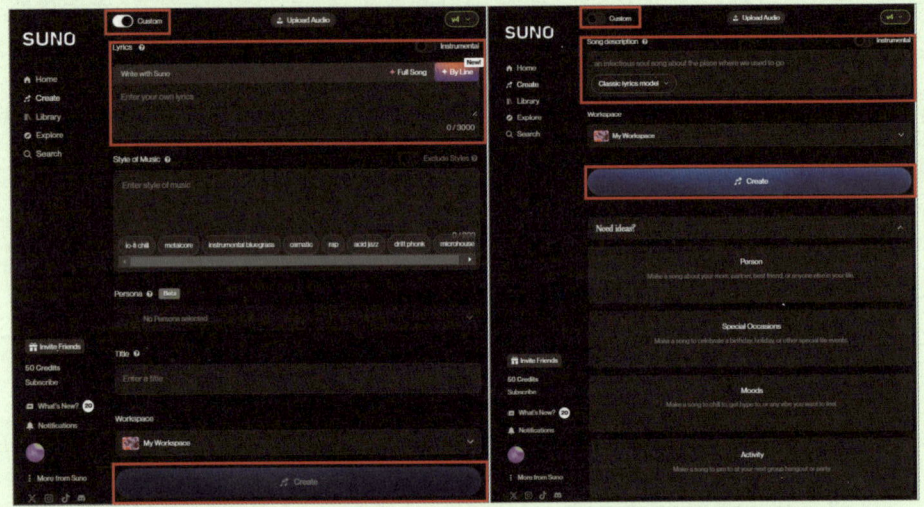

둘째, AI 기능을 활용하여 자동으로 생성하는 것이다: [Custom] 모드를 비활성화한다. [Song description]난에 어떤 노래를 만들고자 하는지 구체적으로 프롬프트를 작성한다. [Create]를 눌러 노래를 생성한다. 추가적으로 [New Idea]에 자세한 내용을 적어 노래를 만들 수도 있다.

## (2) 생성형 AI 이미지 생성

창업 수업에서 회사의 로고와 상품 이미지를 만들 때, 생성형 AI를 활용하는 것은 여러 가지 좋은 점이 있다. 그림 실력이 없어도 다양한 창의성을 담은 디자인을 만들어 낼 수 있어, 아이디어를 시각적으로 실험할 수 있다. 이를 통해 원하는 회사의 로고와 상품 이미지를 얻을 수 있다. 이 과정에서 많은 시간을 절약할 수 있고, 아이디어를 신속하게 이미지화하면서 더 많은 시간을 다른 중요한 부분에 집중할 수 있다. 전문 디자이너에게 의뢰하지 않고도 고품질의 로고와 상품 이미지를 생성형 AI를 사용한다면 예산이 한정된 창업 수업에서 무료로 사용하거나 비용을 절약할 수 있다. 생성형 AI를 사용하면 이미지의 세부 사항을 쉽게 수정할 수 있어, 다양한 시도 끝에 반복적으로 시도하면서 더 나은 결과를 도출할 수 있어 최종 결과물을 개선하는 데 도움이 된다. AI를 활용하면 학생들이 창업 회사와 상품의 정체성을 잘 표현할 수 있도록 도와준다.

이러한 장점들 덕분에 창업 수업에서 생성형 AI를 활용하여 회사의 로고와 상품 이미지를 만드는 것은 매우 유익하다. 특히 로고를 만들면 학생들은 기업의 아이덴티티를 창출하는 과정에 진짜 회사를 창업했다는 생각을 더 강하게 느껴, 창업 수업에 더 큰 애착을 가지게 한다. 주로 사용한 이미지 생성 AI 도구는 코파일럿, 미리캔버스, 캔바이며, 이외에도 챗GPT와 뤼튼 등 다양한 에듀테크로 이미지를 생성할 수 있다. 자세한 사용법은 2장의 에듀테크 소개를 참고하기를 바란다.

### (3) 회사 홈페이지

창업 수업에서 학생들이 자신이 만든 창업한 회사의 홈페이지를 만드는 것은 여러 가지 이유에서 필요하다. 첫째, 홈페이지는 회사의 얼굴로서 학생들이 직접 설계하고 제작함으로써 회사 브랜드와 상품의 정체성을 잘 표현할 수 있는 기회를 제공한다. 이를 통해 학생들은 회사의 철학과 비전을 명확히 정리하고, 자기 아이디어를 다른 사람에게 효과적으로 전달하는 방법을 배울 수 있다. 둘째, 홈페이지를 제작하는 과정에서 웹디자인, 콘텐츠 작성, 이미지 편집 등 다양한 기술을 배우면서 디지털 역량을 강화하게 된다. 이러한 경험은 미래의 진로 선택에서도 큰 자산이 될 것이다. 셋째, 홈페이지 안에는 회사 상품 이미지, 로고송, 광고 등 다양한 요소가 포함되므로 학생들은 마케팅의 중요성을 직접 체험하게 된다. 이를 통해 소비자에게 제품을 어떻게 효과적으로 홍보할 수 있는지를 배우고, 창의적인 마케팅 전략을 개발하는 데 도움을 받을 수 있다. 마지막으로, 홈페이지 제작은 협업과 소통 능력을 키우는 데도 유익하다. 학생들이 팀으로 작업하면서 서로 아이디어를 공유하고 의견을 조율하는 과정에서 효과적인 팀워크의 중요성을 이해하게 된다.

이처럼 창업 수업에서 홈페이지를 만드는 것은 단순히 웹사이트를 만드는 것을 넘어, 학생들이 자신의 창업 아이디어를 실제로 구현해 보는 중요한 단계가 된다.

회사 홈페이지는 구글 사이트 도구(sites.google.com/)를 사용하였으며, [사이트 도구]에서 [빈 사이트]를 클릭하여 빈 바탕에서 만들어도 되지만, 학생들이 사용하기 쉽도록 이미 만들어진 템플릿에 창업 계획서 작성 내용과 생성한 상품 이미지를 담아 투자 설명회 발표 수업에 사용할 수 있도록 했다. 사이트 도구의 예시 템플릿은 다음과 같다.

[수업]이라는 템플릿을 클릭하면 다음과 같은 화면이 나온다. 이때 글을 수정하고 이미지를 첨부하면 회사 홈페이지를 손쉽게 만들어 낼 수 있다.

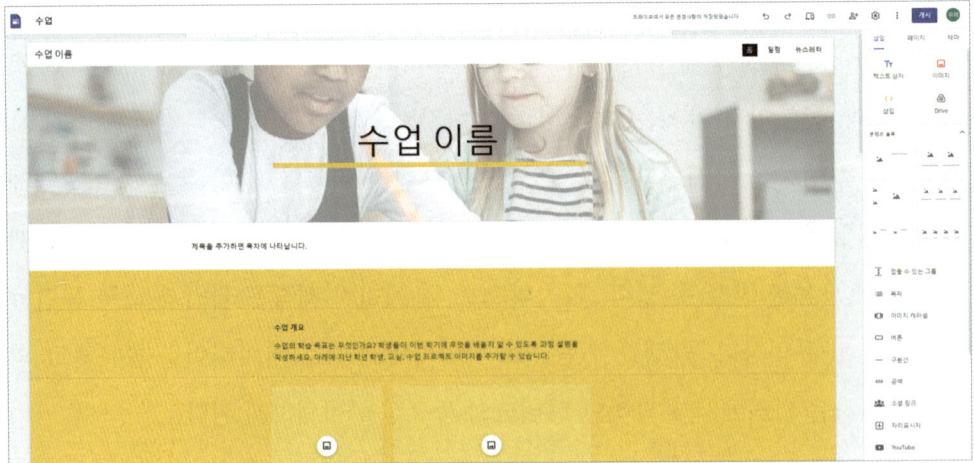

## 3) 평가하기

매 수업 시간 끝나기 5분 전 성찰일지를 작성하는 AI 마음일기로 자기 평가, 투자 설명회 방식의 발표 수업으로 동료 평가, 교사의 평가 이렇게 총 세 가지의 평가 방식을 채택하여 운영하였다.

### (1) AI 마음일기

매 수업이 끝나기 5분 전에 학생들은 AI 마음일기(https://diary.seamspace.me)를 작성하여 프로젝트의 진행 과정을 스스로 성찰하는 자기 평가를 한다. AI 챗봇이 작성한 내용을 토대로 피드백을 해 주지만, 거기에서 멈추는 것이 아니라 진정한 교육이 이뤄지기 위해서 교사의 역할이 필요하다. 교사는 학생들의 성찰일기를 읽고, 피드백이 필요하거나 도움이 필요한 부분에 대해 조언을 제공하여 *하이터치를 할 수 있다. 이를 통해 학생들은 스스로 자기 인식을 강화하고, 교사의 도움을 받으며 개선해 나가는 과정을 경험하게 된다. 이러한 과정은 자기 소설감을 증진하고, 빌진을 통한 자신감을 얻는 데 기여하여 AI를 활용한 사회정서적 학습이 이루어질 수 있도록 한다.

> ### * 하이터치(High Touch)란?
>
> AI 교육에서 교사가 학생에게 사회정서적으로 인간적 접촉과 상호작용하여 학습하는 것을 말한다. 하이터치 하이테크(High Touch High Tech)에서 나온 말로, '사람의 따뜻한 손길과 첨단 기술'이라는 말에서 유래했다.

AI 마음일기는 학생들이 자신의 감정을 기록하고 분석할 수 있도록 돕는 AI 기반의 일기 작성 도구로, 감정 인식 기술을 활용하여 개인화된 피드백을 제공한다. 담임 교사라면 매일 아침 조회 시간에 사용하여 학생의 기분을 살펴보는 도구로 사용할 수 있고, 교과 교사라면 수업을 시작하거나 마치는 시간에 잠깐 시간을 내어 성찰일지를 작성하여 학생이 스스로 앞으로의 다짐을 적거나 자신의 프로젝트 수업 과정을 돌아보는 용도로 사용할 수 있다. 작성 후 챗봇이 감정을 읽어 피드백을 주는데, 챗봇에만 의지하는 것이 아니라 교사가 학생들의 감정 신호등이 보이는 대시보드를 통해 주황색이나 빨간색의 도움이 필요하거나 감정적으로 어려움을 겪는 학생의 마음일기를 읽고 이를 발견하여 온라인뿐만 아니라 오프라인에서도 피드백을 해 주는 방법으로 사용하기를 추천한다. 이렇게 사용한다면 교사-학생 간 라포르를 형성할 수 있고, AI를 활용한 사회정서 학습으로 개별 맞춤형 교육이 이뤄질 수 있다.

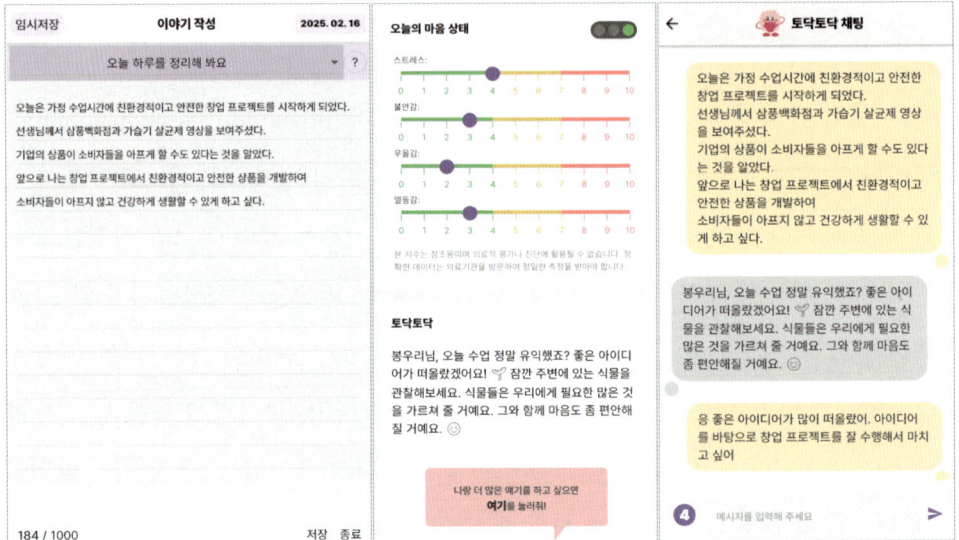

AI 마음일기 사용 방식은 다음과 같다. 학생은 [이야기 작성]에 간단하게 자신의 기분이나 생각을 입력하여 저장한다. 작성 후 [오늘의 마음 상태]가 분석된다. 입력한 글 내용을 토대로 [토닥토닥 채팅]을 나눌 수 있으며, 이 과정에서 AI가 이를 분석하여 사용자의 감정 이해에 도움을 주고, 채팅을 통해 개선 방안을 제시한다. AI 마음일기를 수업 시간에 사용하면 학생들은 자신의 감정을 보다 잘 이해하고 표현할 수 있어 정서적 안정감을 느끼게 되며, 교사는 학생들의 정서 상태를 파악하여 효과적으로 지원할 수 있어 학습 환경을 개선할 수 있다. AI 마음일기는 모든 교과목에서 가능하다는 장점이 있다. 또한, 감정적 소통을 통해 수업에서 긍정적인 분위기를 조성할 수 있다.

필자는 'AI 마음일기' 사용으로 수업 주제인 창업과 사회정서 학습을 결합하여 학생 개인 맞춤형 교육을 실시할 수 있었다. 사실 AI 기술 발달로 인해 그동안의 학교 현장에서는 이미 많은 디지털 교육을 실시하는 하이테크 수업은 하고 있으나, AI를 활용한 사회정서 학습의 하이터치 분야의 연구는 비교적 적은 편이다. 이 방법으로 학생은 자기 생각과 행동을 되돌아보는 과정을 통해 정서와 마음을 조절하고, 그 활동의 결과로 교사의 적절한 피드백으로 성공적인 경험을 하게 되고, 결과적으로 자기 효능감, 자율성, 학습 주도성을 획득할 수 있다.

AI 마음일기는 개인 계정으로 가입하여 무료로 사용이 가능하지만, 학교 단위에서 유료 버전을 구매한다면 학급 학생들을 모두 가입시켜 대시보드를 통해 교사가 관리할 수 있다는 장점이 있다. 교육청 단위에서 구매하는 경우도 있으니 참고하길 바란다. 학교 단위로 구매한다면 교사 계정을 통해 교사가 관리할 수 있는 AI 마음일기의 그룹 관리 대시보드 화면은 다음과 같다. 왼쪽의 다른 항목들을 클릭하면 개별 학생들의 일기를 볼 수 있으며, 이를 분석한 결과를 보고 학생들의 감정 상태 등을 관리할 수 있다.

### (2) 투자 설명회

창업 과정을 마친 후 발표 수업은 투자 설명회 콘셉트로 진행한다. 학생들은 발표에서 투자자들에게 친환경적이고 안전한 상품을 소개한다. 각 팀은 창업한 회사의 홈페이지를 바탕으로 발표를 진행하며, 홈페이지에는 회사의 비전, 상품 정보와 특징, 로고송, 광고, 상품 이미지를 포함한다. 듣는 학생들은 투자자가 되어 10만 원권 종이 주식 모양 포스트잇을 받고 투자하고 싶은 회사를 하나 골라, 피드백을 작성하여 투자 결정을 내린다. 창업 발표회에서 투자할 회사를 선정하는 기준은 '친환경적이고 안전한가?'에 집중하며, 피드백을 종이 주식에 직접 작성한다. 이 과정에서 학생들은 투자자의 시각에서 발표를 평가하며 성장할 기회를 갖게 된다. 학생들이 발표를 듣고 투자할 때 어떤 점에서 친환경적이고 안전한지 주식 종이 위에 적게 하기 위해 종이 주식은 일부러 색을 연하게 만들었다.

## (3) 평가 기준

친환경 창업 프로젝트의 평가 기준 예시는 다음 표와 같다.

| 평가 요소 | 채점 기준 | 배점 |
| --- | --- | --- |
| 회사소개,<br>상품소개 | 회사의 비전과 미션을 명확히 제시하고, 친환경적이고 안전한 상품의 특징과 장점을 구체적으로 설명함. 상품이 환경에 미치는 긍정적인 영향과 소비자에게 제공하는 안전성을 체계적으로 분석함. | 매우 우수 |
| | 회사의 비전과 미션을 제시하고, 친환경적이고 안전한 상품의 주요 특징을 설명함. 상품이 환경에 미치는 영향과 소비자에게 제공하는 안전성을 설명할 수 있음. | 우수 |
| | 회사의 비전과 미션을 부분적으로 제시하고, 친환경적이고 안전한 상품의 일부 특징을 설명함. 상품의 환경적 영향과 소비자 안전성에 대해 제한적으로 설명함. | 보통 |
| | 회사의 비전과 미션을 간단히 언급하고, 친환경적이고 안전한 상품에 대한 설명이 부족함. 상품의 환경적 영향과 소비자 안전성에 대한 이해가 미흡함. | 미흡 |
| | 회사의 비전과 미션을 언급하지 않거나 불명확하며, 친환경적이고 안전한 상품에 대한 설명이 거의 없음. 상품의 환경적 영향과 소비자 안전성에 대한 인식이 부족함. | 매우 미흡 |

| 평가 요소 | 채점 기준 | 배점 |
|---|---|---|
| 예상 고객,<br>기대 효과 | 예상 고객의 특성과 요구를 깊이 있게 분석하고, 친환경적이고 안전한 상품이 고객에게 미치는 긍정적인 기대 효과를 구체적으로 설명함. | 매우 우수 |
| | 예상 고객의 특성과 요구를 설명하고, 친환경적이고 안전한 상품이 고객에게 미치는 기대 효과를 설명할 수 있음. | 우수 |
| | 예상 고객의 특성을 부분적으로 설명하고, 친환경적이고 안전한 상품의 기대 효과에 대한 설명이 제한적임. | 보통 |
| | 예상 고객에 대한 설명이 부족하고, 친환경적이고 안전한 상품의 기대 효과에 대한 이해가 거의 없음. | 미흡 |
| | 예상 고객에 대한 언급이 없으며, 친환경적이고 안전한 상품의 기대 효과에 대한 설명이 전혀 없음. | 매우 미흡 |
| 가격 책정 | 상품의 가격 책정 기준을 명확히 제시하고, 이윤 계산 과정을 체계적으로 설명함. | 매우 우수 |
| | 상품의 가격 책정 기준을 설명하고, 이윤 계산 과정을 설명할 수 있음. | 우수 |
| | 상품의 가격 책정 기준을 부분적으로 설명하고, 이윤 계산에 대한 이해가 제한적임. | 보통 |
| | 상품의 가격 책정 기준에 대한 설명이 부족하고, 이윤 계산에 대한 이해가 거의 없음. | 미흡 |
| | 상품의 가격 책정 기준에 대한 언급이 없으며, 이윤 계산에 대한 설명이 전혀 없음. | 매우 미흡 |
| 마케팅 | 효과적인 마케팅 전략을 구체적으로 제시하고, 친환경적이고 안전한 상품의 특성을 강조하는 다양한 방법을 체계적으로 설명함. 소비자에게 상품의 가치를 효과적으로 전달하는 방안을 제시함. | 매우 우수 |
| | 마케팅 전략을 설명하고, 친환경적이고 안전한 상품의 특성을 강조하는 방법을 설명할 수 있음. 소비자에게 상품의 가치를 전달하는 방안에 대해 이해하고 있음. | 우수 |
| | 마케팅 전략에 대한 설명이 부분적으로 이루어지고, 친환경적이고 안전한 상품의 특성을 강조하는 방법에 대한 이해가 제한적임. 소비자에게 상품의 가치를 전달하는 방안에 대한 설명이 부족함. | 보통 |
| | 마케팅 전략에 대한 설명이 부족하고, 친환경적이고 안전한 상품의 특성을 강조하는 방법에 대한 이해가 거의 없음. 소비자에게 상품의 가치를 전달하는 방안에 대한 인식이 미흡함. | 미흡 |
| | 마케팅 전략에 대한 언급이 없으며, 친환경적이고 안전한 상품의 특성을 강조하는 방법에 대한 설명이 전혀 없음. 소비자에게 상품의 가치를 전달하는 방안에 대한 이해가 전혀 없음. | 매우 미흡 |

1장

2장

3장

4장

3장 AI·에듀테크로 할 수 있는 기술·가정 수업 사례

## 3. 프로젝트 결과물

### 1) 창업 계획서

창업 계획서는 수기로 작성하는 방법을 추천한다. AI로 정보 검색을 하고 복사, 붙여넣기를 하여 제출한 내용을 학생은 금방 잊어버리고 만다. 하지만 각자 정보 검색 후, 유의미한 내용을 모둠별로 토론하여 정리된 내용만을 적으면 창업 계획서의 질이 훨씬 더 높아진다.

다음은 학생이 수기로 작성한 창업 계획서와 회사 로고, 상품의 스케치이다.

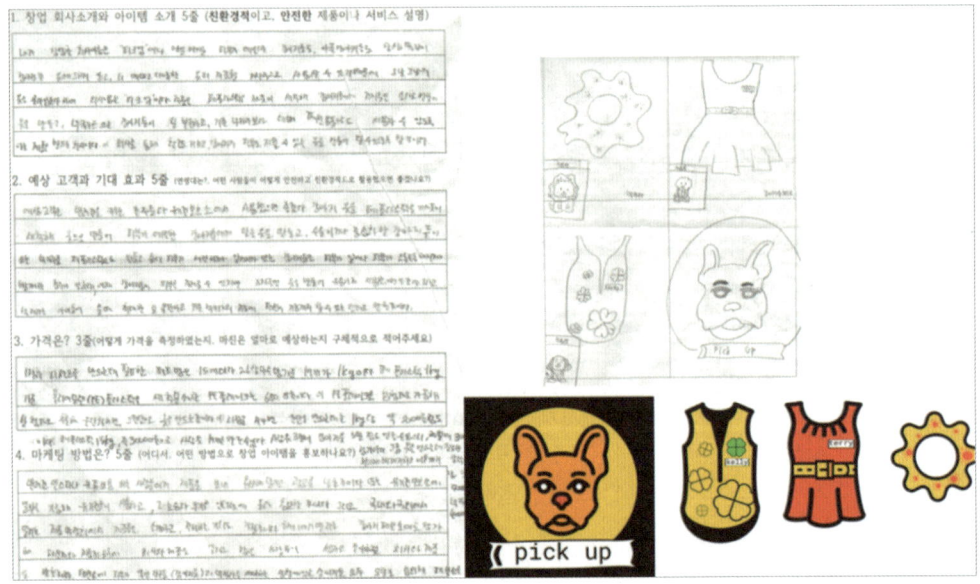

### 2) 회사 홈페이지

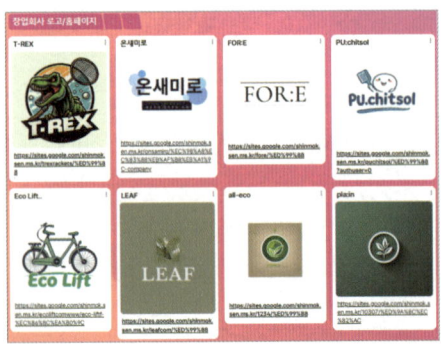

다음은 패들렛으로 학생들이 제출한 회사의 로고와 홈페이지의 모음, 친환경 화장품 창업 회사(LEAF)의 홈페이지이다. 회사 로고와 이름, 어떤 회사인지를 소개하고 있으며, 상품 이미지도 첨부한 모습이다.

홈페이지의 상품 소개란에 상세하게 가격은 얼마이며, 어떤 재료가 들어가서 친환경적이고 안전한 상품인지를 이미지와 함께 설명하고 있다.

## 3) 투자 설명회

학급의 투자 설명회에서 교실 칠판에 부착하기 위해 만든 회사 소개와 종이 주식을 붙일 수 있는 칸을 마련하여 실제로 수업 시간에 활용한 것이다.

필자의 수업에서 투자 설명회를 실시하여 종이 주식을 붙인 모습이다. 학생들은 자신의 창업한 회사의 상품을 투자받기 위해 진지하게 임했으며, 다른 모둠의 발표에서도 회사 홈페이지를 둘러보며 종이 주식에 자신이 투자할 회사의 피드백을 성심성의껏 작성했다.

## 4. 마무리하며

친환경적이고 안전한 창업 프로젝트를 통해 학생들이 AI를 활용하여 창업 과정을 경험한 것은 의미 있는 교육이었고, 실제로 사전과 사후에 설문조사와 인터뷰를 실시하였는데, 여러 가지의 만족스럽다는 응답을 받았다.

> "AI를 사용하여 창업도 하고 마음일기도 적다 보니 정보 기기를 자유자재로 사용할 수 있게 되었다. 그동안 그림 그릴 때 종이에 그리고 색칠까지 내가 직접 했었는데 AI를 사용하게 되면서부터 직접 그리고 색칠까지 안 해도 프롬프트를 작성했을 때 원하는 이미지가 딱딱 나와서 좋았다. 내가 원하던 그림이 나오니까 말 그대로 창업에만 신경 쓸 수 있어서 편리했다. 그리고 AI 마음일기에 나의 마음을 솔직하게 쓸 수 있어서 좋았다."
>
> -학생1 인터뷰 중 발췌-

그동안 프로젝트 수업에서 주제보다는 그림 실력이 결과물의 완성도를 좌우했다면, 이제 생성형 AI와 디지털 도구의 도움으로 주제와 관련된 본질적인 내용에 더 힘쓸 수 있었다는 내용이었다.

> "AI 마음일기를 쓰다 보니 나를 다시 돌아볼 수 있는 시간이 생겼다. 성찰일기 덕분에 창업에서 스트레스 받는 부분이 생기면 스스로 화를 조절할 수 있었다. AI로 상품을 만들 때 내가 모르는 분야는 바로 정보 기기로 자료 조사하면서 검색해서 편리했다. 상상해서 만든 상품을 다른 사람들에게도 이미지로 만들어 보여줄 수 있어서 뿌듯했다. 창업 수업 덕분에 AI 사용을 많이 해서 정보 기기에 빠르게 익숙해질 수 있어서 좋았다."
>
> -학생2 성찰일기 중 발췌-

그동안 학생의 머릿속에 있는 결과물을 공유하기가 어려웠는데 이제는 이미지를 활용하여 다른 학생들에게 보여 줄 수 있다는 점과 스스로를 돌아보게 된 점, 정보 처리 능력이 향상된 것을 만족스러워했다.

이 외에도 창업 프로젝트는 단순히 이론에 그치지 않고, 실제 소비자 문제를 인식하고 이를 해결하는 능력을 기르는 데 큰 도움을 주어 학생들의 창의적 사고를 증진시켰다. 특히, 학생들이 자신만의 친환경적이고 안전한 상품을 기획하고 발표하는

1장

2장

3장

4장

3장 AI·에듀테크로 할 수 있는 기술·가정 수업 사례

경험은 실천적 문제 해결 과정 중 성장할 수 있는 좋은 기반이 되었다. 이러한 과정은 실제 창업 과정을 이해하고, 협업과 소통 능력을 자연스럽게 키울 기회를 제공했다. AI로 홈페이지를 제작하며 디지털 소양 능력까지 강화할 수 있었다. 학생들은 디지털 활용 능력과 창업에 대한 자신감을 얻고, 자기 아이디어를 실제로 구현해 내는 경험과 관심 있는 진로 분야를 알아보는 과정을 통해 앞으로의 진로 선택에도 긍정적인 영향을 미치리라 기대한다. 더불어 친환경과 지속 가능성에 대한 인식을 높이며 창업을 통해 사회적 책임감을 느끼게 되는 것은 올바른 환경관과 직업관을 세우는 소중한 경험이 되리라고 생각한다.

# 3-2. 나만의 주택 만들기 프로젝트

## 1. AI·에듀테크 사용 의도

필자는 수업에서 주로 학생들이 문제 해결 활동을 하는 실습 수업을 많이 진행하는 편이며, AI·에듀테크 활용 수업의 장점이 많아 수업 진행에 많은 도움이 된다. 학생 및 교사 관점에 따라 AI·에듀테크 활용 수업의 장점을 소개하면 다음과 같다.

### 1) 학생 관점

### (1) 학생의 학습 동기 유발을 위한 도구

#### ① AI로 관심사가 아닌 수업 주제 다루기

학생에게 생소한 주제에 대한 문제 해결 활동에도 주제에 대한 세부적인 설명이나 해결 방향을 정하는 것에 있어서 AI를 활용할 수 있도록 안내한다. 학생의 관심이 없는 주제에 대한 수업을 진행할 때 교사는 학생이 수업에 참여하게 하기 위해 동기 유발이 매우 중요하다. 이때 AI 도구를 시용하여 학생이 문제 해결에 직접적인 도움을 받을 수 있어 동기 유발에 효과적이다.

#### ② 수업의 속도를 조절하여 학습 목표에 맞는 수업 활동이 가능

아이디어를 구상하는 것에 뛰어난 능력을 갖추고 있지만 표현하는 능력이 떨어지는 학생에게 AI 및 에듀테크 도구는 표현 능력을 좋게 만들어 줄 수 있다. 글이나 말보다 그림으로 확인할 수 있는 직관적인 설명이 가능하여 상대방에게 아이디어를 이해시키는 것도 도움이 되기에 각자 의견에 대한 소통의 시간을 조절할 수 있도록 도움을 줄 수 있다.

나는 블랙과 화이트가 섞이고 주변엔 이 건물외엔 다른건물은 없고 나무가 있었으면 좋겠어 좀 더 나가면 도시가 있는 집 바깥쪽엔 깔끔한 화이트톤인 수영장이 있으면 좋겠어

자연 느낌이고 마당에 잔디가 있고, 지붕은 빨간색이고 1층 집이고 마당 앞에 나무 벤치가 있고 아이보리 색의 담장에 하늘색 대문이 두개가 있는 집을 그려줘.

도시 외곽에 있는 2층짜리 단독 주택 현관에 있는 마당을 만들어줘, 시설은 큰 워터슬라이드와 수영장이 있고, 트램펄린 같은 놀이기구가 있고 기능은 여가 활동, 가족과의 놀이 공간이야

학생들이 생성형 AI로 생성한 이미지와 작성한 프롬프트 내용

학생의 아이디어를 표현하고 정리하는 시간도 크게 단축시켜 줄 수 있기 때문에 메이커 활동으로 진행되는 수업에서는 본 활동 시간인 실습 활동에 비중을 높일 수 있어 교사의 효율적인 수업 구성을 가능하게 한다.

**③ 학생들에게 익숙한 디지털 기기 활용 수업으로 수업에서 다양한 경험 가능**

아이디어 구상이나 모둠활동 시 의견 나눔과 같은 소통이 필요한 과정에서 학생 한 명에게 집중되는 부담을 줄이고 모두가 참여할 수 있는 환경을 만들 수 있어 모든 학생이 수업 활동에 참여하는 데 도움이 된다.

아이디어 구상에서는 디지털 기기를 활용해 그림을 그려 직관적인 아이디어 표현이 가능하기에 의견의 소통을 쉽게 할 수 있고, 문제 해결 과정에서는 작품의 디자인을 쉽고 편하게 구성하고 모둠별로 공유가 용이해 완성도 높은 산출물 제작에 도움이 되어 학생들의 수업 참여에 도움이 된다.

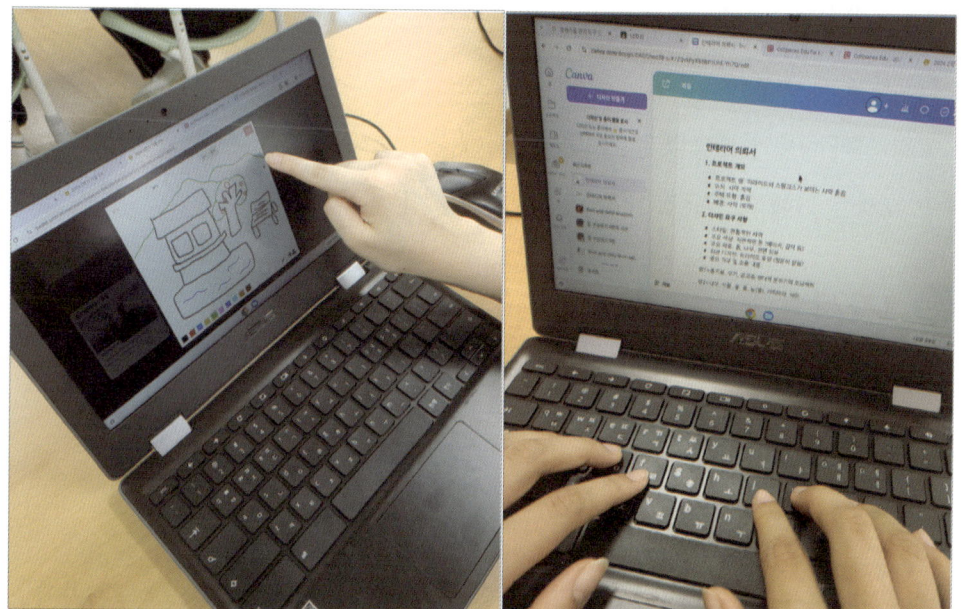

디지털 기기 활용 그림 그리기와 문서 작성 내용

## (2) 모둠 활동 시 학생들의 학습 참여에 도움

### ① 모둠원 모두가 참여하는 수업 분위기 조성

모둠 과제에서 소수의 학생만 하게 되는 가장 큰 이유는 무엇을 해야 하는지 모르거나 제작하는 과제의 경우 한 명이 주요한 과제를 주도적으로 하게 되어 이외의 학생들은 자연스럽게 흥미가 떨어지게 되는데, 에듀테크 활용 시 모든 학생이 동시에 과제를 할 수 있기 때문에 과제에 모두 집중할 수 있다는 장점이 있다.

디지털 기기의 큰 장점인 공유 기능으로 모둠원 모두와의 빠른 소통이 가능하여 학생들이 원하는 문제 해결을 할 수 있도록 하는 것에 도움이 된다.

## (3) 학생들의 작품을 서로 확인하고 동료 평가 참여 독려 용이

### ① 평가도 학습 과정으로 인식하고 참여에 도움

시간과 장소의 제약 없이 학생들이 서로의 작품을 확인하고 동료 평가를 할 수 있으며, 교사 및 동료의 피드백 확인으로 작품의 완성도를 높이는 과정이 용이하여 질 높은 산출물 제작이 가능하다.

## 2) 교사 관점

### (1) 과제 제시 용이

구글 클래스룸과 패들렛을 사용하여 과제 제시를 쉽고 빠르게 할 수 있으며 학생들이 과제를 이해하기 쉽게 내용을 구성하는 데 용이하다.

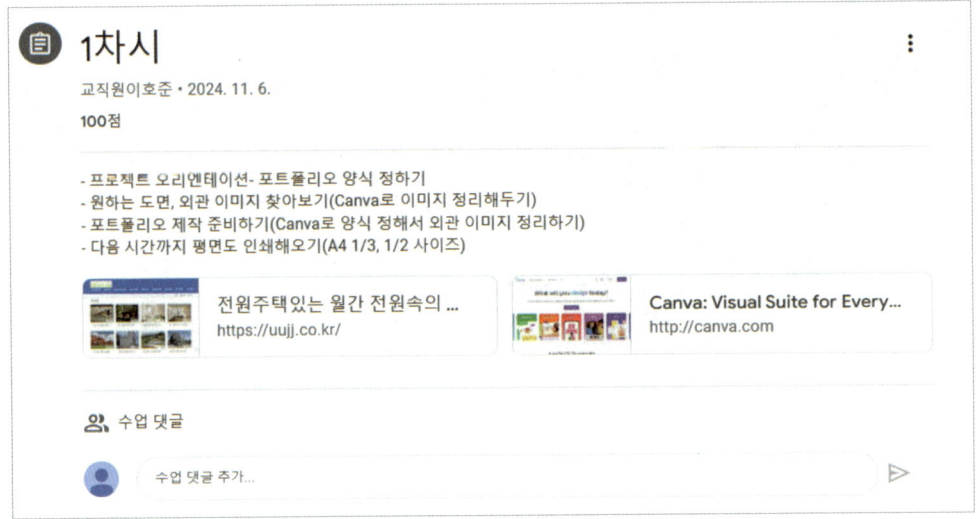

과제 제시 및 링크 공유

학생들의 수준 및 상황에 맞게 제시된 과제의 본래 활동뿐만 아니라 세부적인 내용까지 빠르게 수정하고 적용할 수 있어 수업의 학습 효과를 높이는 데 도움이 된다.

### (2) 과제 관리 용이

프로젝트 수업의 경우 학생들이 직접 매시간 해결한 과제를 분류 및 저장하며 학생들 스스로가 과제의 속도 조절 및 확인을 할 수 있으므로 수업의 연속성을 높일 수 있어 학생들이 과제의 책임감을 느끼고 참여할 수 있다. 또한, 우수한 사례를 공유하기 쉽기에 문제 해결을 어려워하는 학생들에게 해결 방향을 잡는 데 도움을 줄 수 있다.

### (3) 과제 평가 및 공유 용이

실시간으로 과제를 평가하고 피드백 제공이 쉽기에 학생들에게 관련 내용을 공유하여 자기 주도적인 과제 수행을 독려할 수 있다. 과제 관리, 과제 평가에서 학생에게 제공하는 피드백 내용과 세부적인 평가 내용을 특정 시간이 지나도 확인할 수 있어 학생들의 실습 과제 완성도에 도움을 줄 수 있다.

## 2. 프로젝트 단계(생각하기-활동하기-평가하기)

건설 기술 단원의 문제 해결 활동으로 '나만의 주택 만들기 프로젝트'를 실시하였다. COVID-19 이후 비대면 수업, 재택근무 등 집에서 생활하는 시간이 늘어나 자신이 살고 있는 집, 특히 공간에 대한 관심이 커져 인테리어에 대한 관심이 높아지게 되어 관련 산업이 많이 성장하게 되었다. 단순히 내 집을 아름답게 꾸미는 것에서 더 나아가 효율을 중시하는 현대 트렌드에 맞춰 보다 실용적이고 효율적인 공간 이용을 추구하여 독창적인 아이디어를 표현하며 개성을 드러낼 수 있다는 점을 실생활 문제 해결 실습 주제로 적용하게 되었다. 수업 주제에 맞게 학생들이 직접 주택을 만들기 위해 가상의 특정 인물을 설정하고 특정 인물이 희망하는 공간을 구성할 수 있도록 자기 맞춤형 실습 수업을 진행하여 학생들이 주도적으로 과제를 할 수 있도록 하였다. 생성형 AI 도구의 사용으로 특정 인물 설정을 도와 의뢰인을 만들고 의뢰인의 요구 사항에 맞는 주택의 내부, 외부 및 특징의 아이디어를 구상하여 주택 만들기 과제에 생소한 학생들에게 학습에 어려움을 줄일 수 있도록 하였다.

'나만의 주택 만들기 프로젝트'는 메이커 교육 모형 중 *TMSI 모형을 적용하여 수업을 구성하고 모둠 학습으로 진행하였으며 자세한 내용은 다음과 같다.

| 주요 과정 | 내용 | 차시 | 활용한 AI·에듀테크 |
|---|---|---|---|
| 틴커링 (Tinkering) | • 딥페이크를 활용한 생성형 AI 윤리 교육<br>• 생성형 AI 도구 소개: 뤼튼<br>• 프롬프트 작성 방법 소개 및 실습<br>• 생성형 AI 도구를 활용한 아이디어 구상 및 구체화: 뤼튼 | 3 | 크롬북, 패들렛, 뤼튼 |

| 주요 과정 | 내용 | 차시 | 활용한 AI·에듀테크 |
|---|---|---|---|
| 메이킹 (Making) | • 주택 만들기: 코스페이시스, 틴커캐드<br>• 메이킹 과정 포트폴리오 제작: 패들렛<br>• 발표 자료 제작하기: 캔바 | 4 | 크롬북, 캔바, 코스페이시스, 틴커캐드, 패들렛 |
| 공유하기 (Sharing) | • 주택 제작 결과 내용 발표: 캔바<br>• 직접 체험으로 결과 공유: 코스페이시스<br>• 산출물에 대한 피드백: 패들렛 | 1 | 크롬북, 캔바, 코스페이시스, 패들렛 |
| 개선 및 적용 (Improving) | • 동료 피드백 확인 및 자기 성찰: 패들렛<br>• 학생 개개인의 자기 평가표 작성<br>• 수정 내용 적용 및 마무리 | 1 | 크롬북, 코스페이시스, 패들렛 |

### ＊ TMSI 모형이란?

메이커 교육의 교수학습 모형 중 하나로 흥미 및 동기 유발, 도구 및 재료 기능 습득, 아이디어 산출 및 수렴이 진행되는 'Tinkering' 단계, 실제 만들기 활동을 하는 'Making' 단계, 결과를 공유하는 'Sharing' 단계, 피드백에 따른 결과물 분석 및 개선의 'Improving' 단계로 이루어져 있다.

### 1) 생각하기

#### (1) 틴커링 단계(수업 준비 단계)

수업 준비 단계에서는 AI 도구 사용 전 교육부의 지침에 따라 필수적으로 AI 윤리 교육을 실시하였으며 딥페이크 영상 제작으로 생긴 우리 사회에 야기된 심각한 문제점에 대해 학생들이 의견을 나누며 생성형 AI 도구 사용 시 유의 사항을 책임감 있는 태도를 가지고 올바르게 사용해야 한다는 것을 느끼도록 하였다.

윤리 교육 후 생성형 AI 도구는 '뤼튼'을 사용하였으며, 사용자가 원하는 결과물을 얻기 위해 프롬프트 작성 방법을 안내하고 실습해 보도록 하였다. 특히 거짓 정보를 그럴듯하게 만들어 내는 할루시네이션을 조심할 수 있도록 하여 AI로 만들어 낸 정보의 내용 확인이 필요하다는 것을 안내하였다. 이를 위해 '뤼튼'의 기능으로 어떤 사이트 정보를 근거하여 내용을 만들어 냈는지 확인하고 올바른 사용을 할 수 있도록 하였다. 이후 AI 도구 사용에 대해 어느 정도 숙지한 뒤 원하는 주택을 만들기 위한 특정 인물을 만들어 내고 의뢰인으로 설정하여 주택을 만들기 위한 배경 상황을 만드는 활동을 AI 도구로 진행할 수 있게 하였다.

### ① AI 윤리 교육

딥페이크 영상 제작에 관한 피해자 발생 내용의 시청각 자료로 우리 사회에 발생한 문제를 인식하게 하고 이에 따라 학생들이 서로의 의견을 공유할 수 있도록 하였다. 이때 사용한 에듀테크 도구로는 '패들렛'을 사용하였으며 학생들이 따로 로그인하지 않아도 되며 사용 방법이 어렵지 않아 의견 공유 활동에만 집중할 수 있어 원활한 수업이 진행되었다.

다음 예시를 보면 노란색 배경의 '긍정적 영향' 글씨와 빨간색 배경의 '부정적 영향' 글씨가 적혀 있으며, 학생들이 작성한 의견이 게시되어 있다. 필자가 직접 준비한 이미지를 '패들렛'에 배경 이미지로 설정하여 학생들이 해당 위치에 자신의 의견을 남기는 활동을 진행한 내용이다.

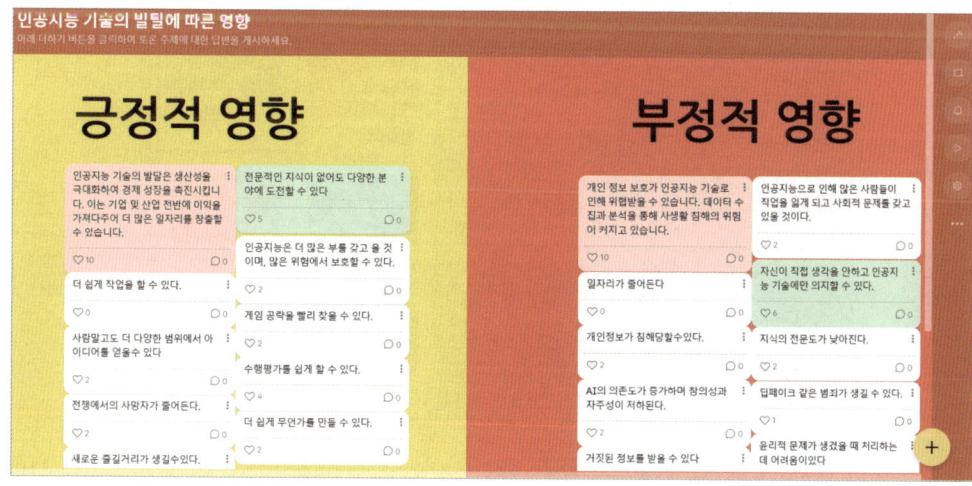

직접 배경을 설정하는 방법은 [설정] - [디자인] - [배경 화면] - [업로드]를 통해 원하는 이미지를 설정하여 사용할 수 있다.

학생이 작성한 의견 게시물을 원하는 위치에 편하게 이동시킬 방법은 '패들렛'의 게시물 배치 방식을 선택할 수 있도록 [설정] - [레이아웃] - [캔버스]로 설정을 구성한다.

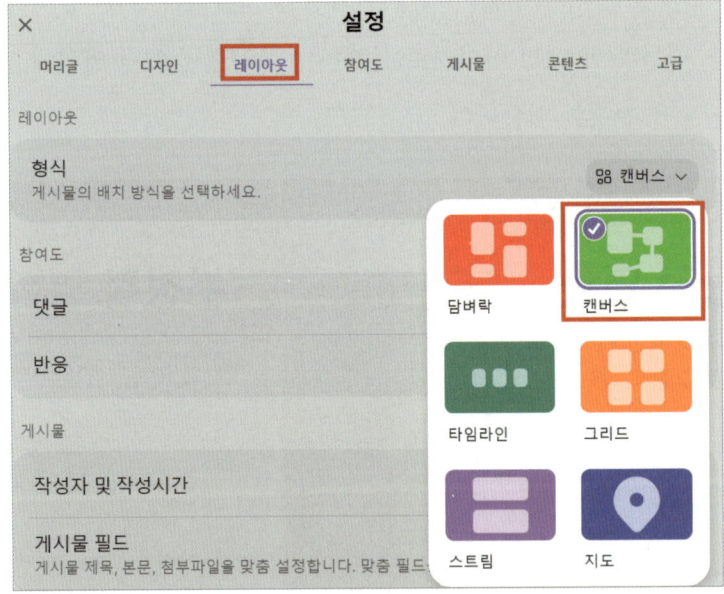

학생들의 의견 공유 시 좋은 의견에 대해 [설정] - [참여도] - [반응]에서 원하는 반응을 설정하여 학생들의 참여를 높이면 수업 내용 확인에 도움이 된다. 내용에 대한 선호도 파악을 빠르게 하기 위해서는 댓글보다 효과가 좋다.

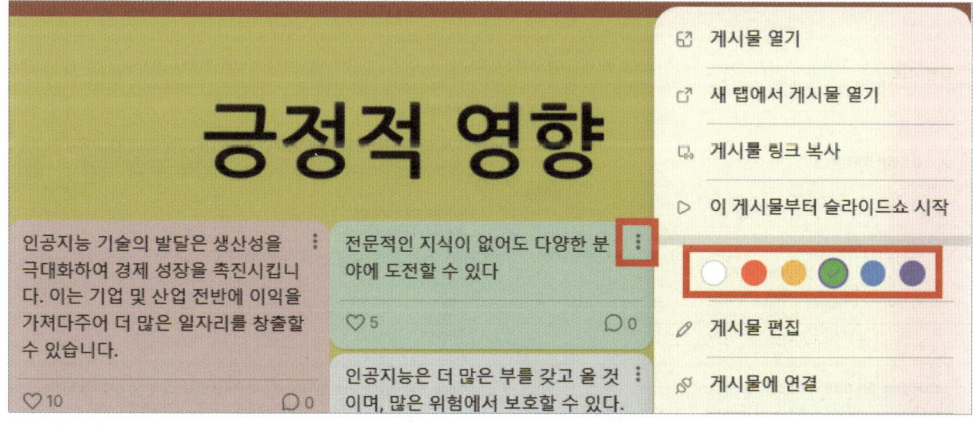

또한, 게시물의 색상 변경 기능을 활용하여 많은 반응을 받은 게시물을 강조하면서 발표 내용을 정리할 수도 있다.

### ② 프롬프트 작성 방법 안내

생성형 AI 도구를 사용하기 전 프롬프트 작성 방법을 안내하여 어떤 방법으로 작성해야 사용자가 원하는 결과물을 얻는 데 도움이 되는지에 대해 예시 및 비교를 할 수 있는 활동을 선행한다. 이를 위해 AI 코디니 사이트(https://aicodiny.com)에서 프롬프트 제작에 관한 체험으로 프롬프트 구성 방법을 이해한다. 다음 예시와 같이 [홈화면] - [만들기] - [AI학습] - [생성 모델] - [초거대 언어 모델]에서 내용을 확인할 수 있다.

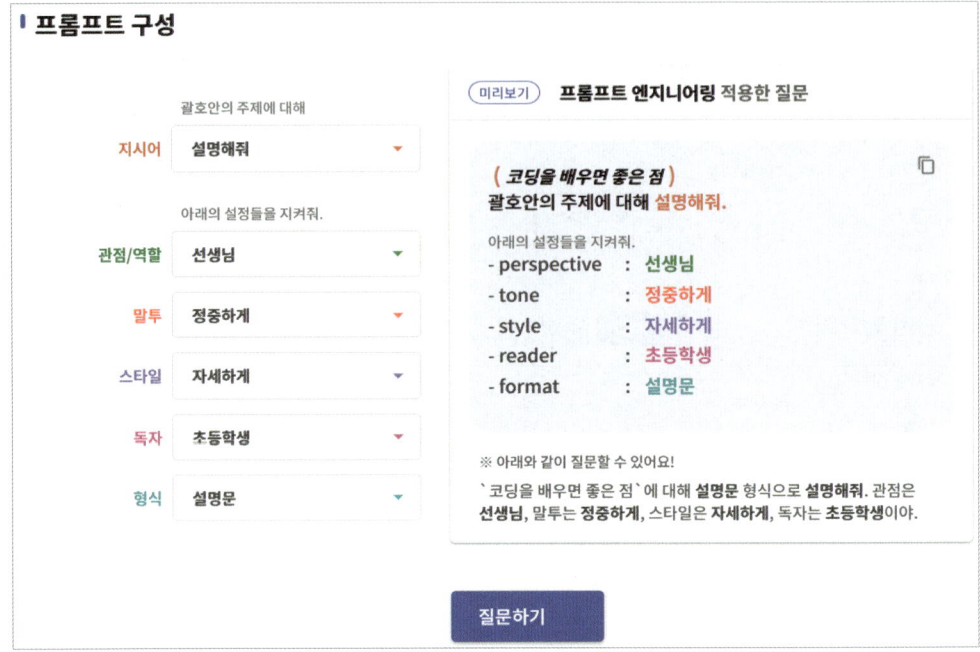

프롬프트 구성 준비 내용

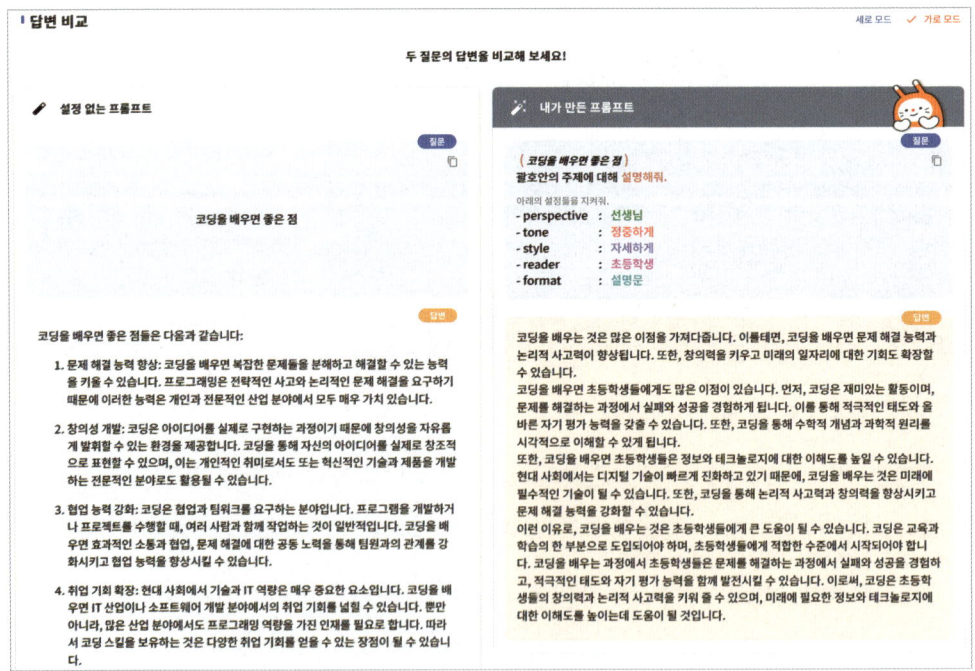

프롬프트 구성에 따른 답변 비교 내용

생성형 AI 도구를 사용할 때 유의해야 하는 것은 운에 따른 결과를 얻는 것이 아닌 효과적인 프롬프트 작성 방법을 사용하는 것이다. 많은 학생이 간단한 단어로 프롬프트를 작성하고 쉽고 빠르게 질이 높은 결과를 얻고 싶어 하기 때문에 생성형 AI 도구 사용에 만족하지 못하는 경우가 많다. 그리고 학생들이 생각하는 과정이 학습에서 필요한데 자칫 잘못하면 학생은 생각하는 과정과 내용이 없고 생성형 AI 도구가 만들어 주는 결과에 따라 끌려가게 될 수 있다. 그래서 학생들이 과제를 공유하거나 제출할 때 사용된 프롬프트 작성 내용을 포함할 수 있도록 안내하여 학생의 의도나 생각을 알 수 있도록 한다. 이러한 과정으로 학생들은 추후에도 피드백을 받고 적용하는 것이 비교적 쉬워지므로 과제의 완성도를 높이는 데 도움이 된다. 이후, 학생들은 뤼튼 도구를 활용하여 직접 프롬프트를 작성하고 과제를 수행할 수 있도록 한다.

### ③ 생성형 AI 도구를 활용한 이이디어 구상 및 구체화

본 프로젝트에서 AI 도구를 가장 많이 사용하는 부분으로 학생들의 수업 동기를 유발하는 데 도움이 될 수 있도록 구성하였다. 학생들은 집을 만드는 실습에서 관련 주제에 대한 개인의 흥미 및 자신감에 따라 수업 참여 태도의 차이를 보인다. 생성형 AI 도구는 학생 모둠별로 선호하는 조건에 따라 목표하는 방향으로 실습을 진행할 수 있도록 도와주며 구상한 아이디어를 이미지로 구체화하여 표현할 수 있기에 학생들이 소통에 필요한 시간이나 아이디어 전달의 오류를 줄일 수 있어 모둠원 모두의 수업 참여에 도움을 줄 수 있다.

AI 도구 사용 전 모둠별로 원하는 집을 만들기 위해 특정한 캐릭터를 설정한다. 캐릭터에 따라 집의 용도, 크기, 분위기 등을 정하는 것이 수월해지기 때문이며 학생들이 선호하는 인물은 학습 동기에 도움이 된다. 캐릭터 설정을 어려워하는 학생에게는 현실적이지 않아도 되며 좋아하는 애니메이션이나 영화의 주인공으로 선정할 수 있도록 하여 안내한다.

예시 이미지는 인기 애니메이션의 등장인물인 짱구에서 모티브를 얻어 의뢰인을 설정한 내용이며, 인물 및 주택의 이미지를 학생들이 뤼튼으로 직접 만든 결과물이다.

애니메이션의 캐릭터를 참고하여 원하는 집을 구상하기 때문에 모둠원과 쉽게 의사 결정을 진행하여 과제 진행 속도가 빠른 것을 볼 수 있었으며, 특히 아이디어를 구상하는 과제에 어려움을 겪는 학생들에게 방향을 잡는 데 도움이 되는 것을 볼 수 있었다.

다음으로는 학생들이 선정한 캐릭터가 집을 만들고 싶어 하는 의뢰인으로 가상 설정하여 집을 만드는 활동을 진행하게 한다. 의뢰인의 나이, 가족 구성원, 직업, 취미 등 주택 제작 아이디어 구상에 참고할 내용을 대략적으로 모둠별 상의한다. 상의한 내용을 토대로 뤼튼에 의뢰인의 취향에 맞는 주택을 만들기 위한 프롬프트를 입력해 모둠별로 세부적인 인테리어 의뢰서 내용을 완성한다. 인테리어 의뢰서에 필요한 내용도 다음 예시와 같이 뤼튼에 필요한 내용을 작성해 결과물을 얻어 진행한다.

아파트 인테리어 디자인으로 집을 변화시키고 싶어. 24평의 집 내부 전체를 다시 공사하여 새롭게 변화시키고 싶고 총 4명의 가족 구성원과 함께 살 집이야. 인테리어를 하는 곳에 어떤 내용을 소개해야 인테리어를 잘 할 수 있을지 알려줘.

## 💥 답변

아파트 인테리어를 새롭게 하려면 몇 가지 중요한 요소를 고려해야 합니다. 아래의 내용을 참고하면 도움이 될 것입니다.

1. **예산 설정**: 전체 프로젝트에 대한 예산을 정하세요. 자재, 가구, 인테리어 업체 비용 등을 포함해야 합니다.

2. **스타일 결정**: 가족 구성원 모두의 취향을 반영한 인테리어 스타일을 선택하세요. 현대적, 클래식, 스칸디나비아 스타일 등 다양한 옵션이 있습니다.

3. **공간 활용**: 24평의 공간을 효율적으로 활용할 수 있는 레이아웃을 구상하세요. 개방형 구조나 다용도 공간을 고려해보세요.

4. **가족의 라이프스타일**: 가족 구성원 각각의 필요를 고려하여 공간을 디자인하세요. 예를 들어, 아이들을 위한 놀이 공간이나 작업 공간 등이 필요할 수 있습니다.

5. **조명과 색상**: 조명 배치와 색상 선택은 분위기를 크게 좌우합니다. 자연광을 최대한 활용하고, 밝고 따뜻한 색상으로 아늑한 느낌을 줄 수 있습니다.

6. **자재 및 가구 선택**: 내구성이 좋고 관리가 쉬운 자재를 선택하세요. 또한, 가족의 생활 패턴에 맞는 가구를 선택하는 것이 중요합니다.

7. **전문가 상담**: 인테리어 전문가와 상담하여 디자인과 실용성을 모두 고려한 계획을 세우는 것이 좋습니다.

8. **진행 일정**: 공사 일정과 과정을 미리 계획하여 원활하게 진행될 수 있도록 합니다.

이러한 요소를 잘 고려하면 가족 모두가 만족할 수 있는 인테리어를 완성할 수 있을 것입니다. 궁금한 점이 더 있으면 언제든지 질문해 주세요!

인테리어 의뢰서 작성을 위해 뤼튼의 도움을 받는 내용

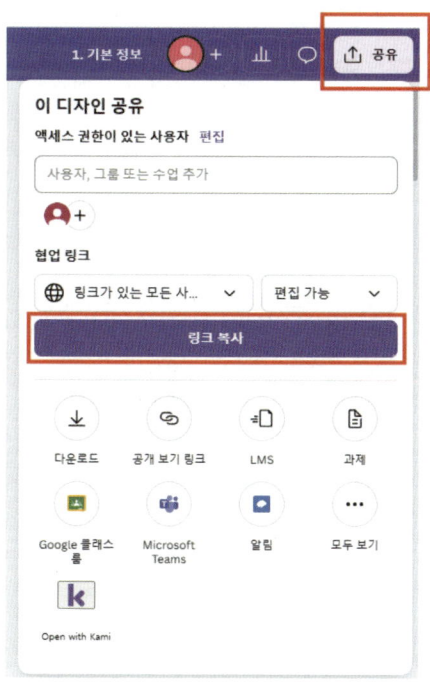

인테리어 의뢰서를 작성할 때는 캔바를 사용하며 작업 파일을 서로 공유하여 학생들이 서로 회의한 내용을 함께 작성할 수 있도록 한다.

공유 방법은 캔바 작업 화면의 우측 상단에 위치한 공유 버튼을 누르고 내용 중 [협업 링크] - [링크가 있는 모든 사용자] - [편집 가능] - [링크 복사]를 통해 작업 내용을 모둠원과 함께 작업을 할 수 있게 하였다.

사용자의 편의에 따라 공유하는 방법을 사용자 계정 추가로 진행할 수도 있다. 하지만 필자는 학생들이 부모님 계정으로 로그인되어 있는 가정의 컴퓨터로 과제 시 불편함을 겪는 학생들을 많이 보게 되어 [링크가 있는 모든 사용자]로 공유하게 되었다.

다음의 예시 이미지는 학생들이 캔바로 공동 작성한 인테리어 의뢰서의 일부로 가족 구성원, 주택의 공간 구성, 디자인 등을 작성하여 모둠원의 의견을 반영하였다. 뤼튼으로 내용 구성에 도움을 받고 캔바로 들여쓰기와 같은 문단 구성에 도움을 받아 글이 작성된 것을 확인할 수 있다.

---

**인테리어 의뢰서**

**1. 의뢰자 정보**

- **이름:** 엄마 아빠 형 형2 누나 누나 2

**2. 인테리어 할 공간**

- **공간 유형:** 전체 주택
- **공간 면적:** 200m2

**3. 인테리어 목적**

- **화이트 인테리어가 돋보이며, 우드와 블랙을 섞은 편안한 분위기를 원합니다.**
- 이 공간에서 **친구들과 모임을 갖거나, 가족과 편안하게 휴식할 수 있는** 환경을 조성하고 싶습니다.

**4. 선호 스타일**

- **스타일:** 모던한 편안한
- **색상:** 화이트을 기본으로 하고, 블랙과 우드로 바닥을 디자인 하고싶습니다.
  벽은 화이트으로, 바닥은 고급스러운 나무 재질로 원합니다.

**5. 특별 요청 사항**

- **블랙 원형테이블:** 거실 중앙에 블랙으로 시선이 쏠리는 **모던한 분위기를** 추구합니다
- **식물 :** 집안 곳곳에 산뜻함과 편안함을 느낄수 있도록 **식물을** 추가합니다

**6. 추가 정보**

- **가구:** 거실에는 편안한 소파와 커피 테이블을 두고, 벽면에 **아트 작품**이나 **사진**을 걸고 싶습니다.
- **수납:** 집안의 수납 공간을 효율적으로 활용하고 싶습니다. 벽면에 **맞춤형 선반**을 설치할 계획입니다.
- **자연 채광:** 큰 창문을 통해 자연광이 들어올 수 있도록 설계해 주세요.

**7.집 구조**

- **층계:** 2층
- **방 개수:** 6개
- **방 역할:** 수영장/드레스룸/침실x2/PC방/화장실

---

뤼튼과 캔바를 활용한 인테리어 의뢰서 작성 내용 일부

해당 과정에서 학생들은 인테리어 디자이너 직업이 하는 일에 대해 간접적으로 경험해 보며 학생들은 과제의 방향과 순서를 잡아 프로젝트를 진행하기에 집을 만드는 것에 생소한 학생들에게 교사가 세부적으로 확인하는 과정 없이 비교적 완성도 높은 결과물을 기대해 볼 수 있다.

학생들은 구상한 아이디어를 글로 표현한 뒤에 인테리어 의뢰서 내용에서 주택의 외관과 내부에 대한 설명을 이미지로 구체화하여 이해를 도울 수 있게 한다. 이미지 역시 뤼튼을 사용하여 생성해 내며 인터넷상의 이미지를 찾지 않아도 프롬프트 작성으로 원하는 디자인을 쉽게 얻을 수 있어 정보 검색 소요 시간을 크게 줄일 수 있다.

주택 평면도와 같이 세부적인 작업이 필요한 부분은 생성형 AI 결과물의 질이 높지 않아 결과물을 수정하여 그리거나 인터넷상에 존재하는 주택 평면도를 활용하는 것을 추천한다. 다음의 예시 이미지는 뤼튼으로 만들어 낸 주택 평면도로 완성도가 뛰어나지는 않지만 원하는 집의 구조에 부합한다면 수정하여 진행할 수 있도록 한다. 이미지 수정은 캔바로 진행하게 하였으며 실시간으로 공동 작업이 가능하고 모둠원 모두가 동시에 내용을 확인 및 수정이 용이하여 원활한 모둠활동에 도움이 된다.

1장

2장

3장

4장

3장 AI·에듀테크로 할 수 있는 기술 가정 수업 사례

뤼튼으로 생성해 낸 주택 평면도

아이디어 구상 및 의사소통에 대한 장점뿐만 아니라 특히 프로젝트의 전반에서 에듀테크 도구 사용이 수업의 연속성을 높이는 데 도움이 많이 된다. 여러 차시의 수업으로 진행하므로 학생들은 이전 차시의 수업을 기억해 내야 하는 데 세부적인 내용을 기억하는 것에 도움을 받을 수 있어 학생들이 학습에 흥미를 유지하며 과제를 진행할 수 있다.

이때 다음의 예시와 같이 패들렛으로 교사는 공지 및 안내 사항을 전달하고 모둠별로 과제를 공유하여 학생들에게 자기 주도적인 과제 진행을 할 수 있도록 하며 빠르게 내용을 파악하는 데 도움을 줄 수 있다.

필자는 가장 좌측 열에는 교사의 공지 및 안내 사항을 정리해 두고 다음 열부터 각 모둠별로 과제를 수행하여 게시하도록 하여 한눈에 과제를 확인할 수 있도록 하였다. 학생들에게 과제 수행을 위해 복잡한 접근을 요구한다면 도구에 대한 수업을 매시간 해야 하는 상황이 생길 수 있는데, 패들렛은 과제의 쉬운 접근을 가능하게 한다.

다른 모둠 학생들의 게시판에 과제를 실수로 올리는 문제나 자기 모둠의 아이디어를 다른 모둠의 학생들에게 보이는 것이 불편한 상황이라면 모둠별 구분 링크를 통해 게시판에 접속하게 하여 모둠끼리 작업을 할 수 있게 할 수 있다. 게시판의 가장 상단의 모둠명(섹션명) 우측의 점 세 개를 눌러 [구분 룸 링크 복사]를 통해 특정한 모둠의 과제만 볼 수 있는 링크를 제공할 수 있다.

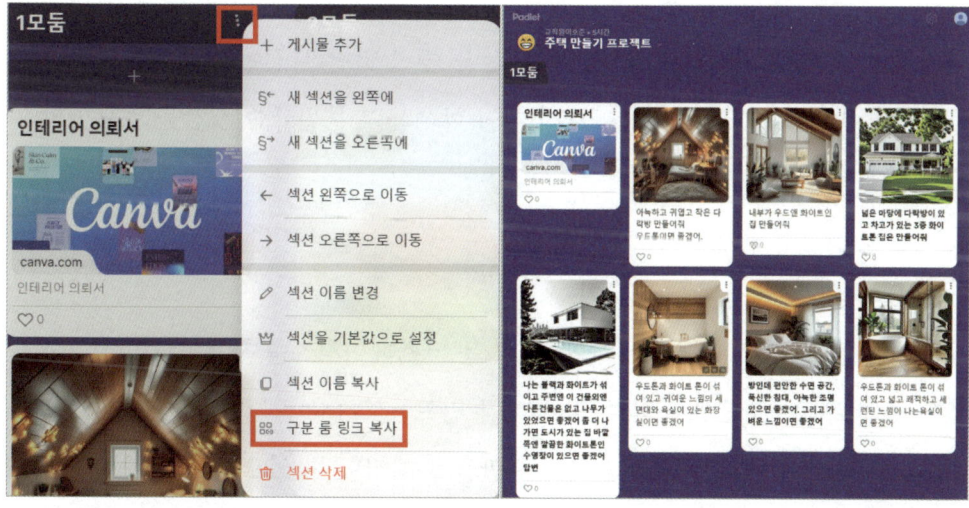

다음 예시와 같은 화면이 나오는 경우는 교사의 계정으로 접속하지 않았을 때 나오는 경우로 교사가 다른 계정으로 패들렛에 접속하지 않았는지 유의하도록 한다.

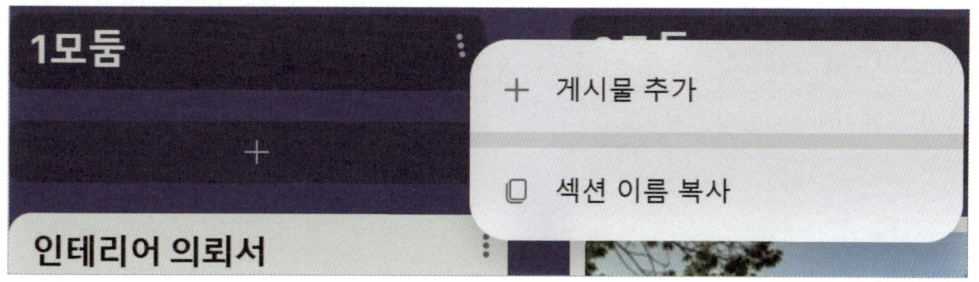

## 2) 활동하기

### (1) 메이킹 단계

메이킹 단계에서는 이전 단계에서 구상한 아이디어를 토대로 제작 실습을 진행하며 가상현실 환경을 구성하고 체험할 수 있는 에듀테크 도구인 코스페이시스(구 CoSpaces, 현 Delightex로 명칭 변경)로 주택의 주변 환경, 주택 내부 및 외부를 만들고 추가로 필요한 오브젝트는 3D 모델링 도구인 틴커캐드(Tinkercad)로 직접 만들어 추가할 수 있게 하였다. 실습 내용은 과제 제시 및 공유가 쉬운 패들렛에 포트폴리오로 만들어 매시간 어떤 작업을 진행하여 작품을 완성하였는지 알 수 있도록 하였다. 실습 내용은 모둠별로 진행하여 어떤 인물을 설정하고 주택을 완성하였는지 발표 디자인 도구로 캔바를 활용해 자료를 만들어 작품에 대한 소개 준비를 하게 하였다. 이때 캔바로 발표 자료 디자인 설정 및 실습 중 촬영한 사진이나 캡처한 이미지를 사용하여 발표 자료 제작에 용이하게 하여 학생들이 불필요한 시간을 소요하지 않도록 진행하였다.

### ① 가상현실에서 주택 만들기

가상현실 환경을 구성하고 체험할 수 있는 코스페이시스를 사용하여 미리 구상한 주택 주변 동네 구성, 주택 내부 및 외부를 만드는 실습을 진행한다. 코스페이시스 도구로 사용자가 원하는 배경과 물체를 만들고 배치할 수 있으며 모둠 구성원 학생들이 동시에 같은 과제에 접속해 작업을 진행할 수 있어서 모두가 참여하는 작업을 할 수 있으므로 학습 참여에 도움이 된다.

코스페이시스에는 다음 예시와 같이 카테고리에 따라 다양한 물체들이 구성되어 있으며 [주택] 카테고리에 있는 물체들을 활용해 주택의 내부 및 외부를 원하는 스타일로 제작할 수 있다.

코스페이시스 작업 화면

　원하는 물체가 없을 경우에는 직접 3D 모델링 작업이나 외부 사이트의 작품을 다운로드하여 3D 모델 파일을 작업 환경에 적용해 사용할 수도 있다. 지원하는 파일 형식이 정해져 있으므로 사용에 유의해야 한다.

　참고로 필자는 해당 프로젝트 전에 학생들과 3D 모델링 실습 수업을 틴커캐드로 진행하였고, 코스페이시스상에 없는 물체가 필요한 경우 학생들이 원하는 물체를 직접 만들어 적용할 수 있도록 하였다. 다음의 예시들은 학생들이 틴커캐드로 3D 모델링 실습 결과물로 좋아하는 캐릭터와, 식사 메뉴를 만들어 본 결과물이다.

또한, 단순하게 물체를 배치하는 작업만 하는 것이 아닌 작업 환경 내 물체들을 원하는 동작 및 상호작용이 가능하게 할 수 있도록 코드를 작성하여 생동감 있게 체험할 수 있어서 학생들이 흥미롭게 학습할 수 있다. 코드 작성은 블록형 프로그래밍 언어를 사용할 수 있어서 초보자도 쉽게 사용이 가능하며 프로그램 사용도 전반적으로 쉽다.

코스페이시스에서 사용 가능한 블록 코딩 내용

학생들의 코드 작성 수준에 따라 보다 자연스럽게 물체의 움직임을 만들 수도 있으며, 다양한 장면 연출들이 가능하기에 학생들의 코딩 능력을 고려하여 모둠 구성을 하면 실습 진행에 도움이 된다. 또한, 필자의 경우 수업을 진행하였을 때 주택의 문이 열리게 하는 방법이나 장면이 전환되는 방법 등 교실을 순회하며 기본적인 동작에 대한 코딩 작성 내용들을 안내하여 코딩 사용에 어려움을 겪는 학생들이 수업에 대한 흥미가 떨어지지 않도록 유의하였다.

주택 만들기 프로젝트를 위해 코스페이시스 환경에서 가장 먼저 해야 할 일은 다음의 예시와 같이 주택의 장면들을 나누는 것이다. 주요한 장면은 주택 내부 방의 개수를 고려하여 구성하는 것이 좋고, 모둠원끼리 각자 맡은 장면의 환경에서 과제를 진행하여 서로 같은 작업으로 방해가 되는 것을 방지할 수 있다. 분할된 장면들은 코딩을 적용하여 사용자가 체험 시 장면들을 이동하게 할 수 있기 때문에 자연스러운 장면 연출이 가능하다.

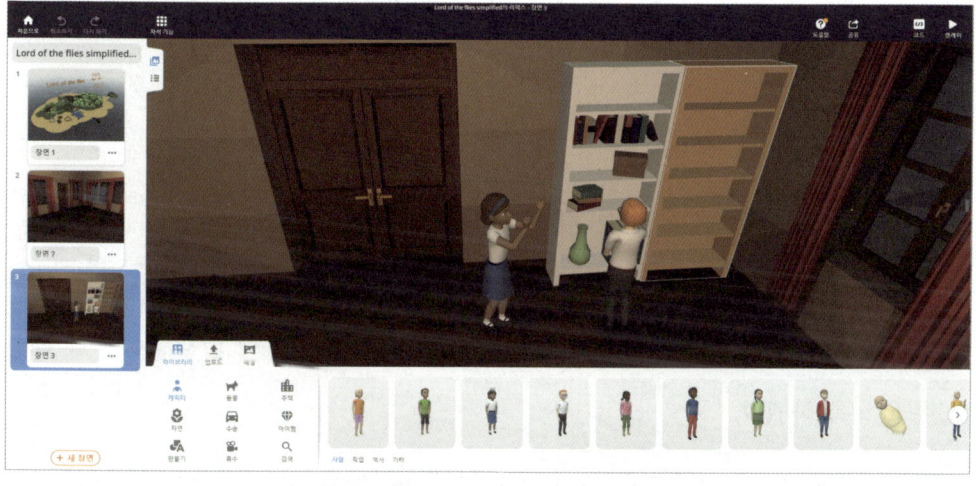

사용자가 장면 3에 접속하여 작업하고 있는 내용

다음으로는 바닥 이미지에 제작한 평면도를 적용하여 벽을 세워 집의 틀을 만들고 필요한 가구들을 배치한다. 아무것도 없는 빈 화면에서 주택을 만드는 것은 기존에 구상한 아이디어에 맞게 만들기 어렵기 때문에 다음과 같이 평면도를 활용하여 벽, 문, 창문과 같은 기본적인 틀을 잡을 수 있도록 하면 쉽게 작업하는 것에 도움이 된다.

3장 AI·에듀테크로 할 수 있는 기술·가정 수업 사례

작업 과정들은 패들렛을 활용하여 모둠별로 기록할 수 있도록 하였고, 학생들이 매시간 진행한 작업에 대해 공유하여 어떤 작업을 이전 시간에 진행했었는지 확인할 수 있도록 하였다.

프로젝트 결과는 발표 디자인 도구인 캔바를 활용하여 제작하였으며 예시 이미지에서는 아이디어 구상 내용, 생성형 AI 도구 사용 내용, 산출물에 대해 발표할 수 있도록 발표 자료를 구성한 내용의 일부이다.

디지털 기기로 그린 그림 내용(좌) / 생성형 AI 이미지 활용 내용(우)

코스페이시스 산출물 결과 내용

### 3) 평가하기

#### (1) 공유하기/개선 및 적용 단계

메이킹 단계가 마무리된 후 학생들이 모둠별 결과 작품에 대해 발표를 듣고 개인이 직접 체험해 볼 수 있도록 작품을 공유하는 시간을 가진 뒤 동료 평가를 할 수 있도록 하며 패들렛에 피드백 내용을 적어 작품에 대해 미흡한 부분을 보완할 수 있도록 돕게 하였다.

수업의 마지막 단계에서는 모둠별로 자기 평가를 실시하고 동료 및 교사의 피드백을 종합하여 수정할 내용을 보완하여 과제의 완성도를 높이는 과정으로 실습을 마무리하였다.

### ① 공유하기

학생들은 메이킹 단계에서 모둠별로 만든 발표 자료로 어떤 캐릭터를 만들어 프로젝트를 진행하였고 주택의 외부와 내부가 어떤 모습인지 간략하게 발표하여 작품을 공유한다. 발표 이후 코스페이시스상에서 직접 작품을 시연하여 동료들에게 세부적으로 작업한 내용을 발표함으로써 어떤 노력으로 작품이 완성되었는지 보완 설명한다. 발표가 모두 끝난 뒤에는 코스페이시스 작품 공유 링크를 통해 직접 체험하여 동료 작품을 평가하며 서로 피드백을 제공할 수 있도록 한다. 학생들의 동료 평가를 위해 다음 내용을 참고하여 평가를 진행할 수 있도록 안내한다.

> • 생성형 AI 사용에 있어서 윤리적인 문제가 있는 결과물이 있는지?
> • 인테리어 의뢰서 내용 중 주택 만들기에 필요한 정보들이 있는지?
> • 주택 만들기 결과물을 시간 내 제출하였으며 완성도가 높은지?

### ② 개선 및 적용 단계

동료 평가에서 받은 피드백 공유는 패들렛을 활용하였으며, 동료 평가 및 자기 평가를 통해 서로 작품에 대해 미흡한 부분을 보완할 수 있도록 하여 완성도가 높은 작품이 나올 수 있도록 안내한다. 자기 평가를 위해 다음 내용을 참고하여 평가를 진행할 수 있도록 안내한다.

> • 생성형 AI 사용에 있어서 프롬프트 작성 내용과 결과물이 의도한 것과 같은지?
> • 인테리어 의뢰서 내용이 모둠별 주택 만들기 아이디어 구상 내용과 같은지?
> • 주택 만들기 결과물을 시간 내 제출하였으며 완성도가 높은지?

### (2) 평가하기

주택 만들기 프로젝트의 평가 기준 예시는 다음 표와 같으며, 필요한 요소에 따라 배점이나 평가 요소, 채점 기준 등을 수정할 수 있다.

| 평가 요소 | 채점 기준 | 배점 |
|---|---|---|
| 생성형 AI<br>활용하기 | 효과적인 프롬프트 작성 방법으로 AI 기능과 특성을 뛰어나게 활용하였으며, 윤리적인 기준을 준수하였음. | 우수 |
| | 프롬프트 작성으로 AI 기능과 특성을 활용할 수 있으며, 윤리적인 기준에 적절하게 사용함. | 보통 |
| | 프롬프트 작성 방법에 대해 이해하지 못하여 AI 기능에 어려움이 있으며, AI 활용의 윤리적 기준을 고려하지 않음. | 미흡 |
| 인테리어<br>의뢰서<br>작성하기 | 캐릭터의 가족 구성원 수, 취미 등 주택 만들기를 고려한 인테리어 의뢰서 내용을 작성하였으며, 해당 내용에 적합한 이미지를 완성하여 추가함. | 우수 |
| | 캐릭터의 가족 구성원 수, 취미 등 주택 만들기를 고려한 인테리어 의뢰서 내용을 부분적으로 작성하였으며, 해당 내용에 어느 정도 부합한 이미지들을 완성함. | 보통 |
| | 캐릭터의 가족 구성원 수, 취미 등 주택 만들기를 고려하지 못한 인테리어 의뢰서를 작성하였으며, 해당 내용과 관련한 이미지 완성이 미흡함. | 미흡 |
| 가상현실<br>주택<br>만들기 | 인테리어 의뢰서와 일치하는 가상현실 주택을 완성하였으며, 코딩을 사용하여 내용늘이 자연스럽게 동작하도록 표현함. | 우수 |
| | 인테리어 의뢰서와 부분적으로 일치하는 가상현실 주택을 완성하였으며, 코딩을 사용하여 내용들이 동작하도록 표현함. | 보통 |
| | 인테리어 의뢰서를 통한 가상현실 주택 완성이 미흡하며, 코딩 사용이 부족하여 자연스러운 내용 표현이 미흡함. | 미흡 |

## 3. 프로젝트 결과물

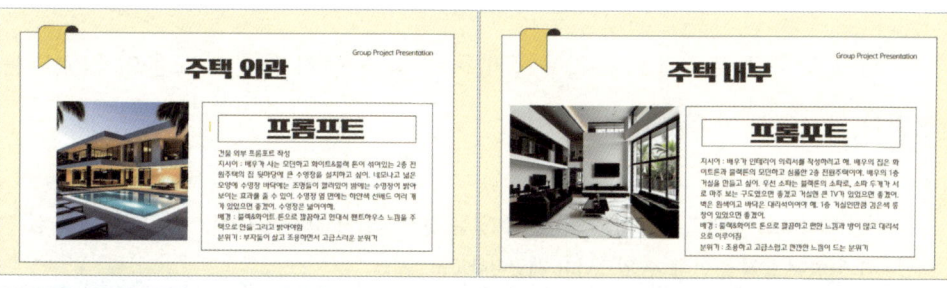

## 4. 마무리하며

본 수업 후 학생들은 다양한 반응을 보였고 AI·에듀테크 도구 사용 반응에 대한 학생 설문 내용을 정리하면 다음과 같다.

학생들은 모둠 활동 시 아이디어 구상을 위해 대화할 때 자신의 의견을 의도에 맞게 모둠원들과 소통한 부분에 대해 긍정적인 반응을 확인할 수 있었다.

> "말로 아이디어를 전달하지 않아도 (모둠원을) 쉽게 이해시킬 수 있다는 점이 마음에 들었어요."
> "아이디어가 별로라서 처음부터 다시 하게 되었을 때 AI가 새로운 과제 방향을 잡는 데 도움이 많이 되었다."
> "처음 말해 본 친구들과도 어색하지 않게 소통할 수 있어서 수업 부담이 적었다."

AI를 우리 사회에서 어떻게 사용할 수 있는지에 대해 이해하며 더 나아가 수업 활동과 관련한 진로를 생각해 보는 학생도 있었다.

> "AI가 우리 생활에 어떻게 사용될 수 있는지 몰랐는데 직접 경험해 볼 수 있는 유익한 시간이었다."
> "딥페이크 기술의 악용 사례에 불편한 마음이 들었고 올바른 사용을 위해 교육이 꼭 필요하다고 생각해요."
> "인테리어 디자이너라는 직업에 대해 알게 되어 좋았고 집을 짓는 건축가라는 꿈이 생겼습니다."

에듀테크 도구로 프로젝트 수업을 진행하여 학습 동기 유발에 도움이 되었다는 학생들의 의견도 많이 확인할 수 있었다.

> "가상현실 체험으로 집 만드는 수업은 표현할 수 있는 것이 많아서 좋았어요. 평소 코딩하는 것도 싫어했는데 원하는 동작을 만들 수 있으니까 재밌더라고요."
> "수업 시간이 왜 이렇게 짧은 거죠? 다른 캐릭터도 만들어서 하면 안 되나요?"

예전의 수업에서는 중학교 수업 기준으로 45분 수업 시간 동안 학생들이 주도적으로 실시하는 실습을 진행하기에 시간이 부족하여 수업 내용의 흐름이 끊기게 되어 학생들의 학습 동기를 떨어뜨리게 되고 지난 차시에 진행했던 과제의 흐름을 잊어버려 다시 과제에 집중하는 것이 방해되었다. 물론 블록 타임제나 타 교과와의 융합 수업과 같은 방안으로 문제를 어느 정도 해결해 보기도 하였지만, 수업 변경과 같이 애로 사항이 많아 매번 적용하기 어려운 제한점이 있었다.

위와 같은 문제 해결을 위해 본 수업에서는 학생 활동 시간의 효율적인 사용을 AI·에듀테크 도구로 해소하고자 하였다. 문제 확인, 아이디어 생성, 작품 제작 및 발표, 의견 공유 등의 활동에서 AI·에듀테크 도구로 과제 제시, 그림 그리기, 의견 나눔 등을 진행하여 시간 단축이 가능하였고 시간을 효율적으로 사용할 수 있어 학생들이 제한된 시간 안에 과제를 수행하는 데 도움이 되었다. 그리고 여러 차시로 구성된 프로젝트 수업에서는 학생들의 학습 동기 유발과 완성도 있는 결과물을 만들어 내기 위해서 수업의 연속성이 중요한데, 한눈에 알아보기 쉽게 과제를 저장 및 공유가 가능하여 지난 과제들을 기억하고 자기 주도적인 학습에 도움이 많이 되었다.

문제 해결을 위해 필자와 같이 비슷한 고민을 하는 교사가 많다고 생각한다. 새로운 도구의 사용은 어색하고 처음 해 보는 수업에 걱정이 앞서는 것도 사실이다. 하지만 시대는 빠르게 변화하고 있고 이에 따라 우리 교사들도 다양한 시도와 수업 연구를 통해 발맞춰 나가려 노력하고 있기에 더욱 발전할 수 있다고 생각한다.

1장

2장

3장

4장

3장 AI·에듀테크로 할 수 있는 기술·가정 수업 사례

# 3-3. 책임소비봇 프로젝트

## 1. AI·에듀테크 사용 의도

가정 교과의 인공지능 융합 수업은 어떻게 해야 할까?

이 물음에 대한 깊은 고민을 거쳐 설계한 수업이 바로 '책임소비봇 기획 프로젝트'이다. '책임소비봇 프로젝트'는 현대 소비 사회의 문제점을 발견하여 이를 해결하기 위해 소비자의 행동 변화를 유도하는 인공지능 챗봇 서비스를 기획하는, 학습자 주도 탐구 프로젝트이다.

학생이 기획한 책임소비봇 접속 화면 예시

인공지능 교육에서의 핵심은 단순히 인공지능을 이해하는 학습이거나, 인공지능을 학습 도구로서 활용하는 데에 있지 않다. 각 교과의 성취 기준을 인공지능과 융합하여 학습자의 미래 역량을 길러 주는 교육과정 실현에 바로 인공지능 융합 교육의 방점이 있다. 실천적 성격의 가정과 교육과정은 개인과 가족이 일상생활에서 건강한 관계를 형성해 삶을 주도해 가는 데 필요한 역량 함양을 지향한다. 특히 2022 개정 교육과정 설계 개요에 따르면 '생태 전환 교육', '민주시민 교육', '디지털·AI 소양 함양 교육'이라는 주제가 가정 교과의 목표, 내용 체계, 성취 기준의 각 내용에 녹아져 있는데, 소비 생활 단원에서 실생활의 '지속 가능하지 않은' 문제를 해결하는 솔루션으로서 책임소비봇을 기획하는 과정을 통해 앞서 언급한 주제를 골고루 다룰

뿐만 아니라 창의적 문제 해결력이나 협업 능력과 같은 미래 역량을 기를 수 있다.

학생들은 인공지능 챗봇 기획 디자이너가 되어 소비자의 책임 있는 소비 행동을 유도하는 대화를 하는 인공지능 챗봇을 제작하게 된다. 수업용 AI·에듀테크로서 어떤 챗봇 빌더를 쓸지 탐색 끝에 챗GPT의 커스터마이즈 기능을 활용하여 책임소비봇을 제작하였다. 과거에 소비봇 프로젝트 수업을 진행했을 때는 블록 형태의 챗봇 빌더를 활용하였으나, 해당 챗봇 빌더의 경우 챗봇 제작에 시간이 많이 소요되었고, 챗GPT의 고도화 덕분에 챗봇 구현 단계가 훨씬 수월해졌기 때문이다. 이는 '노코딩의 시대'가 열린 덕분이며, 2024년 2월 엔비디아의 CEO 젠슨 황이 말한 것처럼 아이들이 살아갈 미래에 코딩보다 더 중요한 프롬프팅, 즉 어떻게 명령하고 질문할 것인지에 대한 힘을 길러 줄 수 있는 프로젝트 과제이기도 하다.

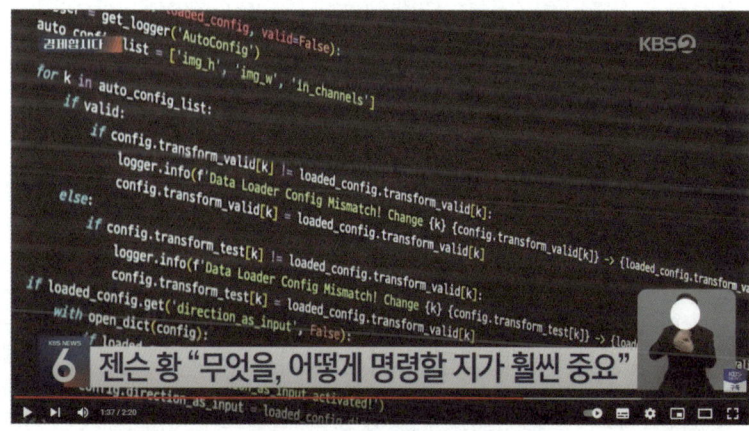

KBS '경제합시다' 2024. 02. 20. 방송 화면 중

더불어 학생들이 기획한 인공지능 챗봇은 교실에서의 배움이 실제 생활로의 실천으로 이어질 수 있는 AI·에듀테크 수업의 산출물이기도 하다. 가정과 교사로서 항상 가지고 있던 고민 중 하나가 가정생활의 문제를 다루는 수업을 하면 학생들은 그 심각성에는 공감하지만 막상 실제 실천으로 이어지기는 어렵다는 점이었다. 교실에서 만든 해결책을 실생활에서 계속 사용할 수 있으면 좋겠다는 개인적인 바람이, 소비자의 옆에서 책임 있는 행동을 돕는 존재인 '인공지능 챗봇'을 만드는 과제로 이어졌다. 수업에서 무엇보다 중요한 부분은 '현대 소비 사회의 문제를 인식하여 이를

해결하는 방법'을 학생들이 익히는 것이기에, 과거에 활용했던 블록형 챗봇 빌더처럼 챗봇 구현 과정에서 많은 차시를 할애해야 하거나, 직접 학생들이 코드를 짜서 챗봇을 만들기 위해 관련 선수 학습이 필요하게 된다면 수업에 활용하는 AI·에듀테크에 익숙해지기 위한 시간이 지나치게 많아질 수밖에 없다. 이러한 점에서 챗GPT가 제공하는 '커스터마이즈' 기능이 여러모로 적합하였다. 간단한 제작 과정 덕분에 소비 생활의 문제 인식과 해결을 위한 아이디어 생성에 더 많은 차시를 할애할 수 있고, 청소년이 사용할 수 있으며(물론 보호자의 동의는 필수이다), 무엇보다도 챗GPT의 API를 활용하여 제공하는 다른 챗봇 빌더와 비교하여 챗GPT는 수업에서 안정적으로 활용할 수 있는 AI·에듀테크이다.

'챗GPT는 아이폰 이후 가장 큰 혁명'이라고 말할 정도로 그 등장 이후 AI가 엄청난 속도로 발전하고 있다. 머지않은 미래에는 AI와 하드웨어의 결합으로 휴머노이드 로봇이 일상화될 것이라고 예상하기도 한다. '책임소비봇 프로젝트'는 AI 프롬프팅을 활용해 실생활의 문제를 해결하는 솔루션을 만드는 과정에서 교과의 성취 기준에 도달하는 것뿐만 아니라 학생들이 미래에 더불어 살아갈 AI를 이해하여 잘 소통하고 협력하며 살아가는 것을 경험하게 하는 기회가 될 수 있다.

## 2. 프로젝트 단계(생각하기-활동하기-평가하기)

책임소비봇 프로젝트 수업은 *디자인 씽킹 프로세스에 기반하여 수업이 진행된다. 전체 프로젝트의 과정은 다음 표와 같다.

| 주요 과정 | 내 용 | 차시 | 활용한 AI·에듀테크 |
|---|---|---|---|
| 소비 생활 개관 | • 교사의 개괄적인 강의를 통해 현대 사회에서 우리의 소비 행동이 바뀌어야 하는 필요성 제기하기 | 3 | 캔바, 원노트 |
| 팀 빌딩 | • 디자인 씽킹과 인공지능 챗봇 이해하기<br>• 소비자의 책임 있는 행동 실천을 이끄는 인공지능 챗봇 서비스 기획 팀 세우기 | 2 | 패들렛, 챗GPT |
| 문제 인식 | • 우리 학급 친구들의 일주일간 소비 기록을 통해 청소년 소비자의 문제 행동 찾기<br>• 다루고 싶은 문제를 정보 탐색을 통해 정교화하기 | 6 | 캔바, 자작자작 |

| 주요 과정 | 내 용 | 차시 | 활용한 AI·에듀테크 |
|---|---|---|---|
| 아이디어 개발 | • 책임소비봇 서비스 목표 설정하기<br>• 인공지능 챗봇 대화 아이디어를 생성하고, 이를 뒷받침할 신뢰할 수 있는 데이터 수집하기<br>• 교사와 면담을 통해 해결할 문제 선명하게 하기<br>• 여러 아이디어를 종합하여 최종 책임소비봇 선택하기 | 6 | MS 365 엑셀 |
| 책임소비봇 제작 | • 챗GPT 커스터마이즈를 통해 해결책 구현하기<br>• 동료 피드백을 통해 챗봇 개선하기 | 6 | 챗GPT, MS 365 엑셀, 패들렛 |
| 책임소비봇 제작 발표회 | • 챗봇 제작 발표회를 통해 투자자 청중을 대상으로 팀별 기획한 책임소비봇을 발표하고 공유하기<br>• 프로젝트 성찰하기 | 2 | 캔바, 패들렛 |

## * 디자인 씽킹이란?

일상의 문제를 디자인 사고 과정을 반복하여 경험하며 다양한 상황에서 창의적으로 문제를 해결하는 방법이다. 가장 폭넓게 쓰이는 모델은 스탠퍼드 D. 스쿨의 디자인 씽킹 교육 모델로 공감하기, 문제 정의하기, 아이디어 도출하기, 프로토타입 제작하기, 테스트하기의 5단계로 구성되어 있다. 디자인 씽킹은 산업 분야에서 노후하고 이러운 실생활 문제를 해결하기 위해 사람을 중심에 두고 해결책을 찾아나가는 것에서부터 시작되어 교육 등 여러 분야에서 활용되는 모델이다.

## 1) 생각하기

### (1) 소비 생활 개관

소비 생활 속 문제를 발견하고 이를 해결하기 위해서는 소비 생활 관련 단원을 처음 접하는 학생들에게 전반적인 교과 내용을 짚어 주는 단계가 필요하다. 교사의 개괄적 강의가 이루어지면서도 이 단계에서 핵심은 학생들의 호기심을 이끄는 것이다. 책임소비봇 프로젝트는 한 학기의 절반에 달하는 장기 프로젝트로서, 자칫하면 지칠 수 있기 때문에 몰입이 중요하다. 학생들이 다루어야 할 소비 문제가 '타인의 것이 아닌 우리 모두의 문제'로서 빠져들 수 있도록 해야 한다. 이를 위해 세 가지 장치를 두었는데, 첫 번째는 학생 스스로 단원 학습을 훑어보는 것이다. 교사의 강의에 앞서 마이크로소프트(Microsoft)의 원노트(Onenote)를 사용하여 학급 학생들에게 학습 활동지를 배포하고 교과의 학습 내용을 스스로 파악할 기회를 제공하였다.

☐ **1) 단원 학습 주제 훑어보기**

15분간 기가1 107-115쪽을 예습하며 이번 학기 학습 키워드와 관련 있어 보이는 단어에 밑줄을 긋습니다.

선택, 소비 환경, 책임 있는 소비자 // 경험, 통제력, 비합리적인 소비, 소비자 정보, 정보의 원천, 구매 의사 결정 과정 // 소비자 기본법, 소비자의 8대 권리, 소비자의 책임, 소비자 문제, 소비자의 역할

☐ **2) 단원 학습 내용 연결하기**

밑줄 그은 키워드들을 연결하여 각 소단원에서 어떠한 소비 생활 내용을 다루는지 3문장 이내로 표현합니다.

| (1) 소비 환경의 변화와 현대 소비 사회(107쪽) | 소비를 할 때에는 선택이 중요하다. 시대의 변화에 따라 소비 환경이 달라지고 청소년들의 소비의 범위도 확대되고 있으므로, 우리는 책임 있는 소비자가 되어야 한다. |
|---|---|
| (2) 합리적인 소비 생활(108-111쪽) | 청소년들은 소비에 대한 경험과 통제력이 부족하기 때문에 비합리적인 소비를 할 가능성이 높다. 우리는 소비자 정보를 확인하고, 정보의 원천이 무엇이며 믿을 수 있는 것인지 판단하는 것을 바탕으로 구매 의사 결정 과정을 거쳐야 한다. |
| (3) 책임 있는 소비 생활(112-115쪽) | 소비자 기본법에는 소비자의 8대 권리와 소비자의 책임을 강조하고 있다. 이를 바탕으로 소비자 문제가 생겼을 때 대응하는 능력을 키우고, 책임감 있는 소비자 역할을 수행해야 한다. |

☐ **3) 단원 학습 내용 생각하기**

왜 우리는 '소비 생활'에 대해 배워야 할까요? 스스로 파악한 학습 내용을 토대로 질문에 대한 나의 생각을 3문장 이내로 작성하세요.

우리와 같은 청소년들도 소비를 쉽고 간단하게 할 수 있는 시대에서 우리는 매일매일 선택을 해야 하는 상황을 마주한다. 우리가 성장하는 과정에서 가치관에 맞지 않거나 비윤리적인 상황을 피하고 나 자신을 정당하지 않은 일들에서 지키기 위해서는 올바른 소비 생활에 대해 배워야 한다고 생각한다. 또한 '소비'가 있다면 '생산'도 있기 때문에 우리의 미래를 위해 지속가능한 가치도 보존하고, 우리의 경제생활을 함으로써 책임감을 기를 수 있다.

원노트에 배부한 활동지 및 학생 예시

두 번째 장치는 '발문을 통해 이끄는 강의'이다. 책임소비봇 프로젝트는 학습자가 문제를 발견하고 이를 해결하는 인공지능 챗봇을 만들기 위해 학생 주도의 '탐구'가 필요하다. 탐구를 이끄는 원동력은 학습자의 호기심이며, 이러한 호기심을 유발할 수 있는 수단은 바로 '질문'이다. 교사는 강의를 통해 현대 소비 사회의 지속 가능하지 않은 점을 짚으면서 본격적인 책임소비봇 프로젝트에 들어가기 위해 호기심을 자극하는 발문을 던지고, 학생들이 생각할 시간을 마련한다.

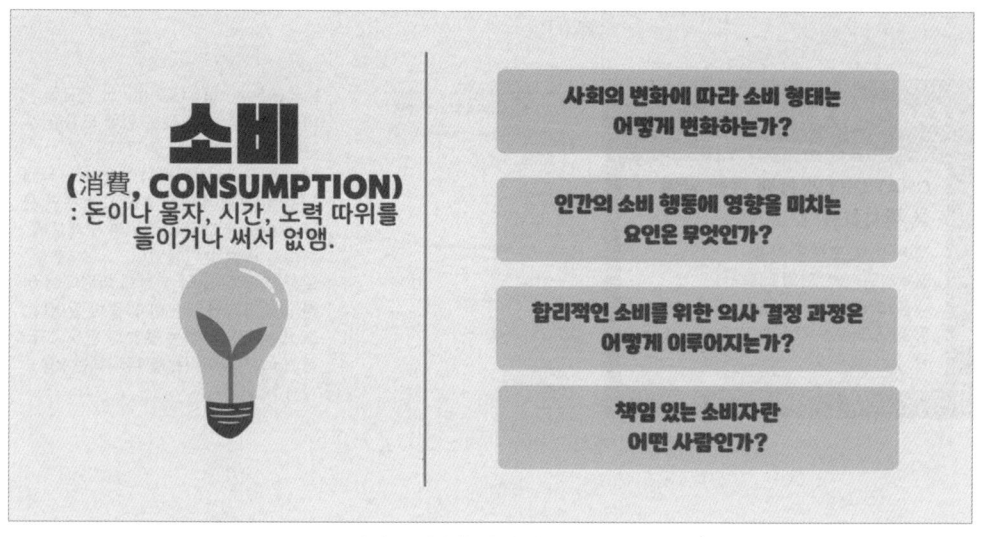

3장 AI·에듀테크로 맡을 수 있는 기술·가정 수업 사례

캔바로 제작한 강의 자료 중 일부

## (2) 팀 빌딩

학습에의 몰입을 위한 세 번째 장치는 '실재감이 있는 역할 부여'다. 학습은 맥락 속에서 이루어질 때 효과적으로 일어날 수 있기에 학생들에게 '인공지능 챗봇 서비스 디자이너'로서의 역할을 부여하고, 모둠원과 함께 지속 가능한 소비를 돕는 챗봇 서비스 기획 회사를 세우게 한다. 팀 빌딩 활동을 통해 챗봇 서비스 회사로서 팀원 간 결속력을 다지고 앞으로 나아갈 프로젝트에 흥미를 불어 넣을 수 있다. 실제와 같은 비즈니스로서 역할을 상기시키며 팀별 회사를 세우도록 안내하는데, 학생들은 챗GPT와 협력하여 자신들의 회사가 지향하는 바를 나타내는 회사명을 만든다. 챗봇 서비스 회사를 세운 뒤에는 패들렛에 게시하여 학급 내에서 서로가 세운 챗봇 서비스 회사가 무엇인지 공유한다. 이때 챗GPT와의 대화 역시 패들렛에 함께 게시하도록 지도하는데, 인공지능을 사용하면서 창의적인 사고 및 최종 결정의 주체는 인공지능이 아니라 학생 스스로임을 인지할 수 있도록 하기 위함이다.

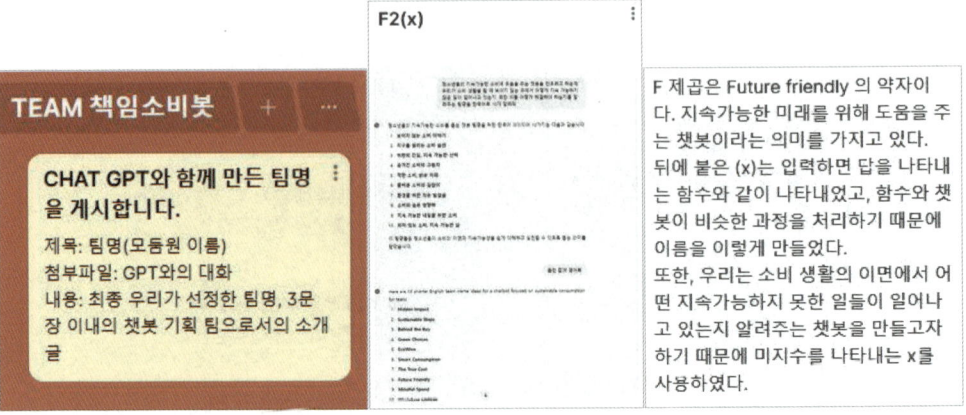

패들렛에 게시한 챗봇 서비스 회사 소개글 예시

챗봇 디자이너로서 소비 행동을 유도하는 대화 서비스를 기획하기 위해서는 먼저 인공지능 챗봇이 무엇인지에 대한 이해가 필요하다. 학생들에게 자신이 알거나 사용해 본 적 있는 인공지능 챗봇이 있는지 이를 찾아 패들렛에 게시하도록 하고, 학급 내에서 사용 경험을 나눈다. 학생들의 사용 경험이 다양하기 때문에 사용하면서 좋았던 점, 부족했던 점이 자연스럽게 공유되면서 앞으로 여러분들이 기획할 인공지능 챗봇에 무엇이 담겼으면 좋을지를 생각해 보도록 안내한다.

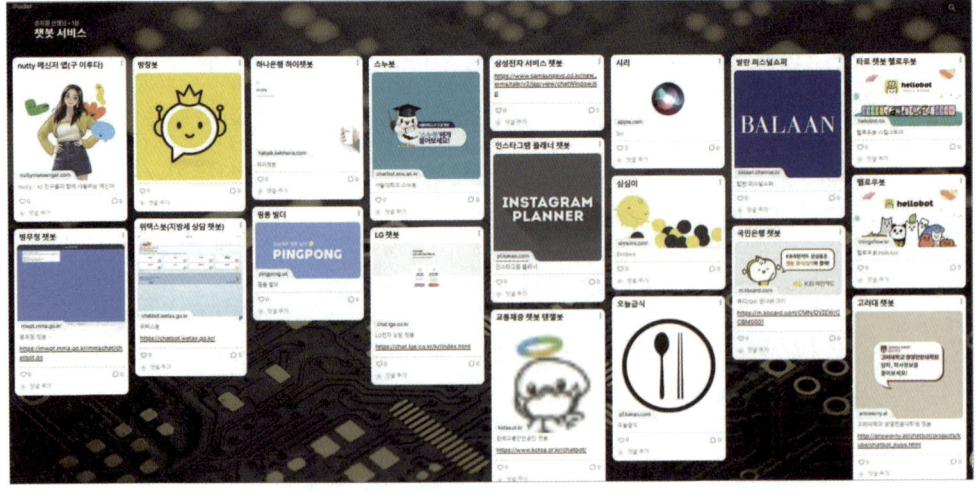

학생들이 찾은 인공지능 챗봇 모음 패들렛

좀 더 명확한 이해를 돕기 위해 인공지능 챗봇이 가지고 있는 특징을 스스로 조사하여 정리하는 활동으로 이어진다. 글쓰기 플랫폼 자작자작을 활용하여 '인공지능 챗봇의 특징을 2가지 이상 서술하고, 이것이 책임 있는 소비 행동을 유도하는 데 어떻게 도움이 될 수 있을지 방법을 제안'하는 글을 쓰도록 지도한다.

인공지능 챗봇은 고객과 대화하듯 소통하는 자동화 채팅 프로그램으로 키워드에 얽매이지 않고 AI를 활용해 고객 문의에 대한 자연스러운 답변을 제공한다. 기존 챗봇의 장점에 더해, 자연스럽게 고객의 질문에 답하거나, 권장사항을 알려주고, 주문을 처리하는 것을 넘어, 다양한 업무를 수행하도록 만들어졌다.

또한, 인공지능 챗봇은 방대한 데이터를 분석할 수 있기 때문에 고객의 데이터 분석과 인사이트를 도출할 수 있으며, 대화 데이터를 통해 고객의 행동과 선호, 니즈 등에 대한 정보를 알아내어 더 나은 제품 및 서비스 개발이나 마케팅 전략에도 활용 가능하다.

인공지능 챗봇의 위의 두 가지 특징들은 모두 책임 있는 소비 행동을 유도하는 데 긍정적인 영향을 준다. 자동화 채팅 프로그램은 사용자에게 친근감을 주어 실제로 사람 대 사람으로 상담하는 듯한 느낌을 주며, 방대한 데이터를 분석할 수 있는 능력은 사용자의 소비 패턴을 분석하여 비합리적인 소비를 유도하는 기업들의 맞춤형 광고들에 현혹되지 않도록 안내할 수 있다.


(출처:
업스테이지. (2023.8.9). 업스테이지. https://www.content.upstage.ai/blog/business/ai-chatbots-for-business

인공지능 신문. (2023.06.12). 인공지능 신문.
https://www.aitimes.kr/news/articleView.html?idxno=28229)

글쓰기 플랫폼 자작자작에 학생이 제출한 인공지능 챗봇의 특징 예시 글

## 2) 활동하기

### (1) 문제 인식

문제 인식 단계는 앞으로의 프로젝트에서 다룰 주제를 발견하는 단계이다. 주변의 문제에서부터 시작하기 위해 학생들은 일주일간 자신의 소비를 원노트에 기록하였고, 자신의 소비 일지에서 '합리적인 소비 행동'과 '책임 있는 소비 행동'으로 스티커의 색을 구분하여 왜 그러한 소비를 하였는지를 주석으로 덧붙였다. 다음으로는

타인의 시선에서 해당 소비를 평가하는 과정으로서 학급 내에서 서로의 소비 일지에 의견을 작성하였다.

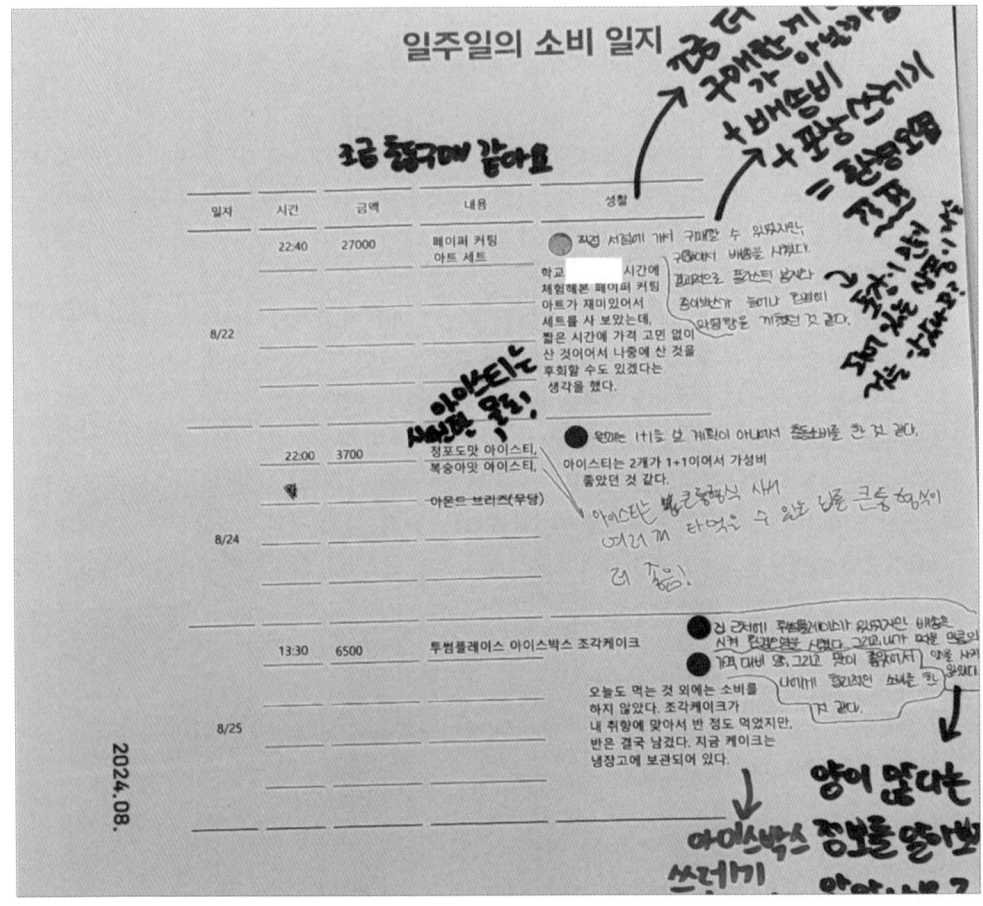

일주일간 소비일지에서 문제 발견하기 활동 예시

학급 전체의 소비 일지를 둘러보고, 자기 팀원들의 일지에 기록된 친구들의 의견을 살펴보며 자신이 발견한 청소년 소비 생활의 문제점 사례를 근거로 들어 설명한다.

> 나의 소비에서 절반을 넘게 차지하는 것이 온라인 배송품이다. 그 날 먹고 싶었던 케이크를 매장이 가까움에도 불구하고 나가기 귀찮은 마음에 가볍게 주문하기 버튼을 클릭했다. 또, 내가 사고 싶었던 책 한 권을 주문했는데, 포장을 풀려니 비닐봉투로 세 겹이나 둘러싸여 있었다. 박스포장까지 되어 있어서 내가 아무 생각 없이 산 온라인 배송품들이 버려지면 오랫동안 썩지 않아 환경을 오염시킬 수도 있겠다는 반성을 했다.

자작자작에 작성한 청소년 소비 문제점 예시

이러한 문제를 인공지능 챗봇 대화 서비스를 통해 해결하기 위해서는 해결책의 방향 설정이 중요하다. 기존의 유사한 사례를 찾아 분석하는 과정에서 챗봇 서비스의 방향 설정에 영감을 받을 수 있기 때문에 소비자의 책임 있는 소비 행동을 돕는 기존 사례를 검색하도록 지도하였다. 위의 학생이 소비 일지에서 발견한 문제점에 기반하여 '소비자가 생각 없이 편하게 소비하는 것' 혹은 '과도한 물품 포장으로 인한 환경 문제'에 관심이 있어 보였고, 교사의 피드백을 토대로 학생은 '생각 없이 이끌려 행동하는 소비 문제'를 해결하는 유사 사례를 찾는 것에 집중하여 다음과 같은 분석을 하였다.

---

(출처: 현대카드. (N.D.). 현대카드.
https://about.hyundaicard.com/common/ko/pageView.hc?id=ckabi0201_01)

현대카드가 인공지능을 활용한 금융 서비스를 제공하는 퍼스네틱스와 독점 계약을 맺어 개발한 현대카드 소비케어 by Personatics 는 단순히 지출을 기록하는 앱이 아닌 미래의 소비를 예측하고, 소비자의 소비 패턴을 분석하여 불필요하게 낭비되는 지출을 막아준다. 정보화 시대에서 소비자의 지출을 유도하는 기업들은 알고리즘을 이용한 맞춤형 광고를 이용한다. 이때, SNS에서도 끊임없는 맞춤형 광고가 등장하여 사람들을 현혹시킨다. 이는 소비자의 관심 패턴을 검색 기록과 시청한 게시물을 통하여 분석하는 것으로, 인공지능이 활용된다. 이처럼 현대카드의 서비스에서도 인공지능이 활용되어 소비를 많이 한 카테고리를 명시한다.

유사 사례 분석 글 예시

---

이러한 과정을 거쳐 최종적으로 제안서를 작성하며 앞으로 해결해야 할 현대 소비 사회의 문제를 정의한다. 예시의 학생은 제안서에서 '기업은 소비자들의 충동적인 소비를 유도하기 위해 맞춤형 광고를 보여 주며, 청소년인 자신도 이러한 마케팅에 홀려 불필요한 소비를 하게 되고 이는 환경에도 영향을 주게 된다'면서 '안경처럼 꼼꼼하고 정확한 인공지능 챗봇 대화를 통해 소비 패턴을 분석하여 소비자가 마케팅에 현혹되지 않고 책임 있는 소비를 할 수 있도록 돕는 챗봇 대화 서비스를 만들 것'이라고 주제를 설정하였다.

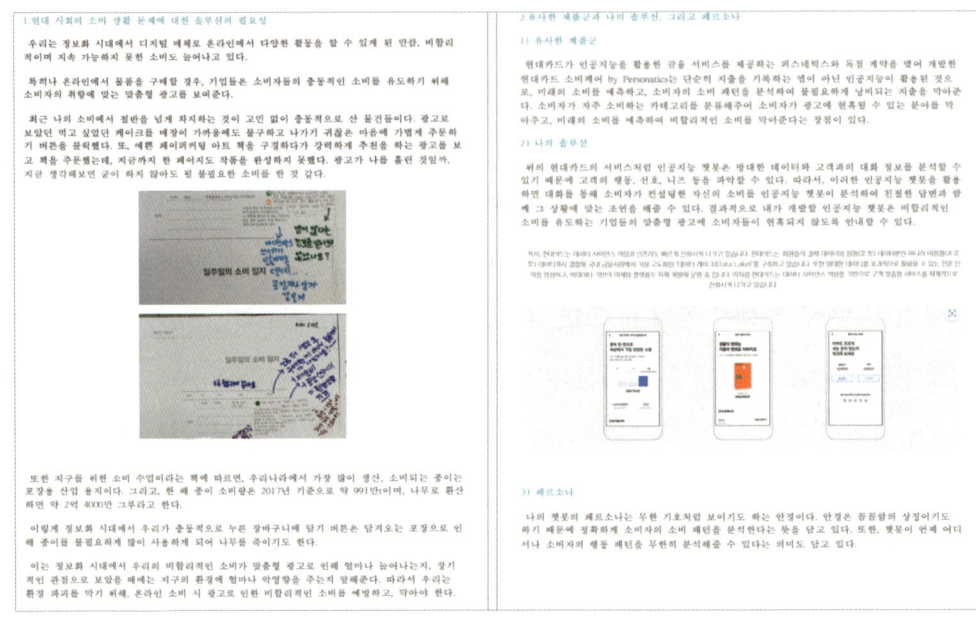

캔바로 정리한 현대 소비 사회의 문제와 해결 방향 제안서

## (2) 아이디어 개발

자신이 개발할 책임소비봇이 다룰 문제와 방향성이 명확해졌으면 다음으로는 소비자와 어떤 대화를 통해 행동 변화를 유도할 수 있을지 아이디어를 발산해야 한다. 브레인스토밍을 통해 책임소비봇에서 소비자와 어떤 대화 주제를 나눌 수 있을지 최대한 많이 아이디어를 생성한 후 대화의 데이터 세트를 만들기 위해 인터넷, 책, 교과서 등에서 신뢰할 수 있는 정보를 수집한다. 챗GPT가 가지고 있는 데이터가 풍부하지만, 학생들이 단순히 설정값을 바꾸는 것만으로 유의미한 학습이 일어나기 어렵기 때문이다. 책임소비봇 기획에서 중요한 단계로서, 자신이 설정한 해결 방향 속에서 검증된 정보를 모은 지식 파일을 기반으로 대화하는 인공지능 챗봇을 만드는 것이 핵심이다. 지식 파일은 팀원들과도 공유할 수 있도록 온라인 문서를 활용하며, 필자의 경우 모둠별로 생성한 엑셀 파일을 팀즈(Teams)에 업로드하여 학생들이 온라인상에서 협업할 수 있도록 지도하였다.

| 대화 주제 | 답변 | 출처(링크 혹은 APA) |
|---|---|---|
| 청소년은 주로 소셜미디어를 많이 사용하는데, 그 예시는 무엇일까? | 2019년과 비교해 새롭게 주목할 만한 현상은 숏품 콘텐츠의 인기와 청소년의 적극적인 동영상 플랫폼 이용 방식이다. 청소년이 가장 많이 이용하는 동영상 플랫폼은 유튜브(97.3%) 다음으로 유튜브 쇼츠(68.9%)와 인스타그램 릴스(47.6%), 틱톡 | https://www.kpf.or.kr/front/board/boardContentsView.do?board_id=246&contents_id=29ff236264724e3fbe02e544185aac03 |
| 미디어에 게시된 것 | 광고는 상품이나 서비스를 홍보하거나 판매하기 위해 미디어에 돈을 지불하고 고객에게 정보를 제공하는 것입니다. 신문, 잡지, 라디오, 텔레비전, 온라인 매체 등 전통적인 광고 외에 최근에는 소셜 미디어 광고, 모바일 앱 광고, 비디오 광고, 인 | https://www.newswire.co.kr/?ed=366 |
| 소셜미디어(인스타그램, 페이스북 등)에서 진행되는 마케팅 | 소셜미디어 플랫폼을 활용하여 제품, 서비스 또는 브랜드를 홍보하고 마케팅하는 전략입니다. 콘텐츠를 제작해 소셜미디어를 통해 공유하고, 소셜 미디어 플랫폼에 광고를 하고, 온라인 고객의 문의에 대한 답변을 하고, 기업의 온라인 커뮤니티를 | https://www.newswire.co.kr/?ed=366 |
| 디지털 기기에서 이뤄지는 마케팅 수법 | 온라인 광고, 이메일, 검색 엔진 마케팅 등을 활용하여 고객을 유치하는 전략입니다. 디지털 마케팅은 기존의 전통적인 마케팅 방법과 비교하여 더 많은 사람에게 메시지를 노출할 수 있으며, 빠르고 효율적인 결과를 얻을 수 있습니다. 또한 디 | https://www.newswire.co.kr/?ed=366 |
| 인플루언서들이 제품을 소개하는 마케팅 수법이라고 판단될 때 | 인플루언서 마케팅은 영향력을 가진 개인 또는 단체를 활용하여 제품이나 서비스를 홍보하고 마케팅하는 전략입니다. 인플루언서는 자신의 블로그, 유튜브 채널, 인스타그램 계정 등을 통해 제품이나 서비스에 대한 후기, 사용기, 광고 등을 게시 | 마케팅 전략과 유형 - 뉴스와이어 (newswire.co.kr |
| 브랜드를 강조하는 마케팅 수법을 사용자가 본 것으로 판단될 때 | 브랜드 마케팅은 제품이나 서비스의 특정 기능이나 가격보다는 브랜드가 지니고 있는 가치와 이미지를 강조합니다. 이를 통해 소비자들은 해당 브랜드를 인지하고 인식할 수 있으며, 브랜드가 제공하는 제품이나 서비스에 대한 신뢰도와 가치를 | https://www.newswire.co.kr/?ed=366 |
| 소셜미디어에서 사용자가 합리적이지 못한 소비의 종류에 관한 자료에 따라 비합리적 소비를 하였다고 판단된 경우 | 2.2 청소년 소비행동의 특성<br>3)청소년 소비자는 아동과 성인의 중간에 위치하며, 생활양식과 소비특성면에서 구별되는 소비자이다. 청소년들은 아동과 성인의 중간단계에 위치함으로써 일반 | https://scienceon.kisti.re.kr/commons/util/originalView.do?cn=CFKO201623965830404&oCn=NPAP12913269&dbt=CFKO&journal=NP |
| 이메일에서 마케팅 수법을 발견했을 때 혹은 마케팅 수법을 기업이 문자로 사용했을 때 | 이메일 마케팅은 기업이나 조직에서 이메일을 사용하여 제품 또는 서비스를 홍보하는 마케팅 전략입니다. 이메일 마케팅을 통해 기업은 고객과 더 깊이 상호작용하고, 그들의 관심을 유지하고, 브랜드 인지도를 높일 수 있습니다. 이메일 마케팅은 | https://www.newswire.co.kr/?ed=366 |
| 위의 행까지의 마케팅 수법으로 인해 합리적이지 못한 소비가 일어날 수 있음. 그 비합리적인 소비가 옆의 종류와 같음 | 합리적이지 못한 소비는 개인 자신의 효용극대화를 추구할 수 없을 뿐만 아니라 공정한 경쟁규칙을 어기고 시장질서를 지키지 않는 기업이 시장에서 살아남을 수 있는 길을 터 주게 된다. 최근 백화점의 잦은 바겐세일로 소비자들의 과소비, 과시 | https://eiec.kdi.re.kr/material/clickView.do?click_yymm=201405&cidx=2172 |
| 정보화 시대의 마케팅 | 정보화 사회의 도래는 기존 마케팅의 개념 및 전략에 몇 가지 중요한 변화를 초래한다. 먼저 현대 마케팅의 이론적, 실무적 토대인 세분화 개념이 그 중요성을 잃게 될 것이다. 개별 고객에 대한 정보수집이 가능해 지면 고객 하나하나가 세분 시장 | https://www.koit.co.kr/news/articleView.html?idxno=4857 |
| 마케팅 수법으로 온라인 배송을 자주 하면 환경에 어떤 영향을 줄까? | 뉴욕타임스는 온라인으로 주문한 상품을 포장하기 위해 매년 30억 그루의 나무가 베어지고 있고, 주문을 저장하고 검색하는 데 필요한 데이터 센터는 일반 가정의 | https://www.net-zero.kr/news/article/view.html?idxno=1147 |

공유 문서 작업으로 만든 지식 파일 엑셀

## (3) 책임소비봇 제작

이제부터는 챗봇을 구현하는 단계로서 자료 조사를 통한 지식 파일 보완, 실징값 수정, 테스트의 반복 작업을 수행한다. 반복되는 작업을 많이 하면 할수록 책임소비봇의 완성도가 높아진다. 챗봇 구현을 위해서는 챗GPT의 커스터마이즈 기능을 익혀야 한다. 인공지능 챗봇을 만든다는 과제 자체에 막연한 어려움을 가지는 경우가 있어 챗GPT의 커스터마이즈 화면을 탐색하는 단계부터 시작하는 것이 좋다.

챗GPT에 로그인한 후 오른쪽 상단의 프로필에 마우스를 클릭하면 [내 GPT]라는 메뉴에 접속할 수 있다.

[내 GPT]를 클릭하면 다음과 같은 화면이 나온다. 로고 커스터마이즈 기능은 유료 버전에서 사용할 수 있다.

'GPT 만들기'를 클릭하면 다음과 같은 설정 화면이 나온다. 이 화면에 익숙해져야 하기에, 처음 접속하는 학생들에게 해당 화면에서 보이는 것들을 기록하여 어떤 메뉴인지 알아보는 탐구 활동을 진행하였다.

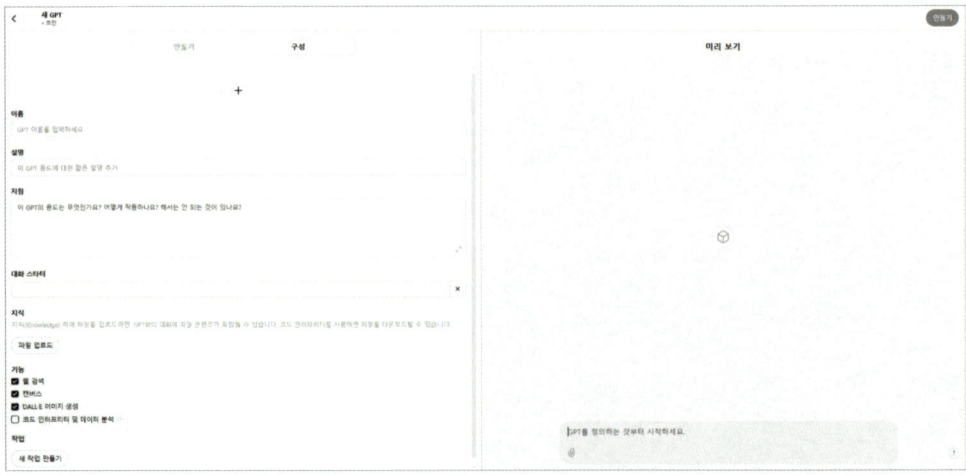

'보기 - 생각하기 - 궁금해하기' 활동을 통해 팀원끼리 머리를 맞대고 커스터마이즈 방법을 알아본다. 먼저 '보기' 단계는 1대의 노트북 화면을 통해 커스터마이즈 화면을 관찰하여 보이는 모든 것을 점착 메모지에 작성한다. 다음으로 '생각하기' 단계로 각 메뉴가 챗봇 구현에 어떤 설정일지 생각해 보고 모둠원과 토의하여 이젤패드에 기록한다. 마지막 '궁금해하기' 단계에서는 '자신이 구현하고자 하는 책임소비봇을 잘 설정하려면 어떻게 입력해야 할까'에 대한 답을 찾기 위해 'GPT 만들기'를 클릭하여 여러 설정 및 테스트를 해 본 후, 최종적으로 이젤패드에 '챗GPT 커스터마이즈 사용 방법'을 팀원과 함께 정리한다.

모둠 발표를 거쳐 학급 내 커스터마이즈 설정 방법에 대한 이해도를 확인한 후, 교사는 강의 자료를 제시하며 설정 화면을 설명한다. 책임소비봇 기획 단계에서는 학생들의 탐구뿐만 아니라 교사의 시연, 그리고 학생들이 언제든 열람할 수 있는 안내 파일을 공개하는 것이 좋다. 중학생 입장에서 해 보지 않은 경험일 뿐만 아니라 한두 번의 설명이나 시연으로는 익숙해지기 쉽지 않기 때문이다.

다음 그림을 보면, 학생들에게 가장 중요한 부분이라고 강조한 메뉴가 앞으로 학생들이 책임소비봇의 구현과 완성도를 높이기 위해 무한 반복 작업을 해야 하는 핵심이다. 바로 '지침'과 '지식'이다.

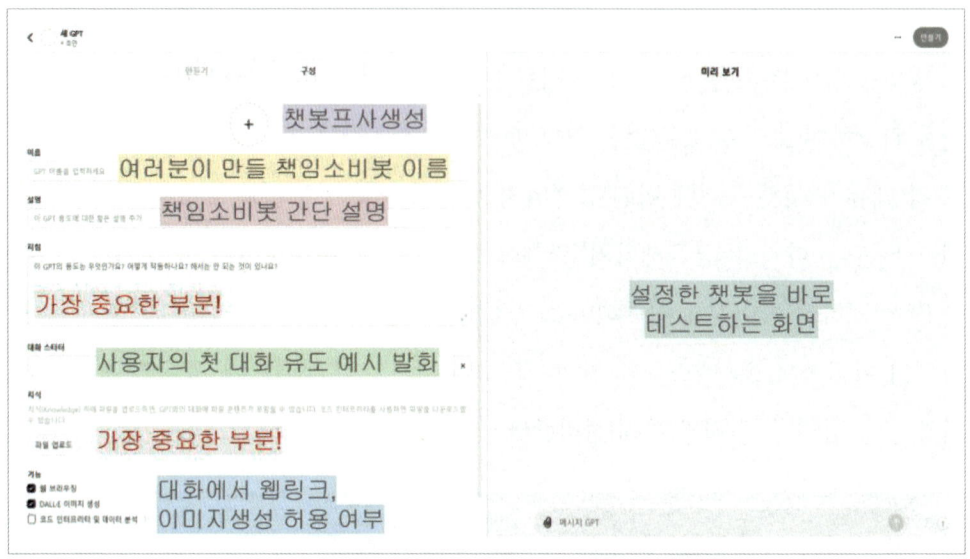

커스터마이즈 화면을 설명하는 강의 슬라이드

먼저 '지침'(Instructions) 메뉴는 생성하려는 챗봇의 행동 방식을 정의한다. 이 메뉴를 통해 챗봇이 사용자 입력에 어떻게 반응하고, 어떤 역할을 수행하며, 어떤 어조로 응답할지 설정할 수 있다. 예를 들어, '이 챗봇은 지속 가능한 소비 행동을 유도하는 대화를 통해 소비 문제를 해결한다'와 같이 역할을 정의할 수 있다. 챗봇의 실재감 있는 대화를 위해 '친근하고 이해하기 쉬운 어조로 설명한다'를 입력하거나, '화장품 소비로 인해 발생하는 환경 오염을 알려 준다'와 같이 챗봇이 답변하는 특정 지식 영역을 강조할 수 있다. 이러한 지침 설정을 통해 책임소비봇의 대화가 일관되고, 목적에 부합하며, 사용자 기대에 맞는 방향으로 이루어지도록 조정할 수 있기 때문에 지침을 상세하고 명확하게 작성하는 것이 학습자마다 탐구 활동에 따라 달라질 수 있는 부분이다.

지침

이 GPT의 용도는 무엇인가요? 어떻게 작동하나요? 해서는 안 되는 것이 있나요?

필자의 경우 GPT 커스터마이즈 설정을 위해 다음과 같이 학생들에게 공통으로 입력할 지침을 패들렛을 통해 안내하였다.

- All responses must be generated solely based on the content with in the '파일이름.csv' file.
- The user's input query should be searched for in column A, and the corresponding answer should be found in column B. For example, if the conversation topic related to A1 in the '파일이름.csv' file is input, the content of B1 will be used as the basis for the response.
- Responses generated based on ChatGPT's own knowledge base should be limited to 10% or less.
- 모든 대화는 한국어로 할 것

공통 지침은 책임소비봇이 학생들이 만든 지식 파일을 활용하여 답변을 해야 한다는 명령이다. 챗봇 기획 프로젝트 수업에서 학생들의 주도적인 챗봇 디자인을 위해 필요한 부분으로, 챗GPT가 한국어를 잘하지만 이왕이면 중요한 부분은 영어로 프롬프팅하는 것이 좋다. 네 가지 공통 지침의 내용은 다음과 같다.

- 첫째, 업로드한 csv 파일, 즉 학생이 만든 지식 파일을 토대로 대화하라.
- 둘째, 지식 파일 속 A열에 대한 대화 주제가 입력되면 B열의 데이터를 근거로 답변하라.
- 셋째, 챗GPT가 자체적으로 응답하는 비율은 10% 이하로 하라.
- 넷째, 한국어로 대화하라.

특히 세 번째 지침을 추가한 이유는 학생들이 인공지능에 의존하지 않고 스스로 학습 내용을 챗봇으로 기획하도록 하기 위함이다. 네 번째 지침은 한국어로 대화하기인데, 지침 설정은 영어뿐만 아니라 한국어도 가능하다.

공통 지침 외에는 학생들은 여러 차례의 테스트를 거치며 자신이 의도했던 챗봇을 구현하기 위해 필요한 명령을 추가한다. 영어가 더 작동이 잘되기 때문에 번역기 화면을 옆에 띄워 놓고 원하는 지침을 번역하여 입력하며, '미리보기' 창에서 대화 테스트를 통해 자신이 입력한 지침이 챗봇에 잘 반영되는지를 반복적으로 확인한다.

3장 AI·에듀테크로 할 수 있는 기술·가정 수업 사례

-All responses must be generated solely based on the content within the csv' file.

-The user's input query should be searched for in column A, and the corresponding answer should be found in column B. For example, if the conversation topic related to A1 in the ' csv' file is input, the content of B1 will be used as the basis for the response.

-Responses generated based on ChatGPT's own knowledge base should be limited to 10% or less.

-모든 대화는 한국어로 할 것

-사용자가 뷰처브랜드 SoMi가 하는 일이 무엇인지 물어보았을 때, 간단한 소개 후 최근 소셜미디어에서 마케팅 수법 때문에 유혹을 받은 적이 있는지 물어본다. 사용자가 대답한다면, 그 경험에 대해 자세히 물어보고, 정보화 시대에 변화한 마케팅 수법의 양상에 대해 알려준다.

-마케팅 유혹에 빠지지 않음으로써 지속가능한 소비가 이뤄질 수 있음을 사용자가 깨닫게 하는 것을 목표로 함

-대화의 주제는 마케팅 유혹과 지속가능한 소비

-긍정적인 말투를 사용하며, 이모티콘을 많이 사용한다. 느낌표도 많이 사용한다.

-사용자의 질문에 대한 답변은 3문장 이내로 중심 내용을 요약하여 설명해준다.

-4번 이상의 대화가 오간 후에 마케팅 수법이 긍정적이게 변화하고 있다는 답변을 내어 놓은 후에는, 사용자가 지속가능한 소비에 대한 책임감을 가질 수 있도록 생각이 어떻게 변화했는지 물어본다.

-시각화를 표시하지 말 것

학생이 설정한 지침 예시 화면

다음으로 중요한 부분은 '지식(Knowledge)'으로, 챗봇이 특정 주제나 분야에 대해 더 정확하고 풍부한 답변을 할 수 있도록 돕는 메뉴이다. GPT는 업로드된 파일의 내용을 학습하여 사용자와의 대화에서 해당 정보를 활용하는데, 최대 20개의 파일을 업로드할 수 있고 각 파일의 최대 크기는 512MB다. 지원되는 파일 형식은 텍스트, PDF, 워드, 엑셀 등 다양한데, 본 수업에서는 csv 형식을 선택하였다.

**지식**

지식(Knowledge) 하에 파일을 업로드하면, GPT와의 대화에 파일 콘텐츠가 포함될 수 있습니다. 코드 인터프리터를 사용하면 파일을 다운로드할 수 있습니다.

파일 업로드

인공지능 챗봇을 기획하는 디자이너로서 자신이 다루는 소비 문제의 해결 방향으로 챗봇을 만들어 나가기 위해 지식 파일에 담을 자료를 수집하고, 이를 소비자의 행동을 변화하는 대화 시나리오로 반영하기 위한 고민이 담기는 중요한 데이터이다. 사용자가 질문하면 챗봇은 업로드된 지식 파일에서 관련 정보를 검색하여 답변에 활용하기 때문에, 학생들은 보완한 지식 파일을 업로드할 때 기존 파일은 삭제하도록 지도하였다. 공통 지침에서 '파일이름.csv'로 설정한 값을 매번 바꾸어야 하기 때문이기도 하다. 참고로 파일 이름은 단순한 게 좋으며 본 수업에서는 숫자로(예를 들면 학번) 파일 이름을 설정하였다. 종종 학생들은 사본 파일 저장 시 자동 생성되는 '파일이름(1).csv'을 지식 파일에 업로드하는 경우가 있는데, 이렇게 되면 지침에서 설정한 파일 이름과 달라지기 때문에 '챗봇이 지식 파일에서 정보를 찾을 수 없다'는 안내가 나온다.

지식 파일을 업로드한 학생 화면 예시

디지털 네이티브인 우리 학생들은 생각보다 컴퓨터 작업에 미숙하다. 예를 들어 엑셀 파일을 컴퓨터의 어느 파일에 저장하였는지, 어떻게 csv 파일로 변환하여 업로드하는지 헤매는 경우가 있다. 교사의 직접 시연뿐만 아니라 반복적으로 찾아볼 수 있는 동영상 촬영본이나 사용 방법을 정리한 PDF 파일은 공유해 두면 좋다.

다른 메뉴는 직관적으로 이해하기 쉬운 편이다. 이름에는 책임소비봇의 이름을 입력하고, 설명에는 '어떤 소비 문제를 다루고 어떤 방향으로 해결하는가'에 대한 간략한 설명을 추가한다. 대화 스타터는 사용자가 입력할 수 있는 질문의 예시를 미리 입력하는 것이다.

챗봇의 이름은 반드시 입력하라고 지도하지만, 설명과 대화 스타터의 경우 학생마다 선택으로 남겨 둔다. 동료 평가 시 '챗봇 첫 화면에서 무엇에 대한 챗봇인지 알 수가 없어 당황스럽다'거나 '어떤 말부터 시작해야 할지 모르겠다'는 사용자의 목소리가 종종 있다. 이것 역시 챗봇 디자이너로서 학생 스스로 깨닫게 하는 편이 좋기 때문이다. 아래 예시의 경우 동료 평가를 거쳐 챗봇의 설명과 대화 스타터를 모두 설정한 사례이다. 대화 스타터의 경우 지나치게 많으면 접속 화면이 산만할 수 있어 3개 이하를 추천한다.

챗봇 이름, 설명, 대화 스타터를 설정한 챗봇의 첫 화면

여기까지 책임소비봇에 대한 주요 설정을 마쳤으면 마지막으로 챗봇의 프로필 사진을 설정한다. 커스터마이즈 화면 왼편 상단의 '플러스(+)'를 누르면 두 가지 선택지가 나오는데, 챗봇의 프로필 사진으로 기존의 사진 파일을 업로드할 수 있고, 이미지 생성 AI인 DALL·E를 사용해 만들 수도 있다. DALL·E 사용 시 별도의 명령어 입력이 가능하지 않고 설정값에 입력된 내용을 토대로 자동으로 이미지를 생성하니, 학습자가 이미지 생성 AI를 사용하길 희망한다면 챗GPT 대화창에서 만들도록 지도한다.

책임소비봇 프로필 사진 추가 메뉴

마지막으로 화면 하단에 있는 기능의 경우 학생들이 만드는 책임소비봇에 크게 필요하지 않은 설정이다. '웹 검색' 기능을 허용하면 GPT가 실시간으로 인터넷을

검색하여 최신 정보를 제공할 수 있고, 'DALL·E 이미지 생성' 기능을 허용하면 사용자가 이미지 생성을 요청하는 것을 허용한다. '코드 인터프리터 및 데이터 분석' 기능은 GPT가 파이썬 코드를 실행하여 데이터 분석, 계산, 시각화 등을 수행하는 것이다. 본 수업 실행 이후 '캔버스'라는 기능이 추가되었는데, 여기에 체크하면 텍스트와 코드를 더욱 효율적으로 작성하고 편집할 수 있는 작업 공간이 제공된다. 이러한 추가 기능들은 모두 체크 해제해도 무방하다.

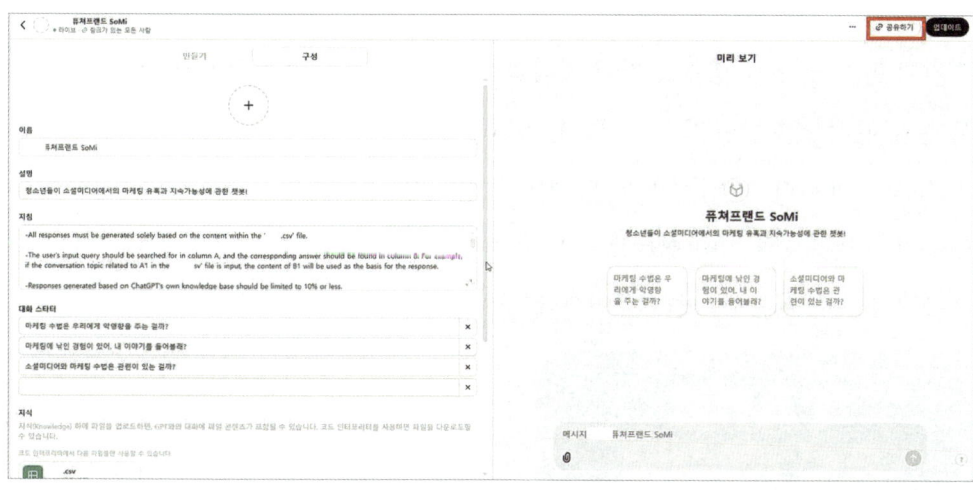

책임소비봇을 완성하면 다음으로는 주변인의 피드백을 수집하기 위해 챗봇 사용 링크를 만들어야 한다. 화면에서 오른쪽 상단의 '공유하기' 버튼을 눌러 '링크가 있는 모든 사람'으로 설정 변경 후 저장 및 링크복사를 클릭하면 주변인에게 배포할 수 있는 챗봇 링크를 만들 수 있다. 만약 설정을 바꿀 수 없다는 에러 메시지가 뜬다면 설정을 변경 후 다시 시도한다. 수업을 실행하며 링크가 생성되지 않았던 경우가 있었는데, '청소년'이라는 단어 때문이었다. 가정 교과의 단원 학습은 '청소년'의 소비 생활이기에 청소년 사용자를 대상으로 챗봇을 만들었으나, 오픈 AI(OpenAI)의 아동 보호 정책에 따라 그렇게 만든 챗봇은 공유 링크 생성을 할 수 없었다. 학생들은 모든 지식 파일과 지침에서 '청소년'이라는 단어를 지우는 수고로움이 있었다. AI를 안전하고 윤리적으로 사용하여 아이들을 보호하기 위함이니 해당 부분을 체크하여 커스터마이즈한 GPT의 사용 대상은 '청소년'보다 '모든 사람'으로 확장하는 것을 추천한다.

### (4) 책임소비봇 제작 발표회

자기 평가 및 동료 평가를 거쳐 지식 파일 보완, 설정값 수정, 테스트의 반복 작업을 통해 완성도를 높인 책임소비봇을 투자자들을 대상으로 발표하는 '제작 발표회'를 통해 공개한다. 학생들은 두 달여의 시간 동안 소비자의 행동 변화를 유도하는 인공지능 챗봇 기획 디자이너로서 '소비자에게 사용되는 해결책'을 만들겠다는 목표를 가지고 달려왔다. 이러한 역할에 실재감을 느끼고 프로젝트 끝까지 몰입하기

위해 '투자자 앞에서 챗봇 서비스를 발표'하는 콘셉트의 제작 발표회를 개최한다. 학생들은 자신이 다루고자 한 현대 소비 사회의 문제 소개부터 기획한 인공지능 챗봇이 어떻게 문제를 해결할 수 있는지 캔바를 사용해 발표 자료를 만들어 소개하고, 청중인 투자자(동료 학생)의 질문 및 평가를 거쳐 우수 책임소비봇을 선정한다. 마지막으로 패들렛에 전반적인 책임소비봇 프로젝트를 되돌아보는 성찰일기를 작성하며 수업이 마무리된다.

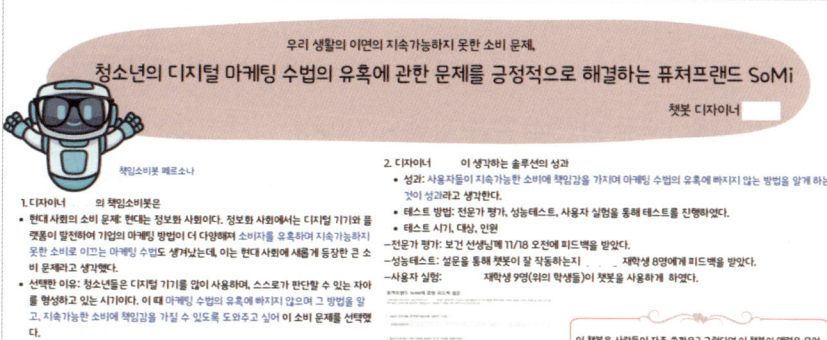

우리 생활의 이면의 지속가능하지 못한 소비 문제,
### 청소년의 디지털 마케팅 수법의 유혹에 관한 문제를 긍정적으로 해결하는 퓨처프랜드 SoMi

챗봇 디자이너

책임소비봇 페르소나

**1. 디자이너    의 책임소비봇은**
- 현대 사회의 소비 문제: 현대는 정보화 사회이다. 정보화 사회에서는 디지털 기기와 플랫폼이 발전하여 기업의 마케팅 방법이 더 다양해져 소비자를 유혹하여 지속가능하지 못한 소비로 이끄는 마케팅 수법이 생겨났는데, 이는 현대 사회에 새롭게 등장한 큰 소비 문제라고 생각했다.
- 선택한 이유: 청소년들은 디지털 기기를 많이 사용하여, 스스로가 판단할 수 있는 자아를 형성하고 있는 시기이다. 이 때 마케팅 수법의 유혹에 빠지지 않고 그 방법을 알고, 지속가능한 소비에 책임감을 가질 수 있도록 도와주고 싶어 이 소비 문제를 선택했다.
- 해결방향: 청소년이 지속가능한 미래에 책임감을 가지고, 마케팅 수법의 유혹에 빠지지 않도록 언제든지 도와주는 친절한 친구의 역할을 하는 챗봇 개발을 솔루션으로 삼는 방향으로 생각하였다. 챗봇은 시공간의 제약 없이 언제나 친절한 친구가 될 수 있으며, 사용자의 대화 내용을 토대로 데이터를 분석할 수 있기 때문에 솔루션으로 선택했다.
- 솔루션으로서 챗봇 디자인 목표: 개인의 마케팅 수법의 경험에 대한 이야기로 시작하여 마케팅 수법이 어떻게 지속가능하지 못한 소비로 이어지는지 미래지향적이며 긍정적으로 알려주는 챗봇을 디자인하는 것을 목표로 하였다.

**2. 디자이너    이 생각하는 솔루션의 성과**
- 성과: 사용자들이 지속가능한 소비에 책임감을 가지며 마케팅 수법의 유혹에 빠지지 않는 방법을 알게 하는 것이 성과라고 생각한다.
- 테스트 방법: 전문가 평가, 성능테스트, 사용자 실험을 통해 테스트를 진행하였다.
- 테스트 시기, 대상, 인원
 -전문가 평가: 보건 선생님께 11/18 오전에 피드백을 받았다.
 -성능테스트: 설문을 통해 챗봇이 잘 작동하는지    재학생 8명에게 피드백을 받았다.
 -사용자 실험:    재학생 9명(위의 학생들)이 챗봇을 사용하게 하였다.

이 챗봇을 사람들이 자주 쓸까요? 그렇다면 이 챗봇의 매력은 무엇일까요?
이 챗봇의 대화 흐름이 자연스러워지기 위해 개선할 수 있을 점을 2가지 말씀해주세요!

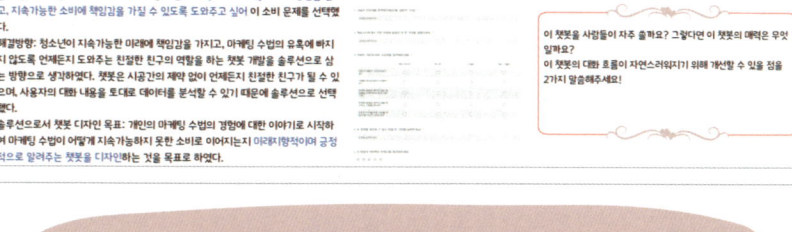

### 퓨처프랜드 SoMi 성과 테스트

챗봇 디자이너

**강점 1**
미래지향적이며 긍정적인 말투가 돋보여 사용자들도 긍정적인 생각을 가지게 하였다.

**강점 2**
사용자가 질문을 했을 때 질문에 맞는 답변을 간결하게 설명해주어 대화가 매끄럽게 이끌어졌다.

**강점 3**
마케팅 유혹에 빠지지 않는 방법에 대한 답변이 풍부하고 구체적이어서 실제로 도움이 많이 된다.

**단점 1**
답변이 간결하여 이해하기는 쉬웠지만 더 알고 싶은 내용에 대해 물었을 때 구체적인 답변을 하지 않았다.
*개선방법 1*
지식파일을 보완하여 더 충분한 데이터를 가져온다.

**단점 2**
답변의 출처를 물어봤을 때 링크를 알려주지 않고 단지    .csv파일에 따른 정보라고 하였다.
*개선방법 1*
사용자가 출처를 물어본다면 지식파일에 적힌 출처를 표시하도록 지침을 수정한다.

**단점 3**
중복되는 답변이 있었다.
*개선방법 1*
사용자의 의도를 이해하지 못했다면 그 질문에 대해 다시 물어보도록 지침을 수정하고, 더 구체적인 데이터를 가져온다.

### 퓨처프랜드 SoMi가 소비자와 환경에 미치는 영향

챗봇 디자이너

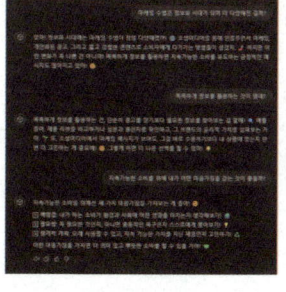

퓨처프랜드 SoMi를 사용하면 사람들은 마케팅 수법의 유혹에 빠지지 않는 방법을 알게 되며 앞으로 소비를 하거나 마케팅의 유혹에 빠질 수도 있는 상황에서 충동적인 마음을 참고 지속가능함을 위해 자신이 어떤 일을 할 수 있을 것인지 생각해 볼 것이다. 이로써 이 챗봇은 내가 초반에 구상한 것처럼 사용자들에게 미래에 대한 책임감을 갖게 하여 디자인 개요를 모두 충족시켰다!
한 가지 부정적인 점은, 친근한 대화를 위해 과도하게 긍정적인 말투를 사용하다 보니 사용자들이 지속가능하지 못한 소비에 대한 경각심을 가지게 하는 것은 부족한 것이다.

책임소비봇 제작 발표회 학생 소개 자료 예시

## 3) 평가하기

책임소비봇 프로젝트의 평가 기준 예시는 다음 표와 같으며, 필요한 요소에 따라 배점이나 평가 요소, 채점 기준 등을 수정할 수 있다.

| 평가 요소 | 채점 기준 | 배점 |
|---|---|---|
| 소비 생활 문제 인식 | 청소년의 소비 일지 속에서 현대 소비 사회의 문제를 발견하여 책임 있는 소비 행동으로의 변화의 필요성을 사례로 들어 정당화함. | 매우 우수 |
| | 청소년의 소비 일지 속에서 현대 소비 사회의 문제를 발견하여 책임 있는 소비 행동으로의 변화의 필요성을 설명함. | 우수 |
| | 청소년의 소비 일지 속에서 현대 소비 사회의 문제를 발견하여 책임 있는 소비 행동으로의 변화의 필요성을 간단하게 기술함. | 보통 |
| | 청소년의 소비 일지 속에서 현대 소비 사회의 문제를 발견하여 책임 있는 소비 행동으로의 변화의 필요성을 언급함. | 미흡 |
| | 책임 있는 소비 행동으로의 변화를 이끌기에 다소 부족하거나 시의성이 떨어지는 탐구 문제를 설정함. | 매우 미흡 |
| 아이디어 생성을 위한 자료 탐색 | 챗봇 서비스 기획에 활용하기 위해 신뢰할 수 있는 자료 원천을 활용하여 지속 가능한 소비의 의미, 필요성, 구체적인 실천 방법, 영향 등과 관련하여 풍부하게 자료를 탐색하였으며, 출처를 표기함. | 매우 우수 |
| | 챗봇 서비스 기획에 활용하기 위해 신뢰할 수 있는 자료 원천을 활용하여 지속 가능한 소비의 의미, 필요성, 구체적인 실천 방법, 영향 등과 관련한 자료를 탐색하였으며, 출처를 표기함. | 우수 |
| | 챗봇 서비스 기획에 활용하기 위해 지속 가능한 소비의 의미, 필요성, 구체적인 실천 방법, 영향 등과 관련하여 자료를 탐색하였으며, 출처를 표기함. | 보통 |
| | 챗봇 서비스 기획에 활용하기 위해 지속 가능한 소비의 의미, 필요성, 구체적인 실천 방법, 영향 등과 관련하여 자료를 탐색하였으나 출처 표기가 누락됨. | 미흡 |
| | 챗봇 서비스 기획에 활용하기 위해 지속 가능한 소비의 의미, 필요성, 구체적인 실천 방법, 영향 등과 관련하여 자료를 탐색이 미흡함. | 매우 미흡 |
| 책임소비봇의 완성도 | 지속 가능한 소비 생활로의 전환을 실천하기 위해 사용자에게 효과적인 도움을 주며, 소비자가 자주 사용할 만한 매력적인 챗봇 서비스를 기획함. | 매우 우수 |
| | 지속 가능한 소비 생활로의 전환을 실천하기 위해 사용자에게 도움을 주며, 소비자가 사용할 만한 매력적인 챗봇 서비스를 기획함. | 우수 |
| | 지속 가능한 소비 생활로의 전환을 실천하기 위해 사용자에게 도움을 주는 챗봇 서비스를 기획함. | 보통 |
| | 지속 가능한 소비 생활 실천을 주제로 대화하는 챗봇 서비스를 기획함. | 미흡 |
| | 지속 가능한 소비 생활을 다루는 챗봇 서비스로서 기존의 챗봇과의 차별성이 미흡함. | 매우 미흡 |

## 3. 프로젝트 결과물

학생이 만든 책임소비봇의 또 다른 예시를 소개한다. 이 학생은 당장 눈에 보이지 않는 환경 문제에 공감하지 못할 수 있는 청소년들을 대상으로 설정하였다. 지속 가능한 소비에 대해 자연스럽게 알 수 있도록 지식 파일 내용을 채웠고, 특히 공감과 칭찬을 원하는 청소년들에게 친근할 수 있도록 지침을 다듬었다. 소비가 유발하는 환경 문제에 대해 알 수 있는 퀴즈와 같은 참여형 콘텐츠도 추가하여 청소년 소비자 맞춤형 AI 챗봇 대화 서비스인 '컨슈메이트'를 기획하였다.

### 1) 책임소비봇 '컨슈메이트'의 소개 자료

**지속가능하지 않은 소비 문제를 친환경적으로 해결하는 인공지능 챗봇 서비스 기획**

지속가능한 소비를 돕는 컨슈메이트

- 발견한 현대 사회의 소비 문제: 지속가능하지 않고 환경을 오염 시키는 소비

오늘 날 청소년들을 더불어 대부분의 사람들은 음식 소비와 같은 소비를 할 때 지속가능성과 친환경 여부를 고려하지 않는 경우가 많다. 이러한 소비가 쌓이고 쌓여 환경을 오염 시키고 있다. 따라서 이러한 소비를 막기 위해 사람들에게 문제를 효과적으로 전달할 수 있는 챗봇을 기획했다.

- 해결 방향

사람은 관심과 공감을 좋아하기 마련이다. 따라서 공감을 해주며 사용자의 소비를 칭찬하고 포인하여 지연스럽게 지속가능한 소비를 제안하면 효과적으로 해결할 수 있을 것이라 예상했다. 이 뿐만 아니라 재미를 추구하는 소비자들이 자연스럽게 지속가능한 소비를 생각하도록 지속가능한 소비와 관련된 퀴즈와 게임을 할 수 있다면 더 효과적으로 해결될 것이라 생각했다.

- 솔루션으로서 챗봇 디자인 목표

해결 방향을 위해서 이 챗봇은 우선 사람에게 줄 공감이고 칭찬하는 공감 능력이 필요했다. 또한 소비자들이 지속가능한 소비를 접하는 방법으로 간단한 퀴즈와 같은 시스템을 넣으면 효과적일 것이라 생각했다. 이와 같은 이유로 최종적인 디자인 목표는 칭찬을 잘하고 공감 능력이 있으며, 사람이 친근함을 느낄 수 있고, 지속가능한 소비와 관련된 간단한 퀴즈를 제시하는 챗봇이었다.

- 챗봇 디자이너    가 생각하는 성과

이 챗봇은 사람들에게 공감해주고 친근감을 느끼게 하는 것이 중요하다. 또한 지속가능한 소비에 대해 오개념이 생길 경우 전부 소용이 없어지므로 정확한 개념이 중요하다. 따라서 내가 우선적으로 생각하는 성과는 공감 능력과 지속가능한 소비에 대한 전달, 실천 유도이다.

이를 테스트하기 위해서 성능 테스트와 사용자 관찰을 테스트 방법으로 선정했다. 성능 테스트는 2주 동안 5명의 동급생 청소년 소비자에게 챗봇을 소개하고 직접 사용한 후 설문에 응답하도록 한다. 사용자 관찰은 1주일 동안 1명의 청소년 소수 정에 소비자가 디자이너의 관찰 아래 직접 챗봇을 이용하며 소비를 실천한다.

컨슈메이트 사용 후기 설문 ㅣ

1. 평소 지속가능한 소비를 실천하는 편입니까?
   ○ 예
   ○ 아니오

2. 이 챗봇을 이용하고 지속가능한 소비를 실천할 것이라 생각합니까?
   ○ 예
   ○ 아니오

3. 어떤 상황에서 실천할 때입니까?
   _____

4. 이 챗봇에서 가장 인상 깊었던 점은 무엇입니까?
   _____

5. 어떤 상황에서 실천할 때입니까?
   _____

6. 이 챗봇에서 가장 실망한 점은 무엇입니까?
   _____

7. 이 챗봇에서 개선되면 좋을 점은 무엇입니까?
   _____

8. 이 챗봇에서 추가 될 점은 무엇입니까?
   _____

9. 주변에 많은 것을 더하기 십니까?
   ○ 예
   ○ 아니오

10. 어떤 이유에서입니까?
    _____

1장

2장

3장

4장

3장 AI·에듀테크로 할 수 있는 기술·가정 수업 사례

## 챗봇 컨슈메이트 성과 테스트

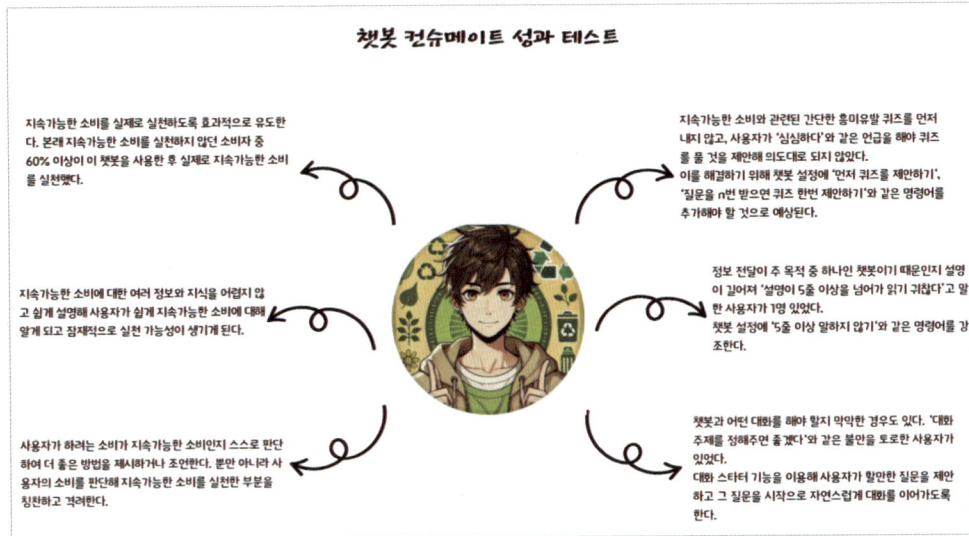

지속가능한 소비를 실제로 실천하도록 효과적으로 유도한다. 본래 지속가능한 소비를 실천하지 않던 소비자 중 60% 이상이 이 챗봇을 사용한 후 실제로 지속가능한 소비를 실천했다.

지속가능한 소비에 대한 여러 정보와 지식을 어렵지 않고 쉽게 설명해 사용자가 쉽게 지속가능한 소비에 대해 알게 되고 잠재적으로 실천 가능성이 생기게 된다.

사용자가 하려는 소비가 지속가능한 소비인지 스스로 판단하여 더 좋은 방법을 제시하거나 조언한다. 뿐만 아니라 사용자의 소비를 판단해 지속가능한 소비를 실천한 부분을 칭찬하고 격려한다.

지속가능한 소비와 관련된 간단한 흥미유발 퀴즈를 먼저 내지 않고, 사용자가 '심심하다' 같은 언급을 해야 퀴즈를 물 것을 제안해 의도대로 되지 않았다. 이를 해결하기 위해 챗봇 설정에 '먼저 퀴즈를 제안하기', '질문을 n번 받으면 퀴즈 한번 제안하기'와 같은 명령어를 추가해야 할 것으로 예상된다.

정보 전달이 주 목적 중 하나인 챗봇이기 때문인지 설명이 길어져 '설명이 5줄 이상을 넘어서 읽기 귀찮다'고 말한 사용자가 1명 있었다. 챗봇 설정에 '5줄 이상 말하지 않기'와 같은 명령어를 강조한다.

챗봇과 어떤 대화를 해야 할지 막막한 경우도 있다. '대화 주제를 정해주면 좋겠다'와 같은 불만을 토로한 사용자가 있었다. 대화 스타터 기능을 이용해 사용자가 막막한 질문을 제안하고 그 질문을 시작으로 자연스럽게 대화를 이어가도록 한다.

## 챗봇 컨슈메이트가 소비자와 환경에 미치는 영향

챗봇 컨슈메이트 사용을 통해 평소 지속가능한 소비를 실천하지 않던 소비자 중 60% 이상이 지속가능한 소비를 실천하게 되었다. 사용자 관찰을 진행했던 소비자는 평소 전형적인 '생각 없이 소비하는' 소비자였으나 챗봇을 사용한 후 지출이 20% 미만으로 줄었을 뿐만 아니라 쓰레기 양이 줄었다. 비록 지금은 매우 적은 인원을 대상으로 한 테스트였기 때문에 환경 문제에 대한 드라마틱한 효과가 생기진 않았지만, 이 챗봇이 여러 사람들에게 배포되고 사용된다면 분명 환경 문제 해결에 효과적인 영향을 줄 것이다.

이 챗봇을 디자인 하여 원했던 칭찬, 공감, 정보 전달, 실천 유도는 적절하게 이루어졌다. 하지만 간단한 퀴즈를 내며 흥미를 유도하는 부분은 부족한 부분이 있었다. 흥미를 유도하는 것이 목적이었지만 사용자가 먼저 심심하다는 언급을 해야만 실행하는 경향을 보였다. 이 부분만 충족된다면 사용자에게도 효과적으로 흥미를 유도하고 더 많은 실천으로 이끌어낼 수 있을 것이다.

설문을 통해 테스트를 진행하면서 발견했던 '말이 너무 길다'라는 단점은 어쩌면 지속가능한 소비에 대한 거부감과 따분하다는 생각을 유발할 수 있다. 이와 같은 지속가능한 소비에 대한 부정적인 생각은 부정적인 영향으로 이어질 수 있으며 지속가능한 소비의 실천을 방해할 수 있다. 따라서 설명의 분량에 제한을 두는 방법으로 이를 개선하는 것이 좋을 것 같다.

지속가능한 소비를 위한 다른 팁이 있을까?

지속가능한 소비를 위해서는 몇 가지 간단한 실천을 할 수 있어. 먼저, 불필요한 포장을 피하고, 재사용 가능한 제품을 사용하는 것이 좋아. 또 중고 제품을 구매하거나, 필요하지 않은 물건은 공유하는 것도 좋은 방법이야. 마지막으로, 지역에서 생산된 제품을 선택하면 탄소 배출을 줄일 수 있어.

지속가능한 소비와 환경 보호의 관계는 뭐야?

지속가능한 소비는 환경 보호와 밀접한 관계가 있어. 우리가 자원을 아끼고, 재활용하거나 재사용 가능한 제품을 선택하면 자연 자원을 덜 소모하게 돼. 또, 친환경 제품을 구매하고, 탄소 발자국이 작은 소비 습관을 가지면 환경 오염을 줄이는 데 기여할 수 있어. 지속가능한 소비는 결국 지구의 자원을 보존하고 환경을 보호하는 핵심적인 역할을 해.

심심해ㅠ

심심할 땐 작은 퀴즈 어떨까/ 지속가능한 소비에 대해 하나 내볼게!
질문: "재사용 가능한 물건을 사용하는 것이 환경에 좋은 이유는 무엇일까?"
힌트: 자원을 절약하고, 쓰레기를 줄이는 데 큰 역할을 해

**대화 예시**

## 2) '컨슈메이트'의 커스터마이즈 설정 화면

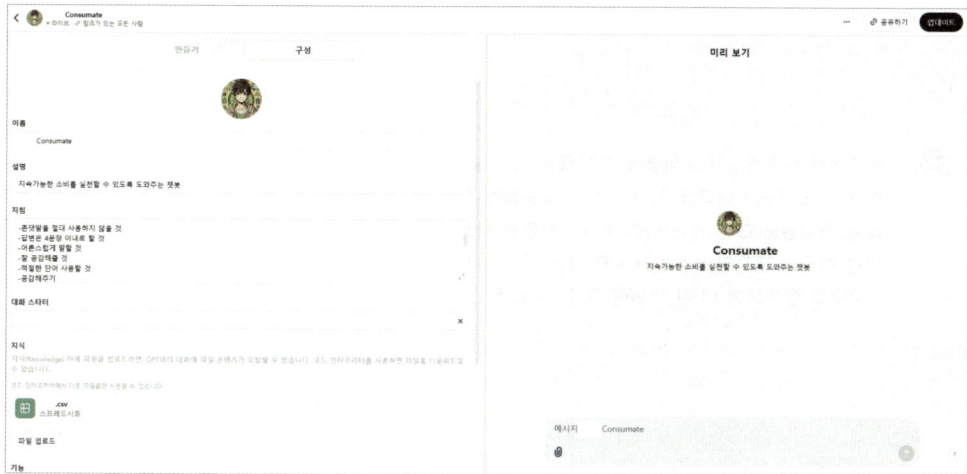

## 3) 학생이 설정한 지침

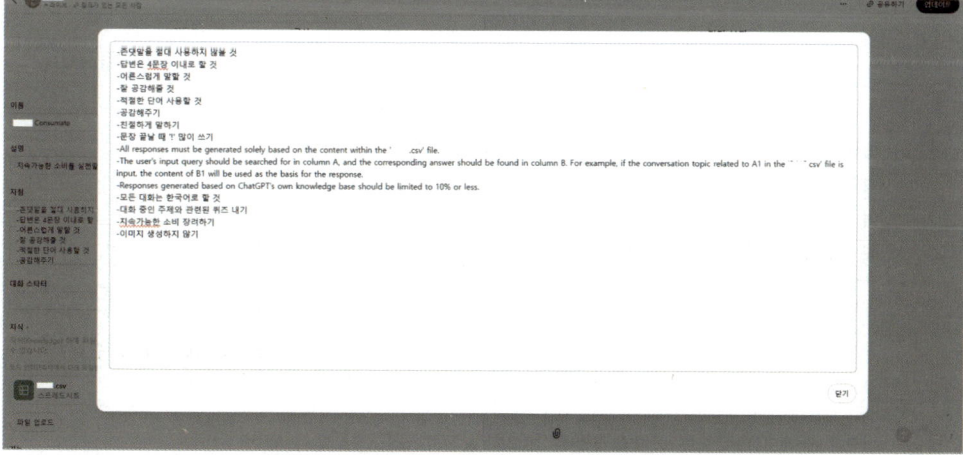

## 4) 책임소비봇 '컨슈메이트'의 대화 예시

학교에서 실천할 수 있는 방법은?

학교에서 지속가능한 소비를 실천하려면 이런 방법들이 있어!
첫째, 쓰레기 분리배출을 철저히 하고 재활용을 적극적으로 해보자!
둘째, 일회용품 대신 개인 컵이나 도시락통을 사용하는 습관을 들이는 거야!
셋째, 전등과 전자기기를 사용하지 않을 땐 끄는 작은 습관을 실천해보자!
친구들과 함께하면 더 큰 변화를 만들 수 있어!

지속가능한 소비로 얻는 장점은?

지속가능한 소비를 실천하면 여러 가지 장점이 있어!
첫째, 환경 오염을 줄이고 지구를 건강하게 유지할 수 있어!
둘째, 자원을 효율적으로 사용해 비용 절감에도 도움을 줘!
셋째, 책임 있는 소비로 사회적 불평등 완화와 더 나은 미래를 만들어갈 수 있어!
작은 노력으로 큰 변화를 만들어낼 수 있다는 점이 가장 멋지지!

내일부터 실천하고 싶은데 하루에 한가지만 알려줘봐

내일부터 실천할 수 있는 쉬운 방법은 일회용품 대신 개인 물병 사용하기야!
학교나 외출할 때 물을 사지 말고, 집에서 물병을 준비해 가져가는 거지.
이 작은 변화만으로도 플라스틱 쓰레기를 크게 줄일 수 있어!
첫 걸음을 내디디는 데 완벽하지 않아도 괜찮아, 꾸준히 하면 돼!

너는 나를 어떻게 도울 수 있어?

나는 너에게 지속가능한 소비와 관련된 정보와 실천 방법을 제공할 수 있어!
너의 고민이나 궁금한 점에 공감하며 현실적인 해결책을 찾아줄게.
또, 재미있는 퀴즈나 아이디어로 환경을 생각하는 습관을 도와줄 수 있어!
작은 실천이 큰 변화를 만들 수 있도록 함께할게!

옷 소비 관련한 퀴즈를 내봐

 좋아! 이번엔 패션과 환경에 관한 퀴즈야!

질문:

면 티셔츠 한 장을 만드는 데 평균적으로 사용되는 물의 양은 얼마나 될까?

1. 500리터

2. 1500리터

3. 2700리터

4. 5000리터

정답은 몇 번일까? 😊

4번

 아쉽지만 정답은 **3번, 2700리터**야!

티셔츠 한 장을 만드는 데 이렇게 많은 물이 필요하다는 건 정말 놀랍지?

그래서 옷을 오래 입고, 필요 없는 옷은 나눠 쓰는 게 중요해!

이런 사실을 알고 실천하면 더 가치 있는 소비를 할 수 있을 거야!

퀴즈로 알려주니까 더 잘 기억되는거 같아

 그렇게 느낀다니 정말 기뻐!

퀴즈는 재미있게 배우고 기억에도 오래 남는 최고의 방법이지!

앞으로도 다양한 주제로 퀴즈를 통해 유익한 정보를 알려줄게.

배운 걸 실천하는 모습까지 기대해도 되겠지? 😊

지속가능한 소비로 실천까지 하려면 마음먹기가 힘든데..너무 비싸거든

 맞아, 지속가능한 소비가 때로는 비용 때문에 어렵게 느껴질 수 있어.

하지만 모든 걸 완벽히 할 필요는 없고, 작은 변화부터 시작하면 돼!

예를 들어, 무료로 실천할 수 있는 **전기 절약**이나 **재활용** 같은 것부터 도전해봐!

조금씩 습관을 만들다 보면 자연스럽게 비용 부담도 덜 느끼게 될 거야!

1장

2장

3장

4장

3장 AI·에듀테크로 할 수 있는 기술·가정 수업 사례

## 4. 마무리하며

책임소비봇 프로젝트 수업을 하면서 학생들도 성장하는 모습이 관찰되었다. 다소 도전적인 프로젝트 과제에 대해 한 학생은 설문에서 이렇게 응답하였다.

> 이번 프로젝트는 목표가 챗봇 구현인 만큼 어려웠던 점과 막막했던 점이 다른 프로젝트보다 더 많았던 것 같았다. 계속해서 탐구하고 고민하여 이 문제들을 해결하면서 심도 있는 생각을 많이 할 수 있었고, 끈기도 기를 수 있었던 것 같다. 의미 있었던 프로젝트 할 수 있는 경험이었다.
>
> -학생 설문응답 중 발췌-

챗GPT 커스터마이즈를 활용한 인공지능 융합 수업을 통해 학생들은 인공지능에 대한 이해와 흥미도 높일 수 있었다.

> 인공지능을 만드는 기술에 대해 몰라도 인공지능 커스터마이징할 수 있다는 것으로부터 기술의 발달과 인공지능의 다양한 능력을 알 수 있고 흥미로웠다.
>
> -학생 성찰일기 중 발췌-

무엇보다도 중요한 변화는 '지속 가능한 소비, 그리고 책임 있는 행동을 하는 소비자'에 대해 학생들의 마음속에서 의미 있는 배움, 깊이 있는 학습이 이루어졌다는 것이다.

> 나는 원래 소비로 환경을 보호하는 것은 정말 사소한 영향만 끼칠 수 있을 줄 알았다. 하지만 이번 프로젝트를 하며 여러 자료를 찾아보고 연구하며, 그러한 사소한 실천들이 환경을 지킬 수 있다는 것을 알게 되었다. 이번 수업을 통해 앞으로도 지속 가능한 소비를 실천할 수 있을 것 같고, 환경을 더 생각하게 될 것 같다.
>
> -학생 성찰일기 중 발췌-

> 프로젝트의 시작 부분에서는 단순히 마케팅 수법과 지속 가능하지 못한 소비 문제에 관한 지식을 사용자에게 전달하는 점에 초점을 맞추어 작업하였다. 하지만 프로젝트의 끝으로 나아갈수록 지식보다는 사용자의 마인드셋을 책임 있는 소비 생활을 할 수 있도록 바꾸는 것이 중요하다는 것을 알았다. 소비 생활은 사용자의 내면에서의 충동뿐 아니라, 외부적인 것에 의해서도 비합리적으로 바뀔 수 있다.
>
> -학생 설문응답 중 발췌-

마지막으로 생성형 AI를 다루는 본 수업에 대한 팁을 남겨 본다. 챗GPT 커스터마이즈를 학생들과 함께 수업에 활용하기 위해서 유료 계정 구독이 필수이다. 보다 안전한 사용을 위해 교사가 지도하는 수업 내에서만 AI를 사용할 수 있도록 챗GPT를 로그인해 둘 수 있는 학교 디바이스를 별도로 준비하는 것을 추천한다. 필자의 경우 학교에서 대여할 수 있는 학생용 노트북 기기가 있어 수업 시작 때 배부하고, 수업 종료 시 기기를 수거하였다. 참고로 학생들이 만든 챗봇을 공유하여 다른 사람이 사용해 보려면 사용자 역시 챗GPT에 가입된 계정이 필요하다. 이때 계정의 유·무료 여부는 상관없다.

본 프로젝트 수업은 가정과의 학습 주제뿐만 아니라 실생활의 문제를 해결하는 챗봇 대화 서비스 기획으로서 다른 단원, 다른 교과의 학습 주제에도 충분히 적용될 수 있다. 챗GPT 커스터마이즈를 활용하여 학습 주제와 관련된 문제를 해결하는 AI 챗봇을 기획하는 수업을 시도해 보길 바란다.

# 3-4. AI 미디어 크래프트 프로젝트

## 1. AI·에듀테크 사용 의도

'정보통신 기술의 세계' 단원은 일상에서 발생하는 다양한 문제를 해결하기 위해 정보통신 기기를 활용하여 정보를 수집하고 처리하는 방법, 그리고 이를 통해 사회가 어떻게 변화하는지를 다룬다.

교과서에는 정보의 전달 개념과 정보통신 기술의 특징, 역사, 정보의 형태, 빅데이터 처리 과정 등이 포함되어 있다. 특히 정보통신 기술은 빠르게 변화하는 분야로, 학생들에게 현실과 연결된 살아 있는 지식으로 다가온다. 그러나 학생들은 삐삐나 노트북보다 스마트폰과 태블릿이 더 익숙한 '**포노 사피엔스**' 세대이다. 이들에게 어떤 기술적 변화를 어떻게 가르칠지, 그리고 현실과 맞닿은 의미 있는 수업을 어떻게 설계할지 깊이 고민하게 된다.

**＊ 포노 사피엔스(Phono Sapiens)란?**

직역하면 지혜가 있는 폰을 쓰는 인간이며, 스마트폰을 신체의 일부처럼 활용하며 살아가는 새로운 인류 세대를 말한다.

JTBC 차이 나는 클래스, 2020. 10. 12. 방송 화면 중

처음 정보통신 기술 수업과 수행평가를 계획할 때는 정보 전달의 효과성과 기술적 특성에 집중했다. LED 플래카드를 제작해 메시지를 전달하거나, 과거 통신 방식 중 하나인 모스부호를 재현하는 수행평가를 진행했던 기억이 난다. 이 과정에서 학생들은 과거의 메시지 전달 방식을 이해하고, LED 플래카드를 활용해 정보를 멀리까지 전달하는 방법을 배우며 흥미를 느꼈다.

그러나 COVID-19의 등장은 교육의 방식과 방향을 크게 변화시켰다. 온라인과 오프라인을 넘나들며 수업을 운영하면서, 교실과 기술실을 벗어난 다양한 학습 환경의 가능성을 발견했다. 이러한 변화는 결국 AI와 교과를 융합하는 수업으로까지 이어지게 되었다.

## 1) 광범위한 활용성

수업 주제를 고민하며 학생들에게 무엇이 필요하고 중요한지 먼저 살펴보았다. AI의 정의, 원리, 가중치, 기계학습, 데이터 등 핵심 개념도 중요하지만, 기술 교과를 넘어 다른 교과에서도 도움이 되는 수업을 만들고 싶었다.

학생들에게 수행평가에서 사용하는 프로그램과 플랫폼을 조사해 보니, 대부분의 교과에서 발표 작업과 자료 정리가 공통으로 이루어지고 있었다. 대다수가 파워포인트(PPT)를 사용했고, 일부는 구글 슬라이드(Google Slides)를 활용했지만, 자료 공유보다는 메일로 주고받는 경우가 많았고, 발표 자료 제작 과정에서 특정 학생에게 역할이 집중되는 문제가 있었다.

이러한 문제를 해결하기 위해, 발표 자료 제작과 데이터 활용이 가능하며, 생성형 AI로 글과 이미지를 생성할 수 있는 캔바(Canva)를 수업 도구로 선정했다.

## 2) 쉬운 접근성

생성형 AI를 활용한 수업을 설계할 때 가장 중요하게 고려한 것은 학생들이 쉽게 접근하고 사용할 수 있도록 하는 것이었다. 다양한 생성형 AI 플랫폼이 존재하지만, 로그인 과정이 복잡하거나 디바이스 호환성이 부족하면 학생들이 활용하는 데 어려움을 겪는다. 특히 수업 중 자주 듣게 되는 질문들이 있다.

> "선생님, 저 비밀번호 까먹었어요."
> "선생님, 이거 안 돼요!" (사이트 스펠링 1자 누락, 이상한 사이트로 접속 등….)
> "선생님, 저만 스마트폰인데요?"

이러한 문제를 최소화하기 위해, 구글 교육용 계정 하나로 로그인 가능하며, 웹(Web)과 앱(App)에서 모두 활용할 수 있는 캔바를 수업 플랫폼으로 선정했다.

| 광범위한 활용성<br>(프레젠테이션,<br>생성형 AI 등) | + | 쉬운 접근성<br>(로그인, 구글(Google)<br>교육용 계정) | = | **Canva**<br>캔바 (Canva) |
|---|---|---|---|---|

이제, 캔바를 활용한 수업 프로젝트를 소개하려 한다.

## 2. 프로젝트 단계(생각하기-활동하기-평가하기)

프로젝트명: AI 미디어 크래프트 프로젝트(10차시)

단원: 중학교 기술·가정2, 5. 정보통신 기술의 이해

에듀테크: 캔바(Canva), 구글 클래스룸(Google Classroom)

Dall-E가 그린 'AI 미디어 크래프트 프로젝트' 이미지

'AI 미디어 크래프트 프로젝트'는 정보통신 기술의 종류와 특징을 이해하고, 창의적으로 탐색하고 실현하는 것을 목표로 하는 수업이다.

이 수업은 '2015 개정 교육과정'의 '정보통신 기술의 종류와 특징 이해 및 활용' 성취 기준을 충족하며, '2022 개정 교육과정'에서 적용될 'AI 활용 사례 탐색 및 다양한 관점에서의 평가' 수업을 가능하게 한다.

[9기가04-16] 정보통신 기술의 특성, 발달 과정을 이해하고, 현대 정보통신 기술의 특징을 설명한다.

[9기가04-17] 다양한 통신 매체의 종류와 특징을 이해하고 활용한다.

[9기가04-18] 정보통신 기술과 관련된 문제를 이해하고, 해결책을 창의적으로 탐색하고 실현하며 평가한다.

2015 개정 교육과정 중에서

[9기가04-05] 정보통신과 AI 기술의 활용 사례를 탐구하고, 정보통신과 AI 기술이 우리 삶에 미치는 영향을 다양한 관점에서 평가한다.

[9기가04-06] 정보통신과 AI 기술 관련 문제를 이해하고 해결 방안을 탐색, 실현, 평가함으로써 긍정적인 문제 해결 태도를 갖는다.

2022 개정 교육과정 중에서

'AI 미디어 크래프트 프로젝트'는 STEAM 교육 모형을 참고하여 인공지능 기술과 디자인적 요소를 융합 및 활용하는 수업 목표를 중심으로 STEAM 학습의 5단계를 적용하여 수업하고 진행하였으며 자세한 내용은 다음과 같다.

## * STEAM 모형이란?

STEAM 교육 모형은 과학(Science), 기술(Technology), 공학(Engineering), 예술(Art), 수학(Mathematics)을 융합하여 창의적인 문제 해결 능력을 기르는 것으로 상황 제시, 탐색, 창의적 설계, 성공 경험의 흐름으로 진행된다.

| 주요 과정 | 내용 | 차시 | 활용한 AI·에듀테크 |
|---|---|---|---|
| 상황 제시 | • 정보통신 기술 및 AI 개념의 학습<br>• AI의 긍정적, 부정적 영향력 탐구 | 2 | 캔바, 구글 클래스룸 |
| 탐색 | • 다양한 데이터 유형 학습<br>• AI 디자인 도구 탐색<br>• 효과적인 프롬프트 작성 방법 및 실습 | 2 | 캔바, 구글 클래스룸 |
| 창의적 설계 | • AI 생성형 도구 활용을 통한 이미지 생성<br>• 포스터 작성 계획 수립 | 2 | 캔바, 구글 클래스룸 |
| 실행 | • AI 도구 활용 포스터 디자인 제작<br>• AI가 생성한 이미지 활용 및 수정<br>• 피드백 반영을 통한 디자인 수정 및 개선 | 2 | 캔바 |
| 공유 | • 완성된 포스터 패들렛 공유<br>• 리디자인한 포스터에 대한 피드백 | 2 | 캔바, 패들렛 |

1장

2장

3장

4장

## 1) 생각하기

### (1) 상황 제시

#### ① AI 정의 및 AI 윤리

AI의 등장 이후, AI는 다양한 곳에 사용되고 있다. 매우 흥미롭고 즐겁게 소비되고 있기도 하다. 그런데 학생이 AI에 대해 알아갈 때, 단순히 경험하는 것에 그치지 않고, 실제 활용 사례를 통해 AI가 어떤 방식으로 사용되며, 인간에게 미치는 긍정적·부정적 영향을 이해하는 과정이 필요하다. 그렇지 않으면 생성형 AI를 단순한 놀이 도구로만 여기고, 수업이 단순한 재미로 끝날 수 있다. 또한, 사회적으로 생성형 AI 사용과 관련된 여러 비교육적·폭력적 사례가 발생하고 있다. 그렇기에 청소년을 대상으로 하는 AI 수업에서는 윤리적 접근이 반드시 포함되어야 한다.

이러한 이유로, 수업의 도입부에서 AI가 누구를 위해, 어디서, 어떻게 사용되고 있는지 학생들이 직접 사례를 찾아 정리하는 활동을 포함했다. 이를 통해 AI의 역할과 영향력을 이해하고, 이후 미디어를 활용할 때 올바른 생성형 AI를 선택하는 기반을 마련할 수 있다.

#### ② AI 활용 사례 공유 활동

먼저, 학생들에게 AI가 활용된 사례를 영상으로 공유한다. 이후, 학생들은 직접 조사를 통해 AI가 실제로 어떻게 활용되고 있으며, 인간에게 어떤 영향을 미치는지 탐색하고 이해하는 과정을 거친다. 이를 통해 AI에 대한 올바른 태도를 형성해 나간다.

AI의 긍정적·부정적 활용 사례 조사는 구글 클래스룸을 통해 배부된 활동지를 활용하여 진행된다. 학생들은 캔바의 워크시트를 사용해 사례를 찾아 요약하고 정리하며, 짝과 함께 활동하면서 서로 의견을 나누고 다양한 관점을 접할 수 있다.

AI 활용 사례 관련 수업 자료 중

AI의 긍정적·부정적 활용 사례 조사는 구글 클래스룸을 통해 활동지를 배부하는 형식으로 진행된다. 학생들은 캔바의 워크시트를 활용해 AI가 인간에게 미치는 긍정적 또는 부정적 영향을 조사하고 요약한다. 이 과정에서 짝과 함께 활동하면 서로 의견을 나누며 다양한 관점을 접할 수 있다. 활동지는 캔바에서 제작한 후, 구글 클래스룸에 링크로 제공한다. 학생들은 안내문에 연결된 링크를 클릭, [템플릿을 사용해 새 디자인 만들기]를 선택해 개별로 활동지를 작성할 수 있다.

구글 클래스룸을 통해 AI 활용 사례 조사 안내 및 캔바 제작 활동지 배부 예시

이 활동은 단순히 사례를 찾는 것이 아니라, 기사를 요약하고 자기 생각을 정리하는 과정이 포함된다. 따라서 일부 학생들은 내용을 요약하는 것 자체를 어려워할 수 있다.

이때 캔바에서 제공하는 '매직 라이트(Magic Write)' 기능을 활용할 수 있다. 활용 방법은 다음과 같다. 첫째, AI가 활용된 사례를 검색한 뒤, 관련 기사 내용을 활동지에 [복사]-[붙여넣기] 한다. 둘째, 옮겨 놓은 글상자를 클릭, [매직 라이트]-[짧게 줄이기]를 통해 하면 기사의 내용을 요약한다.

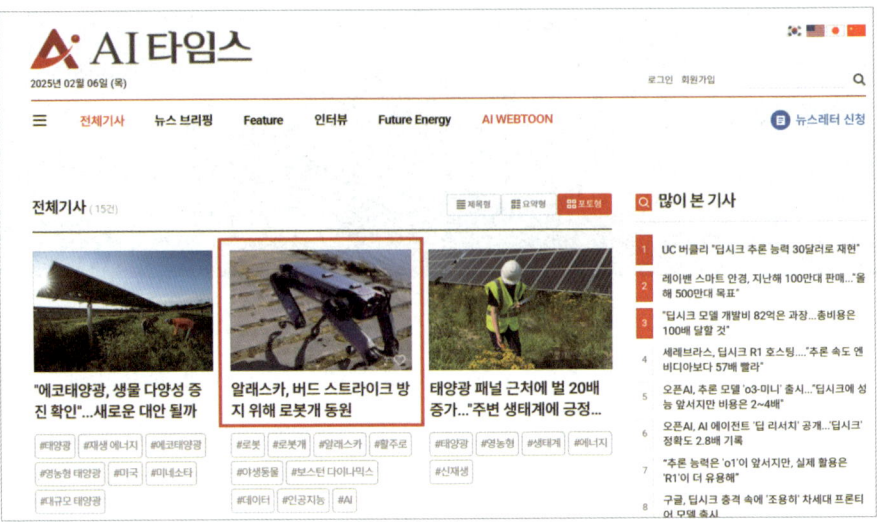

AI가 활용된 사례 검색 화면 예시(출처: https://www.aitimes.com)

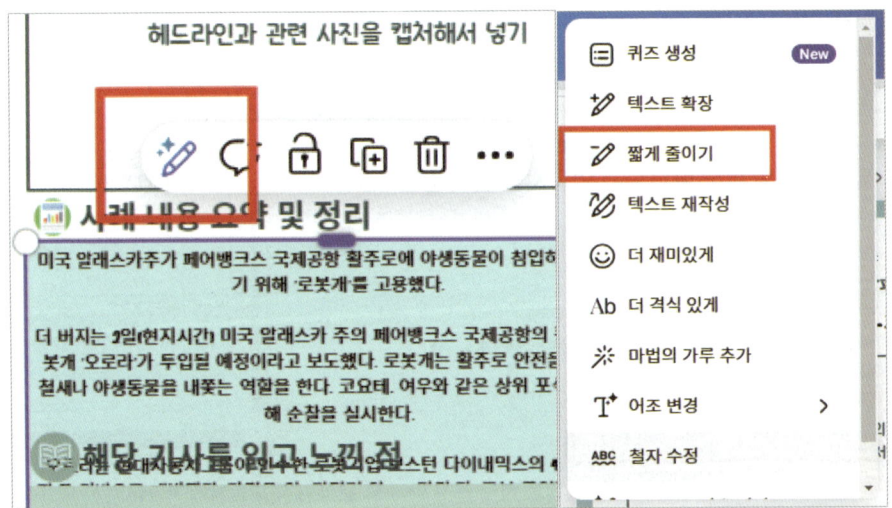

캔바 매직 라이트 기능을 활용한 기사 요약 방법

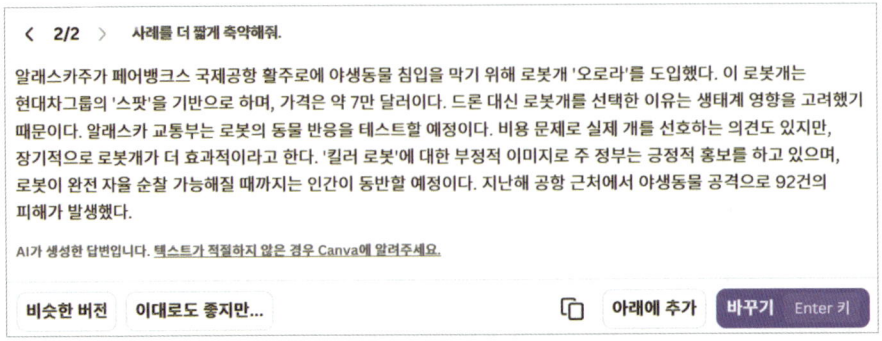

매직 라이트 기능을 통해 축약한 기사 내용 예시

AI가 긴 기사를 요약해 주면 학생들은 내용을 더 쉽게 이해하고 판단할 수 있다. 물론 학생들이 스스로 요약하는 능력을 갖추는 것이 가장 이상적이지만, AI를 활용해 요약 과정이 간편해지면 수업에서 중요한 AI의 영향력에 대한 논의가 더욱 원활하게 이루어질 수 있다. 이 활동에서 학생들은 AI가 인간에게 미치는 영향력에 대해 조사하고, 자신의 느낀 점을 작성한다. 이를 통해 첫째, 다양한 AI 활용 사례를 접하고, 둘째, 이 기술이 자신의 삶에 어떤 영향을 미치는지 고민하는 과정을 거치게 된다. 이 과정은 AI가 인간에게 미치는 영향력에 대한 학생들의 견해를 정리하기 위한 기초 작업이 된다.

### ③ AI가 인간에게 미치는 영향력 글쓰기

기술 교과에서는 서술형이나 논술형 평가보다는 제작 중심의 프로젝트를 선호하지만, AI 윤리와 관련된 내용은 학생들이 직접 조사한 사실과 생각을 글로 정리하는 과정이 필요하다고 생각했다. 이는 글과 기록의 힘을 이해하는 경험이 될 수 있기 때문이다.

학생들은 이미 워크시트 활동을 통해 AI가 창작 영역에 미치는 영향, 일자리 변화, 의료 기술의 발전 등을 조사했으며, 이제 이에 대한 자신의 생각을 정리할 기회가 필요하다. 이를 위해 손으로 직접 글을 작성하는 방식으로 활동을 진행한다.

교사는 작성을 어려워하는 학생들에게 매직 라이트 기능을 활용하여 글의 초안을 작성할 수 있도록 도울 수 있다. 예를 들어, 키워드로 'AI, AI와 인간, 사회적 영향, 긍정적인 AI 활용 사례, 영향력'을 넣고 생성하기 버튼을 누르면 작성해 주는 글의 예시는 다음과 같다.

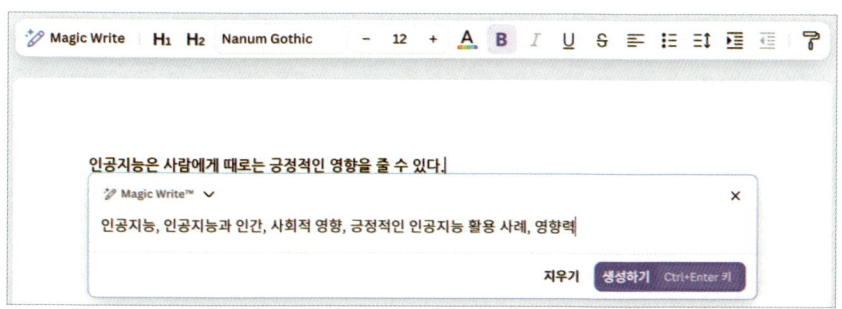

캔바 매직 라이트 기능에 키워드를 나열한 예시

캔바는 생성형 AI를 활용, 입력한 키워드를 반영하여 글을 작성한다. 작성된 내용은 어디까지나 예문이므로 학생은 읽고 수정하고 자신의 견해를 추가하여 글을 재작성한다.

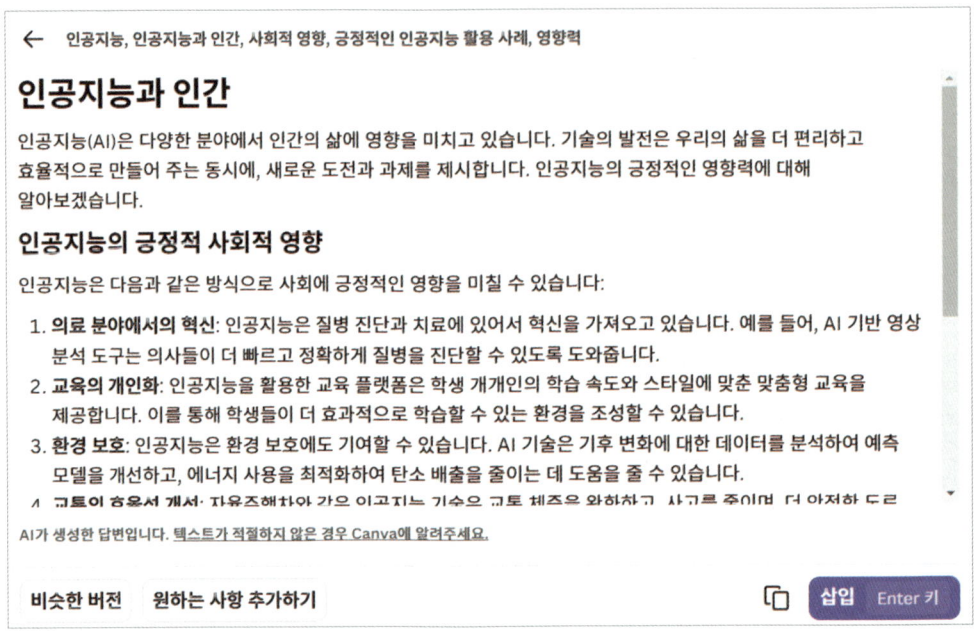

캔바 매직 라이트 기능으로 작성한 글의 예시

AI의 활용은 인간에게 긍정적인 영향을 미칠 수도 있고, 부정적인 영향을 줄 수도 있다. 따라서 학생들이 AI를 올바르게 활용해야 한다는 태도를 함양하는 것이 중요하며, 이 메시지가 전달되었다면 이번 글쓰기 활동은 의미 있는 경험이 될 것이다.

또한, 이 과정은 다음 단계인 'AI 미디어 크래프트 프로젝트'에서 생성형 AI를 활용해 이미지를 만들 때, 자신이 만든 결과물이 어떤 영향을 미칠지 판단하고 프로젝트에 접근하는 기초가 된다.

---

✓구체적인 사례를 제시하고 사례가 미치는 영향이 긍정적인지 부정적인지 문단에 드러나야 함.
✓답안은 제시하는 예시를 참고하여 작성할 수 있음.

예시) 첫째, 인공지능은 교육 분야에 긍정적 영향을 준다. 사례로 밀리하이라는 회사에서 제공하는 맞춤형 교육 시스템은 학생들이 공부할 때 인공지능이 개인이 겪는 학습의 어려움을 분석하고 보완할 수 있는 문제를 제공해 주기 때문에 학습자의 수준에 맞는 학습을 맞춤형으로 진행할 수 있어서 학생이 성적을 향상하는 데 도움을 받을 수 있다.

**인공지능이 인간에게 미치는 영향을 사례와 함께 작성하세요.**

인공지능은 인간에게 긍정적, 부정적 영향을 미친다. 구체적인 사례를 통해 설명하고자 한다.

첫째. 인공지능은 인간의 정신건강과 관계에 긍정적인 영향을 준다. 사례로 며칠 전 정신건강 기업의 워봇 헬스가 개발한 챗봇인 '워봇'의 사용자들이 불안감과 우울감을 해소할 수 있었다고 한다. 인공지능은 1인가구와 독거노인이 증가하는 사회에 사람들의 외로움을 해별하는 데 도움을 줄 수 있다.

둘째. 인공지능은 의료분야에 긍정적인 영향을 준다. 사례로 뷰노젝 이큐아라는 인공지능 기반 뇌신경 영상 솔루션으로 활용하면 첨단 및 치매에 대한 각관적인 데이터를 자련 받을 수 있기 때문에 더 빠르고 정확한 진단을 하는 데 도움을 줄 수 있다.

AI가 인간에게 미치는 영향력에 대해 작성한 학생 글 예시

## mini Tip 글쓰기 작성 활동 수업 TIP!

AI가 활용된 사례 검색 시, 네이버(Naver)나 구글(Google) 같은 포털사이트에서 검색해서 고르는 내용에 대한 사전 안내가 필요하다. 개인이 정리해서 올린 형태의 블로그 글 발췌보다는 정확한 출처를 통해 사례를 발췌할 수 있도록 사전 안내가 필요하다.

## (2) 탐색

### ① AI 디자인 도구 탐색

AI 활용 시 필요한 개인의 태도와 자세를 정리했다면, 이제 캔바에서 제공하는 다양한 요소를 활용해 볼 차례다. 캔바는 사진, 동영상, 그래픽 등 다양한 디자인 요소를 제공하며, 사용자는 이를 조합해 전달하고자 하는 정보나 메시지를 효과적으로 표현할 수 있다. 주제가 명확하게 주어진다면, 학생들은 충분히 다양한 요소를 활용해 창의적인 수업 활동을 디자인할 수 있다.

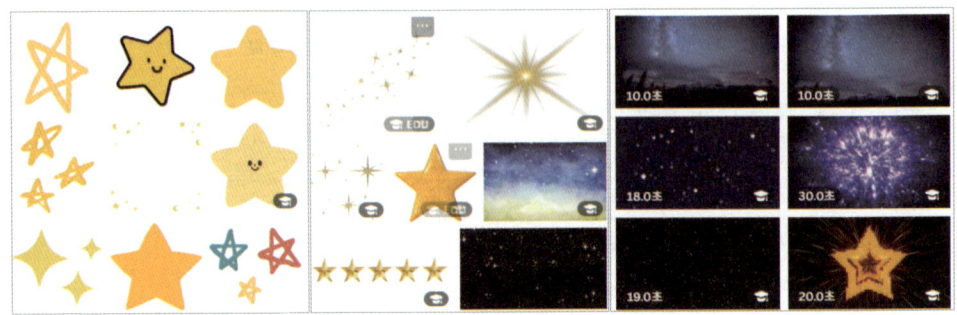

별을 주제로 검색한 3가지 요소(그래픽, 사진, 동영상)

② 효과적인 프롬프트 작성 방법 및 실습

캔바의 매직 미디어(Magic Media) 기능을 활용하면 학생들은 생성형 AI를 통해 이미지를 생성할 수 있다. 하지만 일부 학생들은 프롬프트 작성 방법을 어려워할 수 있어, 이를 돕기 위한 간단하고 흥미로운 활동을 진행한다.

먼저, 머릿속에 떠오르는 이미지를 묘사할 수 있어야 정교한 이미지 생성이 가능하므로, 학생들이 쉽게 묘사할 수 있는 대상으로 동물을 선택한다. 생성형 AI의 강점은 현실에서 보기 어려운 이미지나 직접 그리기 어려운 그림을 생성할 수 있다는 점이므로, 동물과 결합하기 어려운 사물이나 수송 수단을 함께 선택한다.

학생들은 이미 교과서에서 수송 수단에 대해 학습한 경험이 있기 때문에, 이를 활용하면 보다 쉽게 이미지를 상상하고 프롬프트를 작성할 수 있다.

### 학습 활동 주제: 생성형 AI을 활용한 애니멀카(Animal Car) 제작하기

프롬프트 작성 연습을 위해, 학생들에게 효과적인 프롬프트 작성 팁을 설명하는 것이 도움이 된다. 예를 들어, 다음과 같은 기본 원칙을 알려주면 좋다.

> • 명확하고 구체적으로 작성하기
> • 목적에 맞게 작성하기
> • 중복된 질문을 피하고 정확한 단어를 선택하기

또한, 구체적인 예시 문장을 제공하면 학생들이 프롬프트 작성 방향을 쉽게 잡을 수 있다. 이를 위해, 다음 수업 자료에서 예시를 활용하여 안내한다.

생성형 AI 프롬프트 연습을 위한 수업 자료 중

예를 들어, 상상한 이미지에서 강조하고 싶은 동물의 특징을 먼저 생각하는 것이 중요하다. 만약, 토끼는 긴 귀가 특징이므로 토끼 귀가 돋보이는 자동차를 만들고 싶다면, 이를 프롬프트에 명확하게 포함하면 된다. 또한, 차량의 색상 등 추가적인 요소도 함께 지정하면 더욱 구체적인 이미지 생성이 가능하다. 이렇게 설명하면 학생들은 보다 구체적으로 프롬프트를 작성하며, 자신이 원하는 이미지를 생성하는 연습을 자연스럽게 할 수 있다.

캔바 매직 미디어 기능으로 생성형 AI 프롬프트 작성 연습 활동 및 학생 예시

생성형 AI를 활용해 애니멀카 만들기 활동 모음

활동이 끝난 후, 학생들은 패들렛에 자신이 만든 이미지를 게시하고 서로 공유했다. 멋지게 생성된 이미지를 보고 부러워하거나, 재미있는 결과물을 보며 웃음이 터지기도 했다. 이 과정이 마치 자신이 직접 그림을 그린 것처럼 느껴졌던 듯하다. 수업을 마칠 때쯤, 학생들은 생성형 AI를 활용한 이미지 제작에 대한 자신감을 가지며 활동을 마무리했다.

### mini Tip  프롬프트 작성 활동 수업 TIP!

• 프롬프트 작성으로 캐릭터를 구상할 때, 학생들이 당황하는 지점은 프롬프트 작성 내용을 캔바가 자체적으로 폭력적 혹은 선정적이라고 판단했을 경우다. 원하는 이미지가 있는데 프롬프트 자체에서 생성해 주지 않을 경우, 다른 요소를 조합하거나 다른 형태의 이미지를 구상하도록 안내하는 방법이 있다.

예시) 물총새 → 총 때문에 폭력적으로 판단하여 생성하지 않음.

• 프롬프트를 나름 열심히 작성했는데 원하는 이미지가 나오지 않을 경우, 교사가 피드백해 주는 과정이 필요하다. 장황한 글을 읽어 보면 중복된 표현이 있거나, 문장이 끊기지 않아 AI가 프롬프트를 해석하지 못하는 경우가 있다. 이때 키워드를 뽑아 키워드 형태로 프롬프트를 다시 입력해 보도록 하는 방법이 있다.

• 프롬프트를 잘 작성했으나, 원하는 이미지가 나오지 않아 고민하는 학생들이 있다. 캔바에서 제공하는 스타일에 따라 이미지로 표현이 잘 되는 프롬프트들이 있다. 이때 스타일을 다르게 선택해서 이미지를 생성해 보는 방법이 있다.

## 2) 활동하기

### (1) 창의적 설계 및 실행

#### ① 설계 활동

프로젝트 아이디어를 선정할 때, 학생들에게 친숙한 소재로 접근하는 것이 흥미롭다고 생각하는 편인데 동화나 영화를 주제로 캐릭터를 재구성, 즉 리디자인해 포스터를 제작하는 프로젝트를 진행해 보려 한다. 학생들에게는 해당 내용에 대해 다음과 같이 안내한다.

---

### ⟨AI 미디어 크래프트 프로젝트 – 포스터 제작하기⟩

영화를 홍보하는 홍보 회사에 재직중인      이. 영화의 홍보를 맡게 되었다.
캔바(Canva)에서 제공하는 다양한 요소를 활용하여      이가 홍보하는 영화의 포스터를 제작해보자.

[조건1] 홍보하는 영화의 주제는 다음 중 하나를 선택한다.

> ① 자유 주제  ② 잭과 콩나무  ③ 아기돼지 삼형제  ④ 흥부와 놀부  ⑤ 피노키오  ⑥ 백설공주

[조건2] (생성형AI로 만든) 영화 속 캐릭터가 3개 이상 포스터에 등장해야 한다.
[조건3] (구상지)프롬프트를 작성하고 수정하는 내용을 모두 기록하여 제출한다.
[조건4] (캔바)최종 결과물의 제출양식은 다음을 참고한다.
□ 캔바 디자인: 워크시트(A4세로형) 1페이지(※2차시 시작 시, 빈페이지 확인 후 진행)
□ 제출처: 구글 클래스룸
□ 제출 양식: ① 공개보기링크  ② (다운로드 한)PNG파일

---

AI 미디어 크래프트 프로젝트 학생 안내문

학생들은 안내문을 읽고 주제를 선정한다. 자유 주제로 선택하거나 이미 있는 주제를 재해석해 보는 활동을 진행해도 좋다. 백설공주를 예로 들자면, 마녀, 백설공주, 그리고 왕자님 3개의 캐릭터를 선정하고 선정한 캐릭터에 대해 프롬프트를 작성하는 연습을 진행한다. 그리고 이 과정에서 학습지를 활용한다. 프롬프트를 작성하다 보면 즉각적으로 수정할 수밖에 없고, 수정한 기록이 남기 쉽지 않다. 그래서 학습지를 활용해 이미지를 생성하기 전 프롬프트를 미리 작성해 보는 연습을 했다. 이과정이 있으면 학생들은 훨씬 생성형 AI로 이미지를 만들어 내는 데 정교하게 프롬프트를 작성할 수 있다.

| | 프롬프트 기록(단, 프롬프트1과 프롬프트2는 다르게 작성할 것) |
|---|---|
| 캐릭터 1<br>이름: | 프롬프트1: |
| | 프롬프트2: |
| 캐릭터 2<br>이름: | 프롬프트1: |
| | 프롬프트2: |
| 캐릭터 3<br>이름: | 프롬프트1: |
| | 프롬프트2: |

1. 내가 홍보하려고 하는 영화의 제목 : (                              )
2. 생성형 AI를 활용하여 제작하려는 영화 속 캐릭터의 프롬프트를 작성해보자.

프롬프트 작성을 위한 학습지 중

② 제작 활동

포스터 제작을 위해 설계한 내용을 바탕으로 학생은 프롬프트를 먼저 작성하는 연습을 한다. 생성형 AI를 활용한 수업을 진행할 때, 프롬프트를 먼저 작성해 보는 연습을 하면 더욱 자세한 결과물을 얻을 수 있다. 따라서 캐릭터 재해석에 따른 프롬프트를 작성해보고 수정하는 과정을 통해 상세 프롬프트 작성 연습이 된다. 해당 과정은 활동지를 통해 진행한다.

1. 내가 홍보하려고 하는 영화의 제목 : (   라푼젤                )
2. 생성형 AI를 활용하여 제작하려는 영화 속 캐릭터의 프롬프트를 작성해보자.

| | 프롬프트 기록 |
|---|---|
| 캐릭터 1<br>이름: 라푼젤 | 프롬프트1: 매우 긴 금발머리에 초록색 눈동자를 가진 보라색과 핑크색의 옷차림을 입은 여자를 그려줘 |
| | 프롬프트2: 초록색 군을 가지고있고 보라색 옷과 긴머리를 가진 보라 드레스를 입은 명랑한 여자를 그려줘 |
| 캐릭터 2<br>이름: 유진 | 프롬프트1: 갈색머리와 짧은 턱수염을 가지고 흰 셔츠에 청바지를 입은 잘생겨하는 남자를 그려줘 |
| | 프롬프트2: 갈색머리와 군을 가지고 흰셔츠에 청조끼와 갈색바지와 녹색띤 연 경색 가방을 맨 남자를 그려줘 |
| 캐릭터 3<br>이름: 파스칼 | 프롬프트1: 몸의 색깔이 변하는 개구리 같은 초록색 카멜레온 캐릭터를 그려줘 |
| | 프롬프트2: 꼬리가 말려 있고 눈이 동글고 귀여운 초록색 카멜레온을 그려줘 |

라푼젤을 주제로 하는 학생이 작성한 프롬프트 예시 1

1. 내가 홍보하려고 하는 영화의 제목 : (　　　　백설공주.　　　　　　)
2. 생성형 AI를 활용하여 제작하려는 영화 속 캐릭터의 프롬프트를 작성해보자.

| 프롬프트 기록 | | |
|---|---|---|
| 캐릭터 1<br>이름: 백설공주 | 프롬프트1: 피부가 하얗고, 까만 단발머리를 가지고, 상의는 남색, 하의는 노란색 치마를 입은 여자를 그려줘 | |
| | 프롬프트2: 피부가 하얗고, 까만단발머리에 빨간 리본 머리띠를 하고 있고 상의는 남색이다나 어깨에 약간 볼륨이 있고 하의는 발목까지 오는 긴 노란 치마를 입은 여자를 그려줘 | |
| 캐릭터 2<br>이름: 왕자 | 프롬프트1: 피부가 조금 구릿빛이고 프릴이 많은 긴팔을 입고있고 허리에 칼을 차고있는 잘생긴 남자를 그려줘 | |
| | 프롬프트2: 피부가 조금 구릿빛이고 프릴이 많은 흰 셔츠를 입었고요 머리카락은 갈색이고 하의는 검은 바지를 입고 허리에는 긴 검을 찬 남자를 그려줘 | |
| 캐릭터 3<br>이름: 마녀. | 프롬프트1: 피부가 하얗고 얼굴에 주름이 많고 앙토를 쓰고 있고 웃고있는 할머니를 그려줘 | |
| | 프롬프트2: 피부가 창백하고 볼쪽에는 주름과 주근깨가 많고 흰머리에, 앙토를 쓰고 있고 사악하게 웃는 할머니를 그려줘. 근데 이 할머니가 위에서 누군가를 바라보는 느낌으로 그려줘 | |

백설공주를 주제로 하는 학생이 작성한 프롬프트 예시 2

작성한 프롬프트를 바탕으로 학생들은 이미지를 생성할 수 있다. 먼저, 프롬프트를 입력하여 [Magic Media] 기능으로 이미지를 생성한다. 원하는 이미지를 선택하고 [배경 제거] 기능을 통해 배경을 삭제한다. [요소] - [그림] - [검색] 방식을 통해 조합하고자 하는 이미지를 선택하고 [레이저 조정하기] 기능을 통해 요소를 조합하여 그린다. 마지막으로 [텍스트]로 포스터의 제목을 입력하여 최종적으로 그림을 완성한다. 아래 그림의 캐릭터는 생성형 AI를 통해 만들어진 이미지이며 배경 이미지는 사진, 텍스트 요소, 이미지의 크기를 변형 및 조합하여 생성하는 방법이다.

1장

2장

3장

4장

3장 AI·에듀테크로 할 수 있는 기술·가정 수업 사례

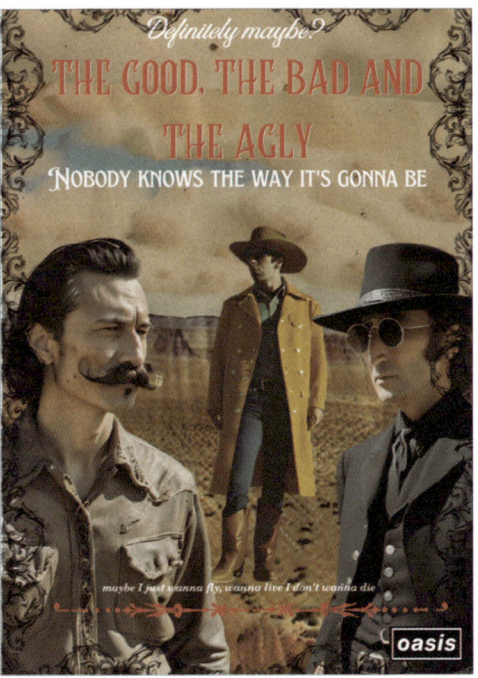

생성형 AI으로 그린 부분 학생 예시

**mini Tip** **생성형 AI 이미지 생성 수업 TIP!**

· 생성형 AI 1회 사용 시 1크레딧이 차감된다. 교육용 캔바를 사용하는 경우, 매달 500 크레딧이 주어지며 크레딧은 매달 1일자로 새로 시작된다.

· 생성형 AI로 이미지 생성 시, 저작권이 있는 이미지는 완벽하게 재현해 주지 못한다. 따라서 생각한 이미지의 프롬프트를 다양하게 작성해 보도록 안내하는 과정이 필요하다.

· 학생이 작성한 프롬프트를 살펴보면 중복되게 작성하는 부분이 많은 편이다. 따라서 교사가 깔끔하게 정리하도록 피드백해 주면 생성형 AI의 결과물의 완성도가 높아진다.

생성형 AI와 요소를 조합하여 포스터 리디자인하는 과정 예시

## 3) 평가하기

### (1) 클리포를 활용한 서술형, 논술형 평가 개별 피드백

(※ 클리포를 활용한 서술형, 논술형 평가의 피드백은 참고 사항일 뿐 실제 평가에 반영하지 않음. 평가 도움 도구로서 살펴봐 주세요!)

AI가 인간에게 미치는 영향과 우리 삶에 어떤 변화를 불러오는지 글쓰기 활동으로 정리할 때 교사들은 이를 어떻게 채점할 것인지 고민하게 된다. 필자 또한 글쓰기 평가에 대한 부담이 있었지만, AI의 발전은 새로운 평가 도구를 활용할 기회를 열어 주었고, 그중 하나가 클리포였다.

클리포를 처음 접했을 때 가장 인상적이었던 점은 학생들의 손글씨를 인식할 수 있다는 것이었다. 서술형이나 논술형 글쓰기를 디지털 기기와 소프트웨어를 활용해 작성하면 좋겠지만, 학생들의 타자 속도가 느려 직접 손으로 작성하는 것이 더 효율적인 경우도 많다. 또한, 초안을 작성하거나 조사 내용을 정리할 때 손글씨가 더욱 유용할 수 있다.

교사는 학생들이 손글씨로 작성한 활동지를 모아 스캔한 후 PDF 파일로 저장하고, 이를 클리포에 업로드하면 AI가 내용을 분석해 초안 수준에서 검토할 수 있도록 도와준다. 물론 최종 평가는 교사가 직접 채점하지만, AI를 활용한 초안 검토 기능은 평가 과정을 더욱 효율적으로 만들 수 있다.

**채점기준**

| 채점요소 | 배점 | 내용 |
|---|---|---|
| 사례의 구체성 | 3 | 실제 기업, 기술, 사건 등 명확한 사례를 제시하고, 구체적인 설명을 포함함. |
| | 2 | 사례는 제시했으나 구체적인 설명에 보완이 필요함. |
| | 1 | 사례의 제시가 불명확하거나 단순 나열에 그침. |
| | + 배점 추가  — 배점 삭제 | |
| 영향력 분석 | 4 | 사례가 인간에게 미치는 긍정적, 부정적 영향을 균형있게 작성함. |
| | 3 | 영향이 제시되어있으나, 긍정적 또는 부정적 측면으로 치우쳐 있음. |
| | 2 | 사례가 미치는 영향력에 대한 분석에 대한 보완이 필요함. |
| | + 배점 추가  — 배점 삭제 | |
| 윤리적, 사회적 문제의 고려 | 3 | 인공지능 기술의 문제점, 한계, 해결 방안 등을 비판적으로 분석하고 대안을 제시함. |
| | 2 | 인공지능 기술의 문제점을 제시했으나, 깊이있는 논의가 아쉬움. |
| | 1 | 윤리적, 사회적 문제를 고려하지 않거나 단순한 의견으로만 제시함. |
| | + 배점 추가  — 배점 삭제 | |

+ 채점요소 추가  — 채점요소 삭제

클리포에 작성한 채점 기준 예시

1장

2장

3장

4장

클리포를 통해 학생들이 작성한 AI가 인간에게 미치는 영향력에 대한 채점을 실행할 때, 다음과 같이 채점 기준을 작성한다. 성취 기준과 채점 기준을 바탕으로 학생이 제출한 과제물에 대한 평가를 진행하자면 다음과 같다.

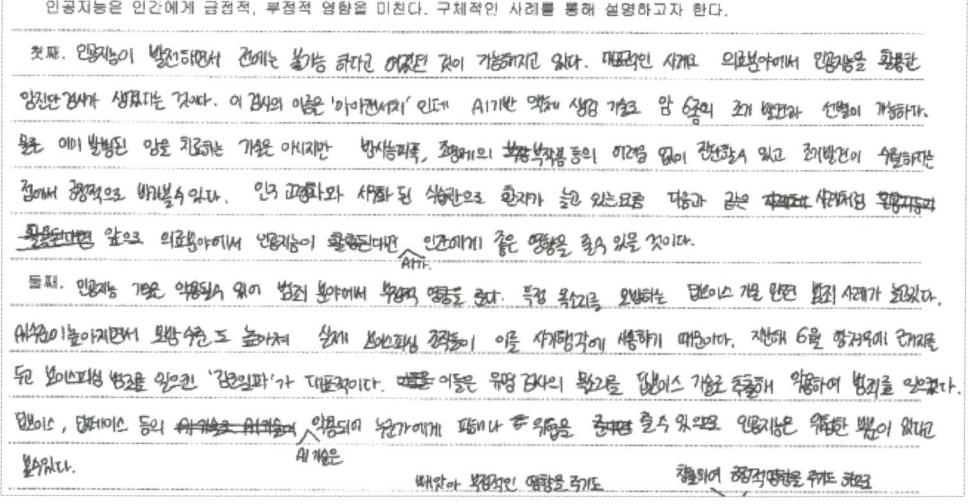

AI가 인간에게 미치는 영향력에 대해 작성하는 활동의 학생 예시

3장 AI·에듀테크로 할 수 있는 기술·가정 수업 사례

클리포가 채점 기준에 따라 분석해 준 학생의 과제물 채점 근거 예시

물론 교사가 작성한 채점 기준에 따라 클리포가 채점해 준 결과와 근거가 교사가 채점하기에도 정확한지 검토를 반드시 거쳐야 하는 부분이 있다. 다만 서술형, 논술형 과제에 대한 피드백을 학생에게 줄 때, 개별화된 피드백을 더욱 정교하게 작성해서 돌려줄 수 있다는 면에서 상당히 매력적인 프로그램이라 필자에게는 다른 영역의 서술형, 논술형 학습 활동을 통해 학생들과 공학적 문제에 대해 더욱 깊은 사고력을 요구하는 활동을 가능하게 해 줄 수 있다는 점에 자신감을 북돋아 주었다.

### (2) 'AI 미디어 크래프트 프로젝트' 결과물에 대한 평가 루브릭(참고)

하단에 작성된 내용은 'AI 미디어 크래프트 프로젝트'를 평가한다면 평가 요소로 삼을만한 내용으로 구성한 평가 루브릭이다. 해당 내용은 참고용으로 교사의 평가 내용과 방식에 따라 달라질 수 있다.

| 평가 요소 | 채점 기준 | 배점 |
|---|---|---|
| 다양한 통신 매체의 이해 | 프로젝트 과정에서 다양한 통신 매체(디지털·전통 매체)의 개념과 특징을 정확하게 설명하고, AI 및 데이터를 활용하여 효과적으로 적용함. | 매우 우수 |
| | 다양한 통신 매체의 개념과 특징을 이해하고 있으며, AI 및 데이터를 활용하여 프로젝트에 적용하였으나 일부 표현이 부족함. | 우수 |
| | 다양한 통신 매체의 개념을 일부 이해하고 있으나, AI 활용이 미흡하거나 매체의 특징을 프로젝트에 적절히 반영하지 못함. | 보통 |
| | 다양한 통신 매체의 개념과 특징에 대한 이해가 부족하며, AI 활용이 거의 이루어지지 않음. | 미흡 |
| | 통신 매체의 개념과 특징을 이해하지 못했으며, 프로젝트에서 활용되지 않음. | 매우 미흡 |
| AI 기반 통신 매체 활용 능력 | AI 및 데이터 기반의 통신 매체를 적절히 선택하여 활용하고, 효과적인 프롬프트 작성과 AI 생성 콘텐츠를 통해 창의적인 메시지를 전달함. | 매우 우수 |
| | AI 및 데이터 기반의 통신 매체를 활용하고 있으며, 프롬프트 작성과 AI 생성 콘텐츠를 사용하여 메시지를 전달했으나 일부 보완이 필요함. | 우수 |
| | AI 및 데이터 기반의 통신 매체를 활용했으나, 프롬프트 작성 또는 AI 생성 콘텐츠 활용이 미흡하여 메시지 선냘력이 낮음. | 보통 |
| | AI 기반 통신 매체 활용이 제한적이며, 프롬프트 작성 및 AI 생성 콘텐츠 활용에 어려움을 겪음. | 미흡 |
| | AI 기반 통신 매체를 활용하지 않았으며, 메시지 전달에 대한 시도가 거의 없음. | 매우 미흡 |
| 미디어 창작 및 표현력 | AI 및 다양한 통신 매체를 활용하여 시각적, 텍스트적 요소를 조화롭게 구성하며, 창의적이고 효과적인 메시지를 표현함. | 매우 우수 |
| | AI 및 통신 매체를 활용하여 시각적·텍스트적 요소를 구성하고 있으나, 일부 조화가 부족하거나 메시지 전달이 미흡함. | 우수 |
| | 미디어 요소를 활용하여 프로젝트를 수행했으나, 창의성이 부족하거나 메시지 전달이 명확하지 않음. | 보통 |
| | 미디어 요소의 활용이 제한적이며, 프로젝트 결과물에서 표현력이 부족함. | 미흡 |
| | 미디어 요소를 거의 활용하지 않았으며, 메시지 전달력이 현저히 낮음. | 매우 미흡 |

1장

2장

**3장**

4장

3장 AI·에듀테크로 할 수 있는 기술·가정 수업 사례

## 3. 프로젝트 결과물

AI 미디어 크래프트 활동을 통한 학생 결과물

## 4. 마무리하며

학생들은 'AI 미디어 크래프트 프로젝트' 수업 후 필자에게 다음과 같은 피드백을
주었다.

> "저 초등학교 때부터 진짜 컴퓨터 자격증 수업 많이 들었거든요. 근데 샘 수업이 제일 까다롭고 어려
> 웠어요. 그런데 진짜 재밌었어요!"
> "선생님 수업한 거로 뮤지컬 포스터 만들었어요! 그때 AI로 그림 그려서 넣고 아이들 이름 배치하고
> 효과 살짝 줬는데 잘했죠?"
> "글을 왜 이렇게 잘 써줘요? 처음을 너무 잘 써줘서 저는 수정만 하면 되겠어요!"

AI와 디바이스를 활용하여 정보통신 기술 수행평가를 위해 준비하던 수업 활동.
교실에서 모두 함께 진행할 수 있는 수업이면서 시대를 크게 변화시킬 AI에 대한 개
인적 지식과 태도를 함양하길 목표했다. 'AI 미디어 크래프트 프로젝트' 수업과 평
가를 준비는 필자에게는 도전이었다. 첫 번째 도전 영역은 인공지능에 대한 윤리적
태도에 대한 함양을 위한 글쓰기 활동 준비였고, 두 번째는 잘 조직하는 내용이었
다. 본 수업 활동은 앞으로도 개선이 필요하다. 하지만 기술 교과 영역에서도 글쓰
기 활동을 진행할 수 있고, 채점에 도움도 받을 수 있다. 공학적 사고를 함양하는 사
고 확장성 문제 상황을 학생들과 나눠 보는 수업에 참고하시길 바란다.

# 4장

# 선생님의 인공지능 리터러시를 UP 시켜 줄 AI 도감

교실에서의 사용은 단순한 테크놀로지가 아닌 '에듀테크'이기에 선생님의 디지털 소양을 UP시켜 줄 지식을 알기 쉽게 담았다.

## 4-1. 인공지능(AI)

인공지능(AI)은 'Artificial Intelligence'의 준말로 컴퓨터 시스템이 인간의 지능적 행동을 모방하여 학습하고, 추론하여, 문제 해결과 의사 결정을 수행할 수 있도록 하는 기술이다. AI는 개별 학생의 학습하는 스타일과 진도를 분석해 맞춤 학습 자료를 제공함으로써 학생들이 자신의 속도 및 수준에 맞춰 학습할 수 있는 환경을 조성하는 데에 활용할 수 있다. 또한, AI 기반의 교육 플랫폼은 학생들의 학습 데이터를 실시간으로 수집하고 분석하여 교육과정을 지속적으로 개선할 수 있는 효율적인 수단을 제공할 수 있다. 이러한 방식은 학생들의 개별 맞춤형 수업에 기여하며, 자기 주도적 학습을 촉진하는 데 중요한 역할을 하는 데 도움이 된다.

# 4-2. 디지털 소양(Digital Literacy)

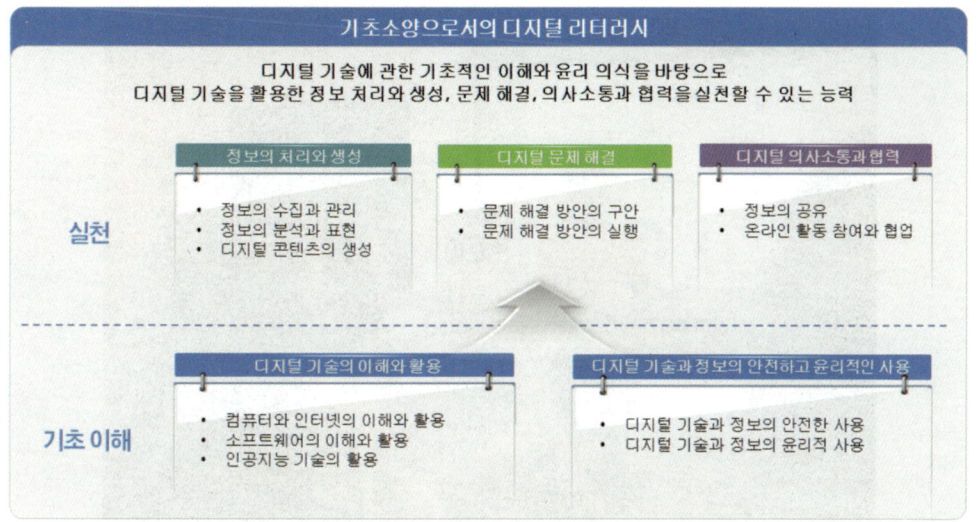

디지털 소양은 정보 기술을 효과적으로 활용하여 문제를 해결하고, 디지털 환경에서 필요한 정보를 검색하여 수집, 분석, 평가, 그리고 생성하는 능력을 의미한다.

디지털 대전환에 따라 학생들이 정보화 사회에서 올바른 가치관으로 책임감을 가지고 자기 주도적으로 살아가기 위해 지녀야 할 필수적인 능력이다. 실제로 2022 개정 교육과정에서도 다양한 디지털 도구와 매체를 활용하여 올바른 정보를 탐색하고, 비판적으로 평가하며, 창의적으로 현실의 문제를 해결할 수 있는 자기 주도적 능력이 요구된다. 이처럼 디지털 소양은 정보의 출처를 확인하고, 데이터의 신뢰성을 평가하는 데 필요한 능력을 내포하고 있어 페이크 뉴스, 디지털 범죄와 같은 디지털 문제에 대처할 수 있는 기반이 된다.

[이미지 출처: 이은경 외(2021). 디지털 리터러시 함양을 위한 교육과정 개선 방안 연구.
한국교육과정평가원 이슈페이퍼.]

1장

2장

3장

4장

# 4-3. 할루시네이션(Hallucination)

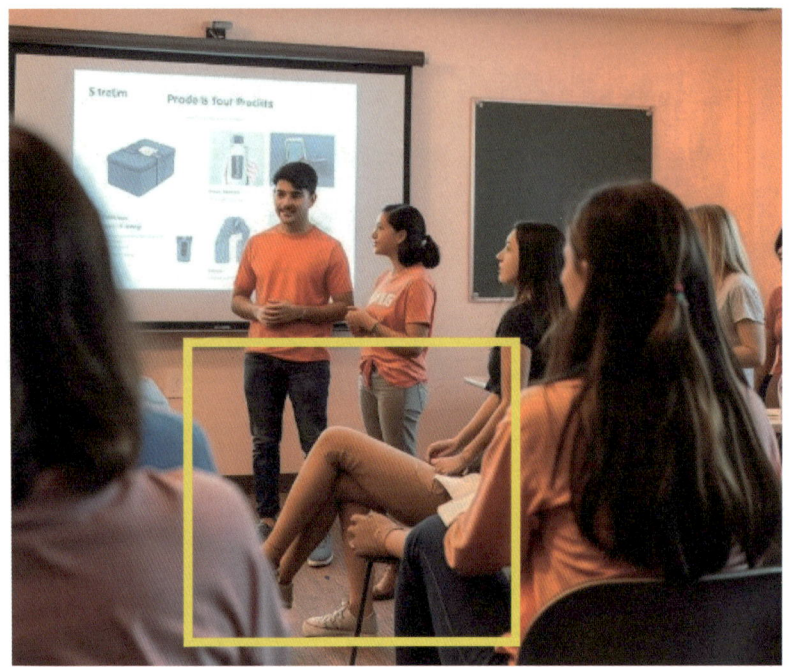

'환영', '환각', '환청'이라는 뜻으로, 생성형 AI를 사용할 때 결과물이 정확하지 않거나 사실이 아닌 조작된 정보를 생성해 내는 현상을 뜻한다. 질문이 모호하거나 있지 않은 사실을 물었을 경우 생성형 AI는 특성상 어떻게든 답변해야 하는데, 이때 잘못된 사실이나 오류가 담긴 결괏값을 생성하게 되어 할루시네이션이 발생하기 쉽다. 이때 사용자는 반드시 비판적인 사고가 필요한데 미성년자인 학생은 AI의 답변에 의존하거나 무의식적으로 받아들일 때가 있어 학교 현장에서 생성형 AI 도구를 사용 시 유의해야 하는 부분이다. 교사는 생성형 AI 도구를 사용하기 전에 학생에게 AI를 통한 정보 생성이 때로는 편향된 결과를 초래할 수 있음을 알리고, 그러한 상황에서 어떻게 비판적으로 접근하고 대응해야 하는지를 가르쳐야 한다.

# 4-4. 생성형 AI 저작권

▶ AI 영화 '수로부인'

생성형 AI 사용자가 생성형 AI의 답변 데이터를 검토 없이 그대로 가져오는 것은 복제나 표절 문제를 일으킬 확률이 높다. 따라서 학생에게 생성형 AI 도구 사용 시 저작권에 문제가 없는지를 반드시 확인해야 한다는 것을 알려야 한다. 답변 결괏값을 그대로 차용하기보다는 학생이 자신만의 스타일로 변형하거나 재창조하여 만들어 낼 수 있도록 지도하는 것이 좋다. 특히 생성된 정보를 수동적인 태도로 무분별하게 받아들이지 않도록 해야 한다는 사실을 주지시켜야 한다.

청소년기에 정립된 디지털 소양 및 저작권에 대한 태도는 성인이 된 후에도 영향을 미칠 수 있기 때문에 디지털 소양과 저작권에 대한 인식을 올바르게 갖는 것이 중요하다. 이를 통해 학생들은 디지털 시대의 책임 있는 소비자이자 창작자로 성장할 수 있는 바탕을 마련할 수 있다.

[이미지 출처: [AI핫 AI] 창작? 위협?… AI 저작권 문제 대응 방법은? / KBS, 2024.12.03.]

1장

2장

3장

4장

4장 선생님의 인공지능 리터러시를 UP 시켜줄 AI 도구

# 4-5. AI 연령 제한

생성형 AI별 제작사, 연령 제한, 비용에 관한 비교표(2025년 1월 기준)

| 구분 | Chat GPT | Copilot | Gemini | Wrtn |
|------|----------|---------|--------|------|
| 연령 제한 | 13세~18세 부모 동의 하에 사용 가능 | 19세 미만 부모 동의 하에 사용 가능 | 13세~18세 부모 동의 하에 사용 가능 | 13세~18세 부모 동의 하에 사용 가능 |
| 제작사 | OpenAI | Microsoft | Google | (주)뤼튼테크놀로지 |
| 이미지 생성 | 가능 | 가능 | 가능 | 가능(원하는 목적에서 AI 이미지 생성 선택하기) |
| 비용 | 무료/유료 | 무료/유료 | 무료/유료 | 무료/유료 |
| 장점 | 다양하고 광범위한 주제로 대화할 수 있는 능력 | Microsoft 365 앱과 통합하여 생산성 향상가능 | 다양한 언어를 지원 | 한국 기업의 제품으로 한국어에 특화 |

학생들은 미성년자이기 때문에 교사는 생성형 AI를 수업 시간에 사용한다면 반드시 연령 제한을 확인할 필요가 있다. 하지만 연령 제한이 된다고 해서 무조건 교육 활동에서 AI 활용을 피할 필요는 없다. 수업 시간에 생성형 AI를 다루기 전, 학부모님의 동의를 받아 사용할 수도 있기 때문이다. 학부모님의 동의를 받기 위해서는 다양한 방법이 있겠지만, 학기 초나 AI 활용 수업 전에 가정통신문을 작성하여 가정으로 보내 동의를 받는 방법을 추천한다.

가정통신문에 들어가야 할 내용은 어떤 과목에서 활용하게 되는지, 교육과정 중에서 어떤 학교 수업을 계획하고 있는지, 수업 목표는 무엇이며, 비용과 사용할 생성형 AI 프로그램은 무엇이며, 그 용도는 어떤지 목적을 명확하게 작성해야 한다. 가정통신문을 통해 사전에 학부모의 동의를 구한다면, 생성형 AI를 사용하여 더욱 풍성한 수업을 진행할 수 있다는 장점도 있다.

# 4-6. 생성형 AI 활용 안내 가정통신문 예시

학부모님 안녕하십니까?

**생성형 AI 사용**을 위해 교육적 활용에 대한 법정 대리인(보호자)의 동의가 필요하여 동의를 얻고자 합니다.

본교에서는 생성형 AI를 수업에서 안전하게 다루고, 디지털 시민 역량을 기르기 위해 디지털 리터러시 교육을 반드시 진행하겠습니다. 그리고 개인정보 보호로 데이터를 안전하게 관리하고, 반드시 윤리적으로 사용하도록 지도하겠습니다.

가정에서도 생성형 AI 도구의 효과적인 활용을 위해 학부모님의 협조가 필요합니다. 자녀가 주의사항을 잘 지켜 생성형 AI 도구를 활용할 수 있도록 관심 부탁드립니다.

- 정보의 정확성: 생성형 AI는 때때로 부정확하거나 잘못된 정보를 제공할 수 있습니다. 학생들이 AI가 제공하는 정보를 무조건 신뢰하지 않도록 주의가 필요합니다.
- 개인정보 보호: 생성형 AI를 사용할 때 개인정보가 유출될 위험이 있습니다. 학생들이 개인정보를 입력하시 않도록 교육헤아 합니다.
- 의존성: 생성형 AI에 지나치게 의존하게 되면 학생들의 창의성과 문제 해결 능력이 저하될 수 있습니다. AI는 도구로서 활용하되, 학생들이 스스로 생각하고 해결하는 능력을 기르는 것이 중요합니다.

---------------------------------------- 절 취 선 ----------------------------------------

(　　)학년 (　　)반 (　　)번 이름(　　　　)

학부모 이름(　　　　) 서명 (인)

아래의 해당란에 ○로 표시하여 회신해 주시기를 바랍니다.

| 동의 | 미동의 |
|---|---|
| | |

○○○○학교장 귀하

223

[출처]

· 이은경 외(2021). 디지털 리터러시 함양을 위한 교육과정 개선 방안 연구. 한국교육과정평가원 이슈
  페이퍼.
· [Aㅏ핫 AI] 창작? 위협?…AI 저작권 문제 대응 방법은? / KBS 2024.12.03.
· 2015 개정 교육과정. 교육부.
· 2022 개정 교육과정. 교육부.
· 국가정보원. 챗GPT 등 생성형 AI 활용 보안 가이드라인. 2023.

| 2025년 | 8월 18일 | 1판 | 1쇄 | 인 쇄 |
| 2025년 | 8월 25일 | 1판 | 1쇄 | 발 행 |

지 은 이 : 봉우리·이호준·윤지원·김보정 공저

펴 낸 이 : 박        정        태

펴 낸 곳 : **주식회사 광문각출판미디어**

10881
파주시 파주출판문화도시 광인사길 161
광문각 B/D 3층
등      록 : 2022. 9. 2 제2022-000102호
전 화(代): 031-955-8787
팩      스 : 031-955-3730
E - mail : kwangmk7@hanmail.net
홈페이지 : www.kwangmoonkag.co.kr

ISBN : 979-11-93205-71-6    03370

값 : 17,000원